Gedichte

für die 7. und 8. Klasse

Anregungen für die Praxis

mit Text- und Arbeitsblättern als Kopiervorlagen

Von Oswald Watzke, Klaus C. Haase und Harald Watzke

Auer Verlag GmbH

Bildnachweis:

S. 31	Foto „Sommerlandschaft“: Harald Watzke, Würzburg
S. 45	Foto „Winter“: Harald Watzke, Würzburg
S. 46	Foto „Die Rhön im Winter“: Harald Watzke, Würzburg
S. 51	Foto „Pausenhof“: Harald Watzke, Würzburg
S. 66	Zeichnung „Farbkasten“: Franz Xaver Lutz, Oberstenfeld
S. 67	Zeichnung „Friedenstaube“: Annette Sturm, Öhningen
S. 94	Radierung „Der Bänkelsänger“: C. W. E. Dietrich (1712–1774)
S. 95	Zeichnung „Moritat“: Peter Seuffert, Ochsenfurt
S. 100	Zeichnung „Der Barbier“: Peter Seuffert, Ochsenfurt
S. 108	Zeichnung „Der Zauberlehrling“: Franz Xaver Lutz, Oberstenfeld
S. 107/109	Zeichnungen „Schattenspiel“: Auer Verlag, Donauwörth
S. 144	Foto „Rapszene“: Harald Watzke, Würzburg
S. 148	Zeichnung „Jahrmarkt“: Franz Xaver Lutz, Oberstenfeld
S. 151	Fotos „Im Auto …“: Harald Watzke, Würzburg
S. 174	Plakat „Frieden“: Volksbund deutscher Kriegsgräberfürsorge

Gedruckt auf umweltbewusst gefertigtem, chlorfrei gebleichtem
und alterungsbeständigem Papier.

2., durchgesehene und erweiterte Auflage 2007
Nach den seit 2006 gültigen Regelungen der Rechtschreibung

Umschlaggestaltung: Glas AG, Seeheim-Jugenheim
Satz: Fotosatz H. Buck, Kumhausen
Druck und Bindung: R.N. Aubele GmbH, Bobingen
ISBN 978-3-403-0**3897**-9

www.auer-verlag.de

Inhaltsverzeichnis

Vorwort

Die Verfasser legen Unterrichtshilfen mit Stundenbildern über Gedichte in den Jahrgangsstufen 5 bis 10 **aller** Schularten vor, und zwar mit folgenden Einzelheften:

Gedichte in Stundenbildern für die 5. Jahrgangsstufe
Gedichte in Stundenbildern für die 6. Jahrgangsstufe
Gedichte für die Sekundarstufe I:
Band 1: 7. und 8. Klasse, Anregungen für die Praxis
Band 2: 9. und 10. Klasse, Anregungen für die Praxis
(jeweils mit Text- und Arbeitsblättern als Kopiervorlagen)

Das Angebot umfasst in Fortführung der Sammlung mit Kopiervorlagen für die Orientierungsstufe sowohl eine breit gefächerte Auswahl an lyrischen Texten verschiedener Zeiten – besonders der Gegenwart – und Stile als auch die Darstellung der Methodenvielfalt, die den Umgang mit Gedichten vor Eintönigkeit bewahren möchten. Die Unterrichtsvorschläge sollten in keiner Weise als methodisch einengende „Rezeptologien“ verstanden werden: Gründlich durchdachte und zum Großteil auch praktisch erprobte Stundenbilder wollen mit ihren Sachinformationen, mit ihren didaktischen und methodischen Hinweisen Anregungen vermitteln, Materialien bereitstellen, auf Verknüpfungsmöglichkeiten verweisen, die die Lehrkraft jeweils direkt oder durch kritische Weiterentwicklung auf die konkrete Situation der jeweiligen Klasse übertragen kann: Jedes der Stundenbilder ist daher einheitlich gegliedert nach

a) Sachanalyse, mit den wichtigsten Fakten zu Autor und Text,
b) didaktischer Analyse, mit jeweiliger Formulierung von Lernzielen,
c) Verlaufsplanung der Unterrichtsstunde, -einheiten und Projekte (mit Tafelbildern und Arbeitsblättern),
d) Anregungen zur thematischen bzw. formalen Weiterführung des handlungs- und produktionsorientierten Gedichtumgangs in der Freiarbeit.

Die sachlichen, didaktischen und methodischen Hinweise können in einem gewissen Umfang auf ähnliche Gedichte, die im Lesebuch oder in einer Jugendzeitschrift stehen, übertragen werden. Freilich sollten diese Vorschläge (und Kopiervorlagen) nicht unkritisch übernommen, sondern entsprechend der Eigenart des lyrischen Textes, insbesondere der eigenen Lehrerpersönlichkeit und den Voraussetzungen der eigenen Schulklasse – vor Ort – frei aufbereitet, eventuell gekürzt, erweitert oder verändert werden.
Die relativ große Anzahl der in ihrer Entstehungszeit, ihrer Thematik und ihrer Struktur sehr unterschiedlichen Gedichte, die Darstellung verschiedenartiger methodischer Vorgehensweisen wie auch die Zusammenfassung der Stundenbilder für jeweils zwei Jahrgangsstufen in einem Band wollen allen Lehrerinnen und Lehrern die Möglichkeit geben, eine geeignete Auswahl zu treffen, um die Schülerinnen und Schüler ihrer jeweiligen Klasse rational, emotional, handlungs- und produktionsorientiert zu fördern und deren Eigentätigkeit, Eigenverantwortlichkeit und deren Interesse an Lyrik zu entwickeln.
Da einerseits bei manchen Lehrkräften, Schülerinnen und Schülern eine gewisse Zurückhaltung gegenüber der „Gedichtbehandlung“ besteht, andererseits jedoch alle einer starken Überbelastung im Berufs- und Schulalltag ausgesetzt sind, hoffen die Verfasser, mit dieser Reihe eine willkommene Hilfe für eine effektive Vorbereitung, Durchführung und Nachbereitung eines Gedichtumgangs anbieten zu können, der Entlastung, Entspannung, Abwechslung und Vorfreude auf Lyrik ermöglicht.
Möge diese Reihe, die in einer in Richtung auf die „Gedichte-Werkstatt“ überarbeiteten und aktualisierten Neuauflage fortbesteht, in diesem Sinn weiterhin dienlich sein.

Oswald Watzke

Einleitung

Da eine Einleitung zu einer Modellreihe nur kurz ausfallen kann, seien nur knappe Hinweise zu Begriff, Systematik, Hauptlernziel und – etwas ausführlicher – zur Methodik der Jugendlyrik gegeben.

1. Zum Begriff der Jugendlyrik

Analog zum Terminus „Kinder- und Jugendliteratur"[1] verstehen wir unter „Jugendlyrik" alle lyrischen Texte, die

- von Jugendlichen selbst für sich selber, für Gleichaltrige und Erwachsene verfasst werden („eigenproduzierte oder originäre Jugendlyrik"),
- von erwachsenen Autorinnen und Autoren eigens und absichtlich für die 13- bis 18-Jährigen dieser Altersstufe geschrieben werden („intentionale Jugendlyrik"),
- von Pädagogen, Didaktikern und „anderen Erziehungspersonen" unter pädagogischen, unterrichtlichen und erziehlichen Gesichtspunkten als „Kanon" ausgewählt werden („kanonisierte Jugendlyrik") und schließlich
- von Jugendlichen in selbstständiger, also nicht „verordneter" Auswahl aus der gesamten Lyrik (auch für Erwachsene) konsumiert werden („adaptierte Jugendlyrik").

Diese unter literatursoziologischen Aspekten aufgeführten Bestimmungsmerkmale werden zusammenfassend ergänzt durch literaturdidaktische Überlegungen: Der Begriff „Jugendlyrik" muss heute entsprechend dem übergeordneten Literaturbegriff **weit** gefasst werden. Sowohl ältere, ästhetische, innerlich gefühlvolle als auch moderne, triviale und gesellschaftlich-politische Formen, die sich in den Rahmen „vom feierlichen Spruch bis zum simplen Reklamereim" einspannen lassen, gehören heute zum komplexen Begriff der Jugendlyrik.

Analog zu Kurt Franz und projiziert auf unsere Altersstufe lässt sich dieser Begriff auch wie folgt umschreiben: „Somit könnte man unter Jugendlyrik sämtliche in gebundener, nicht unbedingt gereimter Sprache und in einer bestimmten Form von Jugendlichen und von Erwachsenen für Jugendliche von etwa 13 bis etwa 18 Jahren verfassten und von diesen rezipierten sprech-, les- und z. T. auch singbaren Texte verstehen."[2]

1 Alfred C. Baumgärtner/Oswald Watzke: Wege zum Kinder- und Jugendbuch. Donauwörth 1985, vgl. S. 7 f.

2 Kurt Franz: Kinderlyrik. Struktur, Rezeption, Didaktik. München 1979, vgl. S. 10 f.

2. Zur Systematik der Jugendlyrik

Unter diesen erweiterten Begriff der Jugendlyrik lassen sich folgende Bereiche einbringen[3]:

- die humorvolle Lyrik (Sprachspiele, Lügen-, Scherz-, Verkehrte-Welt- und Unsinngedichte ...),
- die Gebrauchslyrik (Glückwunsch-, Geburtstags- und Hochzeitsgedichte, Sprüche für das Poesiealbum, für die Werbung ...),
- die Dialektlyrik (Mundartgedichte der verschiedenen Sprachlandschaften ...),
- die lehrhafte Lyrik (Versfabeln, Lehrgedichte für gutes Benehmen, Erbauung, Moral- und Gewissenserziehung ...),
- die konkrete Poesie mit visueller (Sehgedichte) und auditiver (Lautgedichte) Ausprägung (Ideogramme, Piktogramme, Konstellationen ...),
- die Naturlyrik (Tageszeiten-, Jahreszeiten- und Naturereignisgedichte ...),
- die Geschehnislyrik (Erzählgedichte über Erlebnisse, Ereignisse und Handlungen des Alltags ...) und Erzählgedichte in der strengen und traditionellen Form der Ballade (Volks-, Kunstballade, Bänkelsang ...),
- die Gedankenlyrik (Ideengedichte über das Menschsein und -werden, Werte, Sitte, Moral und Ideale ...),
- die Problemlyrik – im weiten Sinne politisch – zu sozialen, gesellschaftlich-politischen Fragen und Konflikten der Zeit (mit den Motiven „Schule", „Arbeitswelt", „Krieg und Frieden", „Gerechtigkeit", „Liebe", „Umwelt", „Zukunft" ...),
- die politische Lyrik[4] im engen Sinne (lyrische Texte mit einer politischen Nachricht, Stellungnahme und Intention ...).

3 Vgl. hierzu:
Johann Bauer u. a.: Lyrik interpretiert. Hannover/Bühl 1972.
Klaus C. Haase: Das Gedicht im Deutschunterricht. In: Erich Wolfrum: Taschenbuch des Deutschunterrichts. Baltmannsweiler [2]1976, vgl. S. 415–438.
Hermann Helmers: Didaktik der deutschen Sprache. Stuttgart [9]1976, vgl. S. 318–325.
Hermann Helmers: Lyrischer Humor. Stuttgart 1971.
Oswald Watzke/Reiner Friedrichs: Umgang mit Texten in der Sekundarstufe. München [2]1982.

4 Oswald Watzke/Klaus C. Haase: Bertolt Brecht: „Der Radwechsel. Versuche zur Rezeption und Produktion eines politischen Gedichts." In: Pädagogische Welt, Heft 8/1991, S. 362–364.
Hans Jürgen Skorna: Zur didaktischen Erschließung politischer Dichtung. Bochum 1972.
Anmerkung zur Systematik: Selbstverständlich können nicht alle lyrischen Textarten – weder vollständig noch gleichgewichtig – aufgenommen werden. So muss aus Raumgründen z. B. auf die Dialektlyrik (zahlreiche Sprachlandschaften in 16 Bundesländern!) gänzlich verzichtet werden.

3. Zum Hauptlernziel des Umgangs mit Lyrik

Die Freude der Heranwachsenden am gestalteten Wort sollte das Hauptziel der Gedichtbegegnung – auch noch – in der Sekundarstufe sein. Diese Freude wird vornehmlich durch die Aufnahme über das Gehör verursacht, sie wird intensiviert durch das „sprecherische Gestalten" und führt schließlich in höheren Schülerjahrgängen zu einer auch geistig orientierten Freude sowohl an der Auseinandersetzung mit Lyrik verschiedener Formen, Zeiten, Stile und Intentionen[5] als auch an der Eigenproduktion persönlicher lyrischer Aussagen.
Diese möglichst freudige Auseinandersetzung, die nach Gudrun Schulz[6] als ein „vergnüglicher Gedichtumgang" organisiert werden sollte, kann als das Hauptanliegen der gegenwärtigen Methodik, als ihr Hauptlernziel (Globalziel) bezeichnet werden.
Im Einzelnen lassen sich fünf Lernzielbereiche (Richtziele) anführen[7]: Die Schülerinnen und Schüler sollen

1. in ihren **psychischen Empfindungen** geweckt und gefördert werden (Spieltrieb, Rhythmik, ästhetischer Genuss, Erlebnisfähigkeit ...),
2. in ihrem **Sprech-, Lese- und Sprachvermögen** gefördert werden (Sprechbereitschaft, Zuhörerbereitschaft, Artikulationsfähigkeit, lautreine und klanggestaltende Lesefähigkeit ...),
3. zu den **Elementen der Lyrik** hingeführt werden (Klang, Reim, Rhythmus, Vers, Strophe, Lautmalerei, Wiederholung, Form, Aufbau, Zeit, Stil, Autor, Inhalt ...),
4. in ihrer **Kreativität** gefördert werden (Umsetzen lyrischer Texte in Bild, Spiel, Gesang, Tanz, Verändern und Ergänzen der Vorlagen, Mit-, Vor-, Nach- und Eigengestalten von lyrischen Formen),
5. Hilfe im **Sozialisations-, Enkulturations- und Personalisationsprozess** (Gemeinschafts-, Kultur- und Ichbewusstsein, Konflikt- und Konfliktlösungsbewusstsein, Problembewusstsein, Kommunikationsfähigkeit, Kritikfähigkeit, religiös-sittliche Wertorientierung ...) erfahren.

4. Zur Methodik der Jugendlyrik

Methodisches Prinzip des Gedichtumgangs sollte es sein, das Textbeispiel auditiv oder visuell wirken zu lassen. Dies bedeutet eine bewusste Einschränkung des Sprechens und Schreibens über das Gedicht zugunsten der Erarbeitung seiner Klang- und Formgestalt, zugunsten der Umsetzung seiner Aussage in geistig-seelische Aktivität und sprachlich-soziale Kreativität und in einen handlungs- und produktionsorientierten Umgang.[8]

5 Haase, a. a. O., vgl. S. 415–438.
6 Gudrun Schulz: Umgang mit Gedichten. Berlin 1997, vgl. S. 22 f.
7 Franz, a. a. O., vgl. S. 146–149.
8 Gerhard Haas: Handlungs- und produktionsorientierter Literaturunterricht. Seelze 1997, vgl. S. 53–140.

4.1 Zur Struktur einer sogenannten Gedichtstunde

Wenn im Folgenden einige Hinweise auf die **Struktur einer unterrichtlichen Einheit** (einer sog. Gedichtstunde) gegeben werden, dann soll die Vorbemerkung beigefügt werden, dass jeder lyrische Text entsprechend seiner Besonderheit letztlich eine ganz spezifische „Behandlungsmethode 7", besser: Umgangsart erfordert. Gegeben werden lediglich einige Anmerkungen, die den Rahmen abstecken, der von Fall zu Fall unterschiedlich ausgefüllt werden muss.

1. Die Initialphase beinhaltet entweder eine „Einstimmung", eine gemüthafte Hinführung oder eine sachliche Einführung in das Motiv oder die Thematik des lyrischen Textes. Manchmal werden auch begriffliche Erläuterungen über Fremdwörter, Namen, Sitten und Bräuche, werden Hinweise über den Autor, über unbekannte Unterrichtsinhalte erforderlich sein. Auf jeden Fall sollte in den Jugendlichen – motivationsstark – eine „positive Erwartungshaltung"[9] aufgebaut werden. Dies ist dann umso sicherer der Fall, je stärker die Fragen, Interessen, Probleme, Empfindungen, Vorstellungen, Wünsche, das gesamte Lebensgefühl eben dieser Jugendlichen angesprochen werden.

2. Die Rezeptionsphase kann sowohl von der Lehrkraft als auch von den Schülerinnen und Schülern gestaltet werden. Eine Zahl der Methodiker befürwortet das stille Einlesen in den Text vor allem dann, wenn er lang ist. Aus dieser Stillarbeit, eventuell auch als Hausaufgabe aufgegeben, entwickelt sich dann das Unterrichtsgespräch. Eine zweite Gruppe plädiert für die Konfrontation der Schülerinnen und Schüler mit der Klanggestalt des Gedichtes. Auch manche Jugendliche in der Sekundarstufe sind auf den Lehrervortrag noch angewiesen, der gleichzeitig Gemüt und Verstand anspricht und zur eigenen „sprechgestaltenden Interpretation"[10] anregt.
Während die Methode des stillen Sicheinlesens in einen Text für die Mehrzahl der Schülerinnen und Schüler eine relativ schwache Motivation bedeuten kann, begegnet dem Lehrervortrag nicht selten der Vorwurf, er manipuliere Gefühl und Verstand der Schülerinnen und Schüler, zwinge diesen die Konzeption der Lehrkraft vom gestalteten Text auf und leite daher das sogenannte freie Unterrichtsgespräch in von der Lehrkraft bestimmte Bahnen. Auf diesen Vorwurf ist zu erwidern, dass die freie Entfaltung des Denkens, der Argumentations- und Gestaltungsfähigkeit der Schülerinnen und Schüler viel weniger von einer Unterrichtsmethode als von der grundsätzlichen Einstellung der Lehrkraft gegenüber ihren Schülerinnen und Schülern abhängig ist. Die auf einseitige Durchsetzung eigener Vorstellungen gerichtete intolerante Lenkung eines Unterrichtsgespräches behindert das Entstehen einer Arbeitsgemein-

9 Franz, a. a. O., S. 151.
10 Wilhelm Höffe: Sprechgestaltende Interpretation von Dichtung in der Schule. Ratingen 1967, vgl. S. 16–25.

schaft von Partnern viel mehr als ein zum künstlerischen Erlebnis führender Vortrag einer Dichtung durch die an der Textdeutung wirklich interessierte Lehrkraft. Stellt diese ihre Auffassung von der Aussage der Dichtung durch deren sprecherische Gestaltung als ihren Beitrag zum gemeinsamen Arbeitsvorhaben zur Diskussion, dann kann eine von Sinneinheit zu Sinneinheit voranschreitende Erarbeitung der Klanggestalt eines Gedichtes eine Arbeitsatmosphäre schaffen, die die Schülerinnen und Schüler anregt, eigene Gestaltungsversuche in die Diskussion einzubringen und vorzutragen.

Jede Schülerin und jeder Schüler sollte eine Textvorlage erhalten, die ihnen über das Auge und auch über das Ohr wirkungsvoll vermittelt wird. Medien hierzu können sein das Lesebuch, ein Abzug, eine Kopiervorlage, ein Computerausdruck, evtl. auch eine Internetseite, der Tageslichtprojektor (Overhead), das Episkop, der Hefteintrag, die Tafelanschrift oder die Kassette, besprochen von der Lehrkraft, von einer Schülerin oder einem Schüler oder in Ausnahmefällen auch von einem Rezitator oder gar von der Autorin oder dem Autor selbst. Besonders bewährt hat sich das Führen eines Gedichtheftes oder einer Gedichtmappe, die in vielfältiger Weise Möglichkeiten zu kreativem Gestalten (Schreib-, Mal-, Bildgestalten, Bild-Text-Collagen, Sammeltätigkeit, Einlegen von Bastelarbeiten ...) bietet.

3. Die Phase der Sprechgestaltung wird auch in der Sekundarstufe einen Schwerpunkt des Gedichtumgangs bilden. Die Klanggestalt wird mit den Jugendlichen gemeinsam – oder von ihnen selbstständig – erarbeitet nach Tonhöhe, Lautstärke, Klangboden, Pause, Betonung, Rhythmus und Sprecherrolle. Am Ende einer Phase oder am Ende der Stunde kann der klang- und sinngestaltende Schülervortrag, auch aufgeteilt in Rollen- oder Chorsprechen, gelegentlich begleitet von Orff-Instrumenten, ein Beweis für das Erleben und Verstehen des gesamten Textes und die gewünschten Erfolgserlebnisse vermittelnder Ausklang der sog. Gedichtstunde sein.

Neigungsgruppen könnten in der Freiarbeit ihre „Vortragskunst" mithilfe von Kassetten- oder Videoaufnahmen dokumentieren.

4. Die Reflexionsphase erschließt in verschiedenen Methoden, die später unter 4.2 eigens dargestellt werden, die Gehalt-Gestalt-Einheit des lyrischen Textes und zwar fortschreitend in Teilzielen und mit möglichst wechselnden Methoden. Die Heranwachsenden sollen zu einer aktiven Auseinandersetzung vielfältiger Art geführt werden, sie sollen jedoch zuerst auch immer Gelegenheit erhalten, sich selbst – frei und „unprogrammiert" – Gedanken zu machen, eine eigene Meinung zu bilden, Gefühle zu äußern, sich auszusprechen und „selbst herauszufinden, was schön daran ist", wie es Bertolt Brecht formuliert hat.[11]

Anschließend – oder in der Struktureinheit einer Gedichtbegegnung als eigene Phase später – erfolgen die Zusammenfassung der Textanalyse – auch in Form einer Tafelanschrift bzw. eines Tafelbildes für einen nachfolgenden Mappeneintrag bzw. für das Bearbeiten einer Kopiervorlage – und die Sicherung des Ergebnisses und des Verständnisses.

Diese Ergebnis- und Verständnissicherung könnte jedoch auch durch die abschließende Klanggestaltung des lyrischen Textes ersetzt werden, wenn sie offenbart, dass Inhalt und Form, Aussageabsicht und Grundstimmung angemessen erfasst und erfühlt wurden.

In dieser Reflexionsphase können aber auch die für die Stunde geplanten Feinziele überprüft werden. Allerdings muss deutlich darauf hingewiesen werden, dass gerade im Gedicht wie im gesamten Literaturunterricht die Durchführbarkeit von Leistungskontrollen mit Benotungen sehr strittig ist. Annehmbare „Leistungskontrollen" können als Tafelanschrift, als Hefteintrag (mit eigenen Meinungsäußerungen), als Sprechgestaltung, Anwendung literarturkundlichen Wissens auf andere Beispiele oder als Nach- und Eigengestaltung durchgeführt werden. In diesem Zusammenhang sei auch das Auswendiglernen von Gedichten erwähnt. Es verliert dann seine Problematik, wenn die Schülerin oder der Schüler sich schon während des Unterrichts Teile aneignen kann, wenn sie oder er selbst bestimmen kann, welche zwei oder drei Gedichte sie oder er im Laufe eines Schuljahres lernen will, wenn ihr oder ihm beim Vortrag der gelegentliche Blick auf das Textblatt gestattet wird. Auf keinen Fall sollten Gedichte „eingepaukt" und „abgeprüft" oder „als Strafarbeiten" aufgegeben werden.

5. Die Produktionsphase. In der Phase des handlungs- und produktionsorientierten Textumgangs[12] ergreifen die Schülerinnen und Schüler die Gelegenheit, um z. B. folgende Handlungarbeiten und Handlungsprodukte in Allein-, Partner-, Gruppen- oder Freiarbeit zu realisieren:

- Reime entdecken, zuordnen, ergänzen, selbst erfinden, Reimwörter auf Wortkärtchen schreiben, diese legen und austauschen (paarweise oder über Kreuz), Reim-Lege-Spiele ausführen,
- Verse (Verszeilen) entdecken, neu anordnen, in eine neue Reihenfolge bringen, Verszeilen und/oder Verspaare auf Papierstreifen schreiben oder drucken, diese zu einer Strophe montieren, sinngemäß neu zusammenkleben und selbst welche erfinden,
- Strophen entdecken, aufschreiben, ausschneiden, in neuer Reihenfolge zu einem ganzen Gedicht zusammenkleben, in Schreib- oder Druckschrift gestalten und illustrieren, eigene Strophen erfinden als Ergänzung oder im Austausch der Schlussstrophe,
- Sinn- oder Signalwörter eines Gedichtes, die als Lücken erscheinen, einsetzen oder austauschen, Wortgitter ausfüllen durch Einkleben selbst gedruckter Signalwörter, mit dem Original vergleichen,

11 Bertolt Brecht: Ein Kinderbuch. Berlin 1965, S. 74.

12 Haas, a. a. O., vgl. S. 53 ff.; Schulz, a. a. O., vgl. S. 21 ff.
Franz Josef Payrhuber: Gedichte im Unterricht – einmal anders. München [4]1999.

- ganze Gedichte schreiben, z. B. als Parallelgedichte, Gegengedichte nach vorgegebenen Mustern (Elfchen, Haiku, Piktogramm ...) nachgestalten und frei erfinden,
- vorgegebene, selbst ausgewählte und selbst verfasste Gedichte sprecherisch, szenisch, bildnerisch, musikalisch, tänzerisch interpretieren und darstellen.

Didaktisch und methodisch ist es dabei unverzichtbar, dass die Jugendlichen an der Auswahl der lyrischen Texte, der Arbeitsziele und -wege, der Umgangsarten und der Gruppen- bzw. Freiarbeiten sich während eines Planungsgespräches beteiligen bzw. darüber selbst entscheiden.
Die nebenstehenden (siehe Rahmen) **„Hinweise zur Freiarbeit: Textumgangsformen mit einem Gedicht"** sollen dafür Anregungen liefern.
Nicht alle Phasen müssen und können in einer Unterrichtsstunde als Strukturteile gleich in Umfang und Gewicht geplant und durchgeführt werden, sie können auf einen längeren Zeitraum verteilt oder auch durch andere ersetzt werden, die einem anderen Hauptziel des Textumgangs entsprechen, das durch eine besondere Methode operationalisiert werden soll, z. B. durch die Schreibgestaltung, die Eigenproduktion oder Spielgestaltung. Im Laufe eines Schuljahres sollte jedoch eine Phase einmal ausführlich genützt werden, in welcher dann der Schülerbeitrag bei der Gedichtauswahl, bei der Zielsetzung und der Wahl der Umgangsarten voll zum Tragen kommt. So wird in mancher (oder in mehreren) sog. Gedichtstunde(n) auf eine strikte Phaseneinteilung, auf schematische Artikulationsstufen und auf eine zeitliche Einengung auf eine „45-Minuten-Stunde" verzichtet werden müssen und können.

4.2 Zu Methoden im Gedichtumgang

Wenn im Folgenden einige Hinweise auf 13 Methoden des Umgangs mit lyrischen Texten gegeben werden, dann sei vorher bemerkt, dass einmal die Reihenfolge keine Wertung bedeutet, dass zum andern nicht alle 13 Lösungswege in einer Unterrichtsstunde beschritten werden können und müssen.[13]

1. In der **freien Aussprache** äußern die Jugendlichen spontan ihre Gedanken, Gefühle, Eindrücke, Meinungen, Vermutungen und Erfahrungen. Nach dem Hineinhören bzw. Einlesen in einen Text sollte dieses freie und spontane Besprechen in keinem Falle fehlen, auch nicht im handlungs- und produktionsorientierten Umgang, weder in der Gedichte-Werkstatt noch in der Freiarbeit. Die freie Aussprache der Schülerinnen und Schüler ist ein wesentlicher Bestandteil des literarischen Gesprächs.
2. Diese Lösungsmethode kann in methodisch geschulten Klassen in das **selbstständige Erarbeiten** übergehen. Frei oder gebunden an einen bekannten Plan erarbeiten sich die Schülerinnen und Schüler in

13 Helmers (1976), a. a. O., vgl. S. 318–325.

Hinweise zur Freiarbeit:

Textumgangsformen mit einem Gedicht

1. **Die Beobachter-Gruppe** weist in Herbstgedichten nach, dass die Autorinnen und Autoren mit allen Sinnen den Herbst wahrnehmen (und schildern):
   1. Sie hören (Sinnbild Ohr) ...
   2. Sie sehen (Sinnbild Auge) ...
   3. Sie riechen, schmecken (Sinnbild Nase, Mund) ...
   4. Sie fühlen (Sinnbild Hand/Herz) ...
   5. Sie denken (Sinnbild Kopf) ...

   Die Gruppe schreibt dazu eigene Wahrnehmungen und Gedanken auf.
2. **Die Sprecher-Gruppe** wählt das eine oder andere Herbstgedicht aus, das sich in besonderer Weise für einen eindrucksvollen Vortrag (Monolog oder Dialog) eignet (unter Beachtung der Reime, Zeilensprünge, Pausen, Betonung und des Sprechtempos, evtl. mit Hintergrundmusik).
3. **Die Musik-Gruppe** versucht darüber hinaus die innewohnende Melodie und Grundstimmung durch einen Sprechgesang, eine frei erfundene oder bereits vorliegende Vertonung zum Ausdruck zu bringen, wobei ihr Gesang z. B. von Flöten und Orff-Instrumenten begleitet werden sollte.
4. **Die Spieler-Gruppe** erarbeitet die Inszenierung eines geeigneten Herbstgedichtes durch eine Pantomime, eine theatralische und/oder tänzerische Darstellung, wobei auch Requisiten verwendet werden könnten, um die Spielerinnen und Spieler als „Herbstboten" auftreten zu lassen.
5. **Die Bastel-Gruppe** stellt Wortkärtchen (mit Reim- und Signalwörtern), Vers- oder Strophen-Streifen (für eine spätere Gedichtmontage), Pappkartonbilder der Handlungsträger und Dingsymbole und eventuell Kostümteile und andere Requisiten her.
6. **Die Schreib-, Zeichner- oder Mal-Gruppe** gestaltet in Schreib- oder Druckschrift zwei oder drei Herbstgedichte, illustriert diese, vervielfältigt in der Schuldruckerei diese Gedichtblätter als Einzelseiten für das gemeinsame „Gedicht-Buch".
7. **Die „Montage"-Gruppe** stellt Text-, Text-Bild- oder Text-Foto-Collagen her, um die Bildlichkeit der Gedichte darzustellen und diese visuell zu interpretieren.
8. **Die „Dichter"-Gruppe** widmet sich der Betrachtung der Reime, der Metrik, des Aufbaus, der sprachlichen Bilder und der Grundstimmung des lyrischen Ichs, um selbst literarisch kreativ werden zu können. Siehe hierzu die „Übersicht über literarische Eigenproduktionen"!
9. **Die „Sammel"-Gruppe** sucht (in Lesebüchern, Jugendzeitschriften, Anthologien) motivgleiche, vom selben Autor oder von derselben Autorin stammende Gedichte und stellt diese (mündlich und schriftlich) evtl. mit Kurzinterpretation der Klasse vor.

Allein-, Partner- oder Gruppenarbeit eigene Erkenntnisse. In allen Klassen muss dieses Verfahren erst vorbereitet werden.

3. Diese kann durch das **Erschließen mittels Leitfragen** geschehen. Das Interpretationsgespräch wird durch Lehrerfragen, Impulse und Aufträge angeregt und in Gang gehalten. Im anzustrebenden Idealfall gelingen Eröffnung und Weiterführung des Gesprächs auch durch Schülerfragen. Wichtig ist, dass die Leitfragen inhaltliche wie formale Besonderheiten des Textes erfassen, wobei die Mitarbeit der Schülerinnen und Schüler dann am besten ist, wenn es der Lehrkraft gelingt, deren Interessen und Bedürfnisse zu berücksichtigen.
4. Die **Methode des Zergliederns,** dem allenfalls nur für Teilschritte eine gewisse Berechtigung zuzusprechen ist, erscheint wenig angebracht, sowohl angesichts des jungen Menschen in seiner freien Selbstbestimmung als auch in Anbetracht des Gesamtein- und -ausdruckes des Lyrischen. Der Ablauf, bis ins Einzelne geplant, erfolgt in einem Frage-Antwort-Spiel, in welchem Inhalt und Form des Gedichtes systematisch zu klären versucht werden.
   Dieser einseitig rationale Zugang zu einem Gedicht hat seinen Gegenpol im einseitig emotionalen Zugang.
5. Das **Einstimmen, das Einfühlen und Nacherleben** als Gestaltungsprinzip der „Gedichtstunde" sollte diese nicht allein beherrschen, obwohl es selbstverständlich seine gute Berechtigung hat.
6. Ebenso einseitig kann die **textlinguistische Methode**[14] sein, falls ausschließlich untersucht wird, wie Bauplan und Bauelemente eines Gedichtes aussehen, wie die Signalwörter heißen, wer warum das Gedicht wie „gemacht" hat. In Verbindung mit anderen Methoden und bei spezifischen Texten wie z.B. bei der konkreten Poesie kann sie jedoch eine wertvolle Erschließungshilfe sein.
7. Die **Methode des Erlesens und Ersprechens** ist hingegen in vollem Umfange schüler- und sachgemäß. Diese „sprechgestaltende Interpretation"[15] hat den Vorteil, dass vornehmlich nicht über Sprache, Stil, Metrum, Reimschema, Strophenform, Aufbau, Inhalt, Aussage reflektiert wird, sondern dass deren Klang- und Sinngestaltung sprechsprachlich, mimisch, gestisch, mitunter auch musikalisch und szenisch realisiert werden.
8. Ebenso schülergemäß ist die **Methode der Schreibgestaltung**[16]. Hier gestalten die Jugendlichen nach ihrem Empfinden einzelne Wörter und Sätze in verschiedenen Farben, Schriftstärken, Größen, Schreibformen oder auch Drucktypen. Sie können so an ihrer eigenen oder auch an einer vorgegebenen Schreibgestaltung den Inhalt des Gedichtes interpretieren bzw. erfassen. Zusätzlich könnten sie ihre Schreibgestaltung mit einer Text-Bild- bzw. Text-Foto-Collage versehen, die ebenfalls auf die Bedeutung und das Verstehen des Textes schließen lassen.
9. Durch die **Methode des Vorgestaltens** werden sprachschöpferische Kräfte frei, wenn die Jugendlichen angeregt werden, anhand der Überschrift, anhand eines vorgegebenen Verses oder einer Strophe den weiteren Verlauf bzw. den Inhalt des lyrischen Textes zu antizipieren. Diese Vorgestaltung wird dann mit dem Originaltext verglichen und an ihm überprüft, ohne dass die eigene Fassung als minderwertig erachtet wird.
10. Dieser Lösungsweg, in der Orientierungsstufe schon gelegentlich beschritten, führt in der Sekundarstufe zur **Methode des Gedichtvergleiches**[17], die sorgfältig angebahnt werden sollte. Der Gedichtvergleich verlangt im Regelfall das Vorhandensein einer Doppelstunde. Eines der beiden motivgleichen oder motivverwandten Gedichte sollte zunächst möglichst umfassend interpretiert werden, bevor das zweite, in sehr seltenen Fällen auch noch ein drittes Gedicht zum Stil- und Strukturvergleich, zum Vergleich der Motivgestaltung und der Aussage herangezogen werden kann. Bewährt haben sich Vergleiche von Tageszeit-, Jahreszeit-, Umwelt- oder Problemgedichten, wobei sowohl die Auswahl von Texten aus verschiedenen literaturgeschichtlichen Epochen als auch von Gedichten verschiedener Autorinnen und Autoren der gleichen Epoche hinsichtlich der unterschiedlichen Rezeption vergleichbarer objektiver Gegebenheiten oder subjektiver Erfahrungen aufschlussreich sein kann.
11. **Beim Nach- und Eigengestalten**[18] von lyrischen Texten erfahren die Schülerinnen und Schüler einen größeren Freiheitsraum für ihre sprachschöpferischen Kräfte als beim Vor- oder Mitgestalten. Ausgehend vom Reim, vom metrischen Schema, vom Rhythmus, vom Vers, von der Strophe und von inhaltlichen Impulsen und von der Grundstimmung, vom Betroffensein, führen sie z.B. ein Reimpaar, eine Strophe oder ein ganzes Gedicht fort, verändern oder ergänzen dieses oder erfinden ein neues. Die Heranwachsenden können auf diese Weise ihre eigenen Gefühle, Gedanken, Meinungen und Aussagen in gebundene Sprache fließen lassen, und zwar in die Form eines Parallel-, Gegen- oder Kurzgedichtes.
    Auf schülergemäße, in Schulversuchen erprobte Formen verweist – am Beispiel des Motivs „Sommer", das entsprechend variiert werden müsste – die nebenstehende (siehe Rahmen) **„Übersicht über Eigenproduktionen von Kurzgedichten"** hin.

---

14 Ortwin Beisbart u.a.: Textlinguistik und ihre Didaktik. Donauwörth 1976. Die Textlinguistik, die neue Aspekte erschließt, ist im Rahmen der anderen Methoden gut brauchbar, vor allem in der Sekundarstufe.

15 Höffe, a.a.O., vgl. S. 19f.

16 Haas (1997), a.a.O., vgl. S. 119ff.

17 Haase, a.a.O., vgl. S. 435f.

18 Oswald Watzke: Das Nachgestalten literarischer Formen durch Grundschüler. In: Die Ganzheitsschule, Heft 2/1970, S. 56–59.
Karl Stocker: Wege zum kreativen Interpretieren: Lyrik. Hohengehren 1993.
Günter Waldmann: Produktiver Umgang mit Lyrik. Hohengehren [2]1992.
Kaspar H. Spinner: Umgang mit Lyrik. Hohengehren [3]1997.

Übersicht über Eigenproduktionen von Kurzgedichten

1. Das Haiku

Es ist ein japanisches Kürzestgedicht ohne Reim und Metrum, das aus drei Zeilen besteht und behutsam eine Stimmung schildert, die durch besondere Erlebnisse mit der Natur, der Um- und Mitwelt und der eigenen Seele entstanden ist. Wesentliche Merkmale sind weiterhin die unerwartete Wendung in Zeile 3 und das formstrenge Bauprinzip.

Form	Beispiel
Zeile 1: 5 Silben	Bunt war die Wiese.
Zeile 2: 7 Silben	Schön war der Sommer mit dir.
Zeile 3: 5 Silben	Ob er wiederkommt?

2. Das Tanka

Es stammt ebenfalls aus der japanischen Literatur und wird gebildet als kurze Momentaufnahme aus einer dreizeiligen Oberstrophe, eines Haiku, und einer zweizeiligen Unterstrophe, die oft von einer zweiten Person als Antwort, Ergänzung, Wendung oder Auflösung verfasst wird.

Form	Beispiel
Oberstrophe:	
Zeile 1: 5 Silben	Die Abendglocken!
Zeile 2: 7 Silben	Die Sonne versinkt im Meer,
Zeile 3: 5 Silben	Sommertag ade.
Unterstrophe:	
Zeile 4. 7 Silben	Ich denk gern an ihn zurück
Zeile 5: 7 Silben	und freu mich auf den Morgen.

3. Das Elfchen

Ebenfalls reimlos und freirhythmisch, zudem oft auch ohne Interpunktion, erscheint das Elfchen (oder Elfer-Gedicht), das aus elf Wörtern besteht. Dem japanischen Tanka formal ähnlich und inhaltlich nachempfunden drückt es – in aller Kürze – Grundstimmungen und Grundüberzeugungen des lyrischen Ichs aus.

Form		Beispiel
Zeile 1: 1 Wort	– ein Leitgedanke, ein Thema	Blau
Zeile 2: 2 Wörter	– über Mensch, Tier, Pflanze, Dinge …	das Meer
Zeile 3: 3 Wörter	– wesentliche Aussage darüber	die Wellen rauschen
Zeile 4: 4 Wörter	– persönliche Aussage: Ich …	Ich liege am Strand
Zeile 5: 1 Wort	– Schlussgedanke	Ferienspaß
5 Zeilen: 11 Wörter	– Elfchen, ein Kürzestgedicht	

4. Das Rondelet

Das Rondelet ist ein kleines Rondel (franz. *rond* = rund), das, bestehend seit dem 13. Jh., aus 13 Versen – mit Vers 7 als Dreh- oder Mittelachse –, zwei Reimen und Refrain, auch als „Rund- oder Ringelgedicht“ bezeichnet wird. Neben dieser größeren Form gibt es auch die kleinere Variante mit acht Versen (Sätzen), wobei die Zeilen 2, 4 und 7 wiederholt werden. Nach Gero von Wilpert ist ein Rondelet eine „feste Gedichtform in Gestalt einer einzigen Strophe von fünf Zeilen auf zwei Reime“. In modernen Formen, wie bei Hilde Domin z. B., wird auf Reim und Refrain verzichtet.

Aufbau	Beispiel
Vers 1: Thema	Nicht müde werden
Vers 2: Erweiterung	auf dieser Erden.
Vers 3: Dreh-Vers, Achse	energisch
Vers 4: Aussage	den Frieden wagen
Vers 5: Gefühl	und nie verzagen!

Bei Reim- und Refrainbildung sieht das Schema so aus: a b (R) a bb (R) oder auch a a (R) b cc (R), wie in unserem Beispiel ohne Refrain, der eine Wiederholung der Zeile 2 und 5 darstellen und den Umfang auf sieben Zeilen vergrößern würde.

5. Das Akrostichon

Die Buchstaben eines Namens oder eines Begriffes werden untereinander (vertikal) geschrieben. Zu jedem Buchstaben wird ein Wort, eine Assoziation, gefunden, die den Eigennamen oder den Begriff charakterisiert. So können durch diese poetische Schreibweise Stimmungen, Gefühle und Aussagen angedeutet werden.
Das Akrostichon (plural: Akrosticha) ist also ein „Gedicht“, bei dem die Anfangsbuchstaben der waagerechten Wörter („Verse“) – senkrecht gelesen – einen übergeordneten Begriff ergeben.

Beispiele:

D unkelblond
A nhänglich
N aseweise
I ntelligent
E igenwillig
L iberal
A ufmerksam

S onnenschein
O zonloch
M eeresstrand
M opedausflug
E isenbahnfahrt
R egenwetter

6. Das Abc-„Gedicht"

Dieses Gestaltungsprinzip bestimmt auch das Abc-„Gedicht" (oder „Abecedarium"), das in zwei weiteren Varianten auftreten kann, dem „Was-ich-mag-Abc" und dem „Was-ich-*nicht*-mag-Abc", wobei je 26 ideenadäquate Aussagen getroffen werden.

Beispiel: „Sommer-Abc"

A ugust
B ergwandern
C horfest
D auerkarte
E isenbahn
F erien
G artenfest
H appy End
I rland
J uli
K onzert
L ausitz
M eer
N ordsee
O mnibusfahrt
P aragliding
Q uasselstrippe
R egenwetter
S eptember
T urmfest
U rlaub
V ogelnest
W assersport
X anten
Y awl (Segelboot)
Z oobesuch

7. Das Lautgedicht und die Konstellation

Lautgedicht und Konstellation, die akustischen bzw. visuellen Formen der konkreten Poesie, sind auf Laute und Lautwörter bzw. auf Buchstaben, Wörter und kurze Sätze reduziert. Ihre Anordnung oder Zusammenstellung erfolgt in der Weise, dass die Aussageabsicht deutlich zur Wirkung kommt.

Beispiel eines Lautgedichts
„Karawane"
(Hugo Ball)
Siehe Seite 113!

Beispiel einer Konstellation
„Ordnung"
(Timm Ulrichs)
Siehe Seite116!

8. Das Ideogramm und Piktogramm

Diese bildlichen, gegenständlichen oder figuralen Formen der konkreten Poesie drücken die Bedeutung eines Wortes, einer Wortgruppe oder einer größeren Sinneinheit analog oder konträr dergestalt aus, dass sie als Druckbilder oder „Sehgedichte" erscheinen.

Beispiele von Ideogrammen:

SMMER

Rad fahren

B E R G ST EI G E N

FERIENENDE

Beispiel eines Piktogramms:
„Soldat und Taube" (Claus Bremer)
Siehe Seite 121!
„Kreuze" (Gabriele, 14 Jahre, S. 123).

9. Das Parallelgedicht

Parallelgedichte werden nach einem vorgegebenen Muster, das formal und inhaltlich erschlossen wurde, geschrieben, wobei in analoger Weise Variationen des Ausgangstextes entstehen, die andere Erlebnisfelder beschreiben.

Muster:
„Urlaubsfahrt"
(Hans Adolf Halbey)
Siehe S. 153!

Parallelgedicht:
„Schulbusfahrt"
(Andrea, 14 Jahre)
Siehe S. 154!

10. Das Gegengedicht

Gegengedichte dagegen beinhalten die konträre Aussage zum vorgegebenen und erschlossenen Muster. Die Rezipientin oder der Rezipient ist mit der Autorenintention nicht einverstanden, ist gegenteiliger Auffassung und formuliert diese aus.

Muster:
„Nachricht"
(Hans Kasper)
Siehe S. 163!

Gegengedicht:
„Nichts ist in Ordnung!"
Siehe S.162!

11. Das Eigengedicht

Das Eigenproduzieren beginnt mit einem Vier- oder Sechszeiler oder mit einer Strophe, um die ein Gedicht verlängert wird. Motiviert durch einen lustvollen und methodisch abwechslungsreich gestalteten Textumgang können die Schülerinnen und Schüler ihr lyrisches Ich in strengen lyrischen Formen oder im reimlosen freirhythmischen Prosastil sich aussprechen, sich mitteilen und äußern lassen.
Mitunter gibt es – bei allen natürlichen Unterschieden – ganz erstaunliche Parallel-, Gegen- oder Eigengedichte von Kindern und Jugendlichen, die eine hohe sprachliche Qualität und eine über-

zeugende inhaltliche Aussage besitzen. Jede Lehrkraft sollte deshalb in jeder Schulklasse die Heranwachsenden zur literarischen Eigenproduktion motivieren.

Einige Beispiele
„Winter-Elfchen“, S. 46
„Liebes-Elfchen“, S. 59
„Schulregeln“, „Unterricht“ (S. 51)
„Nicht müde werden“, S. 72
„Reklame“, S. 158/159
„Kreuze“ (Piktogramm), S. 123
„Gift“ (Umweltgedicht“), S. 162
„Farben des Friedens“ (Friedensgedicht), S. 66

12. Die Methode der musischen Ausdrucksgestaltung[19] stellt den Gedichtumgang in einen interdisziplinären Zusammenhang. Interpretation, Anwendung und Verarbeitung eines lyrischen Textes können erfolgen in einem visuell-bildhaften Gestalten (Illustration, Zierleiste, Schreib- und Druckgestaltung, Basteln, Montage, Collage), in einem gestischen, mimischen und szenischen Nachvollzug (Rollenlesen, Chorsprechen, szenische Darstellung, Rollenspiel, Pantomime) und in einer musikalischen Ausgestaltung (Erfinden und Singen einer Melodie, Singspiel, Tanzspiel, Unterlegen mit instrumentaler Begleitung, z. B. mit dem Orff-Schulwerk oder evtl. auch mit einem Playback).

13. Die Methode der „Gedichte-Werkstatt“[20], ein Neuansatz der gegenwärtigen Literaturdidaktik, eng verwandt mit dem „handlungs- und produktionsorientierten Literaturunterricht“, stellt das praktische Tun in den Mittelpunkt des unterrichtlichen Geschehens. Sie ist durch die vier folgenden Merkmale gekennzeichnet:

1. Der „Werkstoff“ ist die poetische Sprache mit ihren lyrischen Elementen in ihrer gesamten Textsortenvielfalt („vom simplen Reklamereim bis hin zur feierlichen Ode“[21]).
2. Das „Werkzeug“ besteht – ideell betrachtet – aus dem Wissen über Lyrik, das angewandt wird, aus Fantasie und Sprachsensibilität und – materiell gesehen – aus dem selbst hergestellten Bastelmaterial (Reimkärtchen, Verszeilen-Streifen, Montagestreifen, Ersatzproben, Clusterbildungen, Wortkärtchen, „Fenster“ auf dem Computerbildschirm …), mit dem hantiert wird.
3. Die „Werkmethode“ ist in besonders ausgeprägter Form handlungsorientiert, produktionsorientiert, kreativ, innovativ, experimentierend, prozessorientiert, offen und frei.
4. Das „Werkprodukt“ ist zum einen das durch Lesen, Sprechen, Vortragen, Spielen (und Tanzen) und Inszenieren wiederhergestellte (reproduzierte) Gedicht, zum andern durch Kombinieren, Montieren, Collagieren und Eigenproduzieren veränderte bzw. neu geschaffene Gedicht.

Das – um im Bilde zu bleiben – „Gesellen- oder Meisterstück“ könnte das eigene Gedichtheft oder die gemeinsame Gedichtsammlung sein, die in der Schulwerkstatt geschrieben, gedruckt, illustriert, vervielfältigt und gebunden – und der Öffentlichkeit vorgestellt wird.

Entscheidend für die Wahl der einen oder anderen Methode, für den Gedichtumgang überhaupt, sind einmal die Eigenart des lyrischen Textes und das adäquate Hauptlernziel und zum andern die Jahrgangsstufe und die Wünsche und Vorschläge der Schülerinnen und Schüler. Anzuraten ist ein Wechsel von zwei oder drei Lösungswegen und Phasen innerhalb einer so genannten Gedichtstunde und die Berücksichtigung der Methodenvielfalt im Laufe eines Schuljahres. Hinzuweisen ist auf die Gefahr, auf die schon im Jahre 1988 Hans Kügler[22] aufmerksam gemacht hat, dass aus dem Gedichtunterricht ein reiner Bastelunterricht werden könne. Abzuraten ist von einer einseitigen Intellektualisierung oder einseitigen Emotionalisierung des Gedichtumgangs, ebenso von einer ausschließlichen Handlungsorientierung, die einem bloßen Aktionismus ähnelt. Ein „vergnüglicher Gedichtumgang“ kann nur in einem dialektischen Zusammenspiel aller verstandesmäßigen und gefühlsmäßigen Kräfte und praktischen Fähigkeiten und Fertigkeiten des Heranwachsenden stattfinden. Die Lehrkraft sollte die ihr anvertrauten Jugendlichen allseitig fördern und sie sich zu harmonischen Persönlichkeiten entfalten lassen, die gleichermaßen zu erleben, zu verstehen, zu denken, zu fühlen, zu handeln und zu wollen vermögen[23].

4.3 Anhang: Arbeitsblätter

Als Anhang seien Arbeitsblätter als Kopiervorlagen zu „Clusterbildung“, „Textanalyse“, „Gedichtvergleich“, „Abc-Gedicht“ („Abecedarium“) und „Eigenproduktion von Kurzgedichten“ beigelegt. Die Leerstellen wären in Bezug auf das jeweilige Gedicht auszufüllen.
Auf diese Weise kann durch den Verzicht auf den Abdruck dieser Kopiervorlagen bei jedem Stundenbild am Umfang unserer Unterrichtshilfe enorm eingespart werden.

---

19 Franz, a. a. O., vgl. S. 156–159.
Arnold Grömminger/Gertrud Ritz-Fröhlich: Umgang mit Texten in Freizeit, Kindergarten und Schule. Freiburg 1974, vgl. S. 68.
Hans Gatti: Schüler machen Gedichte. Freiburg i. Br. 1979.
20 Martin Keller: Gedichtwerkstatt. Bern 1997.
Österreichischer Buchklub der Jugend (Hrsg.): Raum für ein Gedicht. Projektbuch Lyrik. Wien o. J.
21 Ostwald Watzke: Umgang mit Texten in der Primarstufe. München ^{4}1979, vgl. S. 7–11.
22 Hans Kügler in Praxis Deutsch, Heft 90 und 91, vgl. S. 4 ff.
23 Haase, a. a. O., vgl. S. 430 ff.

Kopiervorlage: Clusterbildung

Bilde einen Cluster und verfasse dann dein eigenes Kurzgedicht zum Thema ________ *!*

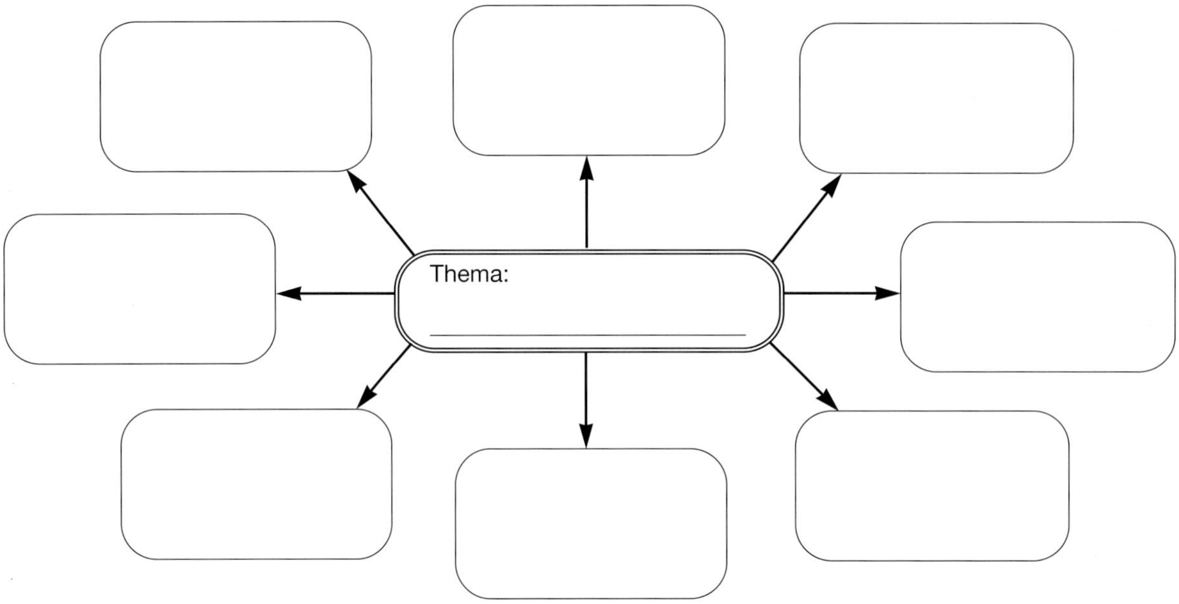

Du kannst auch diese Form verwenden:
Was fällt dir zum Thema alles ein?

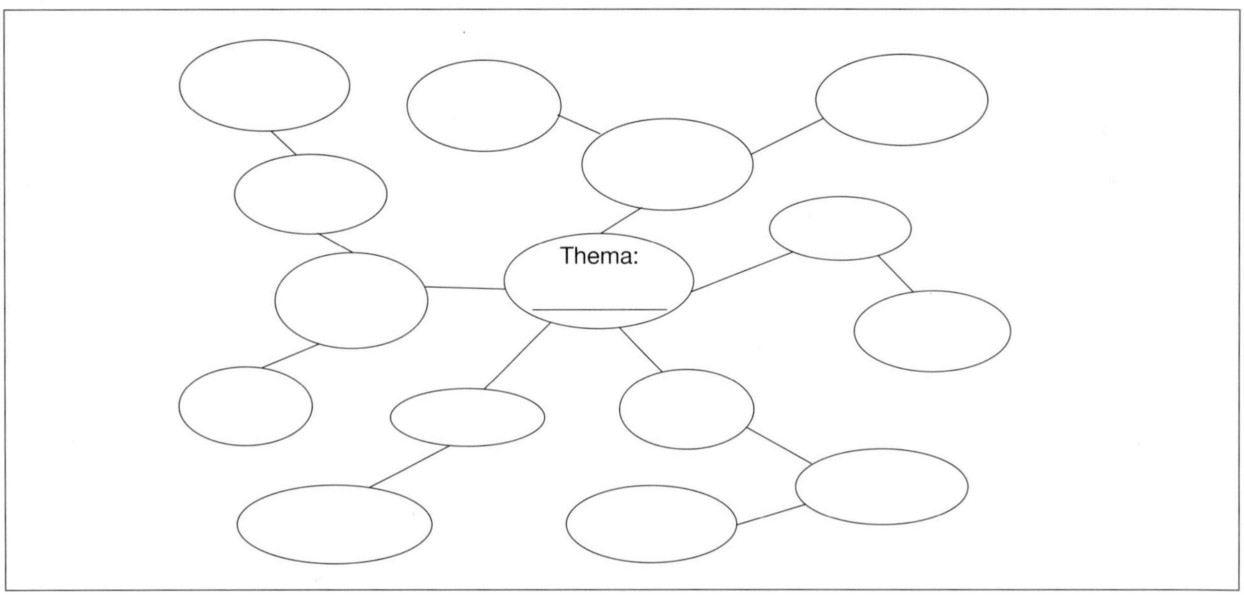

Kopiervorlage: Textanalyse

Notiere die wichtigsten Stichpunkte zum Gedicht deiner Wahl!

Titel:	
Autorin/Autor:	
1. Anzeichen des Gegenstandes:	
2. Die stärksten Gefühle des lyrischen Ichs:	
3. Sprachliche Bilder:	
4. Die Grundstimmung:	
5. Die Aussage (Botschaft):	
6. Die Form (Versmaß, Reimbildung, Gedichtart):	
7. Meine Meinung:	
8. Meine Eigenproduktion: siehe Beiblatt!	

Kopiervorlage: Gedichtvergleich

Trage nur die wichtigsten Stichpunkte aus den Gedichten und Tafelanschriften ein!

Titel:		
Autorin/Autor:		
1. Die wichtigsten Anzeichen ☐		
2. Die stärksten Gefühle (des/der) ☐		
3. Die Grundstimmung:		
4. Die Botschaft:		
5. Die Wirkung:		
6. Die Form (Versmaß, Reimbildung, Gedichtart):		

5. Eigenproduktion:

☐ Gedichtvortrag ☐ Liedvortrag ☐ Elfchen ☐ Gedicht (gereimt oder ungereimt)

☐ Haiku ☐ Tanka ☐ Abc-Gedicht ☐ Rondelet ☐ Akrostichon

☐ Text-Bild-Collage ☐ Text-Foto-Collage ☐ Gedichtbändchen

Kopiervorlage: Abc-„Gedicht“

„Was mir ______ gefällt …“	„Was mir ______ **n i c h t** gefällt …“
A ______	A ______
B ______	B ______
C ______	C ______
D ______	D ______
E ______	E ______
F ______	F ______
G ______	G ______
H ______	H ______
I ______	I ______
J ______	J ______
K ______	K ______
L ______	L ______
M ______	M ______
N ______	N ______
O ______	O ______
P ______	P ______
Q ______	Q ______
R ______	R ______
S ______	S ______
T ______	T ______
U ______	U ______
V ______	V ______
W ______	W ______
X ______	X ______
Y ______	Y ______
Z ______	Z ______

Für dein Abc-„Gedicht“ kannst du auch ein anderes Thema wählen, z. B.: „Lehrkraft“, „Eltern“, „Freundin“, „Freund“, „an mir“ usw.

Kopiervorlage: Eigenproduktion

Wähle eine Form dieser Kurzgedichte aus und schreibe deinen eigenen Text auf!

„Elfchen"	
1 Wort	________________
2 Wörter	________________
3 Wörter	________________
4 Wörter	Ich ________________
1 Wort	________________
11 Wörter	
„Haiku"	
5 Silben	________________
7 Silben	________________
5 Silben	________________
17 Silben	
„Tanka"	
5 Silben	________________
7 Silben	________________
5 Silben	________________
7 Silben	________________
7 Silben	________________
31 Silben	
„Rondelet"	
Vers 1	________________
Vers 2	________________
Vers 3: Achse	________________
Vers 4	________________
Vers 5	________________
☐ Konstellation ☐ Piktogramm ☐ neue Strophe ☐ Kurzgedicht (im Prosastil) ☐ Kurzgedicht (mit Versmaß und Reim) ☐ Textmontage (geänderte Folge) ☐ Akrostichon ☐ Text-Foto-Collage ☐ Text-Bild-Collage	

1. Jahreszeitengedichte

1.1 Frühlingsgedichte

Johann Wolfgang Goethe: „Osterspaziergang“

1. Zur Sachanalyse

Johann Wolfgang Goethes[1] **„Osterspaziergang“**[2] aus „Faust. Eine Tragödie“ ist wohl der bekannteste Faust-Monolog. Die Leserin oder der Leser findet ihn in der Tragödie „Faust. Erster Teil“ in der Szene „Vor dem Tor“ von Vers 903 bis Vers 940. Der „Faust I“ umfasst 4612 Verse, der „Faust II“ die Verse 4624 bis 12111. „Faust I und II“ sind Goethes umfassendstes dramatischstes Werk. Eine unvollendete Fassung des „Faust“-Werkes brachte Goethe am 7. November 1775 in seinem Reisegepäck mit nach Weimar. Im erlauchten Kreise des Weimarer Adels las er mit großem Erfolg aus diesem Werk vor. Jahrzehntelang war der „Urfaust“ verschollen. Erst 1887 entdeckte ihn der Literaturhistoriker Erich Schmidt beim Sichten des Nachlasses von Anna Amalias literarisch interessierter Gesellschafterin Luise von Göchhausen im Schlösschen Tiefurt. Deren Abschrift des unvollendeten Werkes „Faust I. Ein Fragment“ erschien 1790. Der vollständige „Faust I“ lag 1806 gedruckt vor, „Faust II“ nach Goethes Tod als 1. Band der „Nachgelassenen Werke“ 1832.

Bis in unsere Tage hinein feiern wir Christen am Ostersonntag die Auferstehung des Herrn Jesus Christus. Ostern bedeutet zugleich den frohen Abschied vom Winter, das freudige Begrüßen des Wiedererblühens der Pflanzenwelt.

Die Szene „Vor dem Tor“ stammt aus Goethes Schaffensperiode um 1800. Die Szene besteht aus vier Teilen. Der so genannte „Osterspaziergang“ ist deren 2. Teil: Verse 903 bis 948. Der uns vorliegende Teil endet mit dem Vers 940. Die Verse 941 bis 948 spricht Fausts Famulus Wagner.

1. Teil der Szene: Die Verse 808 bis 902: Spaziergänger aller Art ziehen hinaus, 3. Teil der Szene: Die Verse 949 bis 1010: Bauern unter der Linde. Faust unter dem Volk. 4. Teil der Szene: Die Verse 1011 bis 1177: Begegnung mit dem Pudel, der Faust umkreist. Dieser Pudel entpuppt sich schließlich als Mephistopheles. –

Die ersten elf Verse des „Osterspaziergangs“ beschreiben die Befreiung der Natur durch den Sieg des Frühlings über den Winter. Der „alte Winter“ hat ausgespielt, wenngleich die Blumen noch nicht blühen, aber „geputzte Menschen“ (13), voller Zuversicht, strömen ins Freie.

Die nächsten 15 Verse (Verse 12–26) schildern das Herauskommen der Menschen aus „niedrigen“, „dumpfen“ (21) Häusern und Kirchen, aus engen Straßen der Stadt und beruflich-gesellschaftlichen Zwängen („Handwerks- und Gewerbesbanden“) (22) ihr Herantreten „ans Licht“ (26) als gleichsam Auferstandene.

Die letzten zwölf Verse (Verse 27–38) bejubeln die Feiertagsstimmung („Sieh nur, sieh!“) (27) der Menschen, die mit Lust, Freude und beinahe Übermut durch Gärten und Felder spazieren, in Kähnen den Fluss befahren, den Berg erwandern und im Dorfe frohe, ausgelassene Einkehr halten, um die wiederempfundene Befreiung der Natur und des eigenen Daseins zu feiern.

Faust und sein Famulus Wagner wollen jedoch nicht in die Ferne, auf den Fluss oder in die Berge. Faust strebt, der finsteren und einsamen Studierstube entronnen, ins Dorf, um im Festgetümmel sein „Menschsein“, seine Lebensfreude voll zu genießen.

Vers 20 und Vers 38 sind die Schlüsselstellen im „Frühlingsgedicht“. In diesen Schlüsselversen beantwortet der Dichter die Seinsfrage des Menschen, einmal im Sinne der christlich-abendländischen Tradition („Auferstehung des Herrn“ und der eigenen Person), zum anderen im Sinne der klassisch-liberalen Weltanschauung. Fausts positives Fazit lautet:

„Ich höre schon des Dorfs Getümmel,
Hier ist des Volkes wahrer Himmel,
Zufrieden jauchzet Groß und Klein;
Hier bin ich Mensch, hier darf ichs sein!“

2. Zur didaktischen Analyse

Die Jugendlichen, die ihre eigenen Erfahrungen mit dem Frühling haben, werden die Grundstimmung des Dichters, erlebt vor 200 Jahren, nachempfinden können, vielleicht vertiefen können, wenn sie ihre gegenwärtigen Beobachtungen und Erlebnisse im Frühling und zu Ostern sammeln, überdenken, verarbeiten und literarisch festhalten.

Eine Hilfe für dieses eigene kreative Schreiben – in welcher Form auch immer – ist das textimmanente Verfahren, das formal Klang, Reim, Rhythmus, Metaphern und Chiffren und inhaltlich Stimmungen, Ereignisse und Aussagen erschließt.

Diese Textanalyse geht eins mit der Textgestaltung als einer sprechgestaltenden Interpretation. Der „Oster-

1 Biografie Goethes siehe S. 105!
2 Text mit Verszählung entnommen aus:
Goethe: Faust (Urfaust. Faust 1. Faust 2). Kommentiert von Erich Trunz. Einmalige Jubiläumsausgabe zum 250. Geburtstag Goethes am 28. 8. 1999. München 1999.

spaziergang“, vom Dichter Goethe fast durchgehend mit verschiedenartigen Reimen in jambischen Vierhebern komponiert, gelegentlich durchbrochen von trochäischen und daktylischen Versfüßen, eignet sich hervorragend für sprechgestaltende Interpretationen durch Schüler. Das balladenhafte volkstümliche Lied vom „König in Thule“, gesungen vom jungen, erstmalig verliebten Gretchen, findet sich ebenfalls im 1. Teil der Faust-Tragödie (Verse 2759 bis 2782), desgleichen Gretchens trauriges, sehnsuchtsvolles Lied am Spinnrad: „Meine Ruh ist hin,/Mein Herz ist schwer,/ich finde sie nimmer/Und nimmermehr.“ (Verse 3374 bis 3412) bezieht sich auf Faust. Diese Texte werden gern von Schülerinnen sprecherisch gestaltet.
Zeigen die Schülerinnen und Schüler lebhaftes Interesse an dem Goethe-Text, ist es sinnvoll, im Text des Dramas auf den letzten Teil der Szene „Nacht“ (evtl. auf die Verse 690 bis 784) zurückzugreifen. Hier zeigt sich die Verzweiflung des Professors Faust in seinem engen Studierzimmer *vor* dem befreienden Osterspaziergang und seine Errettung durch die christliche Osterbotschaft: „Ich grüße dich, du einzige Phiole“ (Gift) (Vers 690) – „O tönet fort, ihr süßen Himmelslieder!/Die Träne quillt, die Erde hat mich wieder!“ (Verse 783/784)

Lernziele: Die Schülerinnen und Schüler sollen

1. Goethe als größten deutschen Dichter, sein bedeutendstes Werk und seine Lebensbotschaft – vertieft – kennenlernen,
2. den anspruchsvollen Text des „Osterspaziergangs“ sprachlich und gehaltlich erfassen und gestalten können,
3. einfache poetologische Formen (die Begriffe: Paarreim, Kreuzreim, umarmender Reim, unreiner Reim, Takt, Hebung, Senkung, regelmäßige, unregelmäßige Versfüllung: Jambus, Trochäus, Daktylus, Auftakt) am praktischen Beispiel entdecken,
4. sich in frei gewählter Gruppenarbeit kreativ und produktiv mit dem „Frühlingsgedicht“ Goethes und eigenen literarischen Formen befassen.

3. Zur Verlaufsplanung

3.1 Initialphase

Gespräch über die Bedeutung des Frühlings für den Menschen, für alle Lebewesen der Natur, über eigene Beobachtungen und Erlebnisse im Frühling.

3.2 Zielangabe

Tafelanschrift: Name, Lebensdaten des Dichters, Wissen über Leben und Werk, TA: „Osterspaziergang“.

3.3 Textbegegnung

Gestaltender Lehrervortrag der mit „Osterspaziergang“ überschriebenen Verse. Spontanäußerungen der Schülerinnen und Schüler, zweiter Vortrag des Textes durch die Lehrkraft.

3.4 Texterarbeitung

Stilles Lesen des Textes (Kopiervorlage), Worterklärungen, falls erforderlich, Analyse des äußerlich ungegliederten Textes in drei Abschnitte, Partnerarbeit: Beispiele für Veränderungen in der Natur und im Menschen (verschiedenfarbige Markierungen im Text oder Herausschreiben in zwei Spalten).
Deutung des Verses: „Denn sie sind selber auferstanden ...“ aus den ihn umgebenden Versen und Deutung des Schlussverses im gelenkten Unterrichtsgespräch.

3.5 Zusammenfassung (TA):

„Osterspaziergang“ (Johann Wolfgang Goethe, 1749–1832)	
1. Abschnitt (Verse 1–11): Befreiung der Natur durch Sieg des Frühlings über den Winter	NATUR ↓
2. Abschnitt (Verse 12–26): Heraustreten der Menschen aus den Zwängen der Stadt „ans Licht“ („Auferstehung“)	MENSCH ↓
3. Abschnitt (Verse 27–38): Spazieren durch Gärten, Felder Kahn fahren auf dem Fluss Berg erwandern Festgetümmel im Dorf	LEBENS- FREUDE

3.6 Schlussphase

Sprechgestaltung des Frühlingsgedichtes mit Hintergrundmusik (z. B.: Vivaldi: Vier Jahreszeiten: Frühjahr).

4. Zur Weiterführung

- Freiarbeit (Gruppenarbeit siehe S. 9, Eigenproduktionen siehe S. 18),
- Präsentation der Gruppenarbeiten und Eigengedichte,
- Eintrag: Tafelanschrift und Dichterkunde,
- Lektüre (und Sprechgestaltung): „Der König in Thule“, „Meine Ruh ist hin“.

Johann Wolfgang Goethe

Osterspaziergang

(Faust 1, Szene „Vor dem Tor“, Verse 903–940)

Vom Eise befreit sind Strom und Bäche
Durch des Frühlings holden, belebenden Blick;
Im Tale grünet Hoffnungsglück;
Der alte Winter, in seiner Schwäche,
Zog sich in raue Berge zurück.
Von dorther sendet er, fliehend, nur
Ohnmächtige Schauer körnigen Eises
In Streifen über die grünende Flur;
Aber die Sonne duldet kein Weißes:
Überall regt sich Bildung und Streben,
Alles will sie mit Farben beleben;
Doch an Blumen fehlts im Revier,
Sie nimmt geputzte Menschen dafür.
Kehre dich um, von diesen Höhen
Nach der Stadt zurückzusehen.
Aus dem hohlen finstern Tor
Dringt ein buntes Gewimmel hervor.
Jeder sonnt sich heute so gern.
Sie feiern die Auferstehung des Herrn,
Denn sie sind selber auferstanden,
Aus niedriger Häuser dumpfen Gemächern,
Aus Handwerks- und Gewerbesbanden,
Aus dem Druck von Giebeln und Dächern,
Aus der Straßen quetschender Enge,
Aus den Kirchen ehrwürdiger Nacht
Sind sie alle ans Licht gebracht.
Sieh nur, sieh! wie behend sich die Menge
Durch die Gärten und Felder zerschlägt,
wie der Fluss, in Breit und Länge,
So manchen lustigen Nachen bewegt,
Und bis zum Sinken überladen
Entfernt sich dieser letzte Kahn.
Selbst von des Berges fernen Pfaden
Blinken uns farbige Kleider an.
Ich höre schon des Dorfs Getümmel,
Hier ist des Volkes wahrer Himmel,
Zufrieden jauchzet Groß und Klein:
Hier bin ich Mensch, hier darf ichs sein!

Eduard Mörike: „Er ists" (1829) / Bertolt Brecht: „Frühling 1938"

1. Zur Sachanalyse

Zu analysieren sind zwei zunächst motivgleiche Texte, zwei einstrophige Frühlingsgedichte, **Eduard Mörikes (1804–1875)**[1] „Er ists" und **Bertolt Brechts (1898–1956)**[2] „Frühling 1938". Beiden gemeinsam ist die Grundhaltung des Dichters gegenüber dem Thema: die Bejahung des Frühlings, der Jahreszeit der Zuversicht, des Neuanfangs des Lebens in der Natur. Lediglich diese positive Grundhaltung dem Frühling gegenüber aber ist in beiden Gedichten gleich, die Gestaltung ihres Themas führen beide Autoren völlig verschieden durch.

Ein stiller Jubel liegt über dem regelmäßig trochäischen und kunstvoll durchgereimten (a b b a c d c **e** d) Mörike-Gedicht **„Er ists"**. Das lyrische Ich des Neunzeilers, der 1829 entstanden ist[3], beschreibt den erwarteten Frühling, der in der Überschrift lediglich mit dem Personalpronomen bezeichnet und dann im ersten und im vorletzten Vers genannt wird. Seine Attribute sind das in den Lüften flatternde blaue Band, die süßen, verheißungsvollen Dürfte, die vom Erblühen träumenden Veilchen und der kaum noch vernehmbare Harfenton. Ins Auge fallen der direkte Einstieg (Titel in der Form eines Ausrufs der Alltagssprache, Frühling in Vers 1 ohne Artikel), der Wechsel in der verwendeten Personalform und der Vers 8 als einziger Vers ohne Reim (Waise). Während Vers 1 bis 6 in der 3. Person Präsens abgefasst sind, bringt Vers 7 in der Imperativform „Horch" die direkte Anrede des lyrischen Ichs an sich selbst, Vers 8 die Anrede des Frühlings in der 2. Person Präsens und Vers 9 die 1. Person Perfekt. Die Verse 1 bis 6 reihen die verschiedenen Anzeichen des nahenden Frühlings aneinander, die Verse 7, 8 und 9 sind drei unmittelbare, sich steigernde Anrufe: Aufforderung an das lyrische Ich aufzumerken, beglückter Anruf des erhofften Frühlings (gehaltlicher Höhepunkt des Gedichts, die drei Einsilber „ja du bists" können durchaus als drei Schweren, drei betonte Silben hintereinander aufgefasst und sprecherisch realisiert werden, einzige Durchbrechung des sonst strikt durchgeführten Prinzips der regelmäßig trochäischen Versfüllung), der einmündet in die Verbindung von Du und Ich, des Ersehnten mit dem Sichsehnenden.

Bei Bertolt Brecht – sein Gedicht **„Frühling 1938"** entsteht im dänischen Exil – ist von stillem oder lautem Jubel keine Spur zu finden. Zwar erscheinen der Ostersonntag, der Tag der Auferstehung Christi, die grünenden Hecken und das Aprikosenbäumchen an der schützenden, wärmenden Hausmauer als Zeichen des Frühlings. Diese aber werden bedroht vom plötzlichen Schneesturm, der die Frühlingsboten mit Erfrieren bedroht, wie die den Krieg vorbereitenden Politiker im Frühling 1938 schon den Beginn des Grauens vom Herbst 1939 befürchten lassen: Sohn und Vater schützen den frierenden Baum, „schweigend" – im Wissen um die drohende Gefahr für alle Bäume, Tiere, Menschen, die einem Krieg ausgesetzt sind, der sie vernichten kann, weil diejenigen, die gegen ihn warnend ihre Stimme erheben, Verse gegen die Vorbereiter des Krieges publizieren, zu schwach sind – so wie ein schützender Sack auch nicht allzu viel gegen strengen Frost auszurichten vermag. Trotz ihres Wissens um die Gefahr resignieren Vater und Sohn jedoch nicht, sie werden aktiv gegen die Bedrohung tätig, aber sie verstummen angesichts des Ausmaßes der Gefahr. – Brechts Gedicht verzichtet auf jede Regelmäßigkeit der Versfüllung, auf jeden Reim, es ist eines jener freirhythmischen, reimlosen Gedichte aus der Emigrationszeit, die disharmonische Gehalte nicht durch harmonische Formgebung neutralisieren wollen. Zum Verhältnis Gehalt – Form sagt Brecht 1938:

„... ich hielt es nicht für meine Aufgabe, all die Disharmonien und Interferenzen, die ich stark empfand, formal zu neutralisieren ... Es handelte sich ... nicht nur um ein „Gegen-den-Strom-Schwimmen" in formaler Hinsicht, einen Protest gegen die Glätte und Harmonie des konventionellen Verses, sondern immer doch schon um den Versuch, die Vorgänge zwischen den Menschen

---

1 Eduard Mörike: Eine Auswahl (in 3 Bänden). München: Carl Hanser. 2. erweiterte Auflage o. J. (ausgewählt und mit einem Nachwort versehen von Georg Britting), Band I, S. 23.
Zur Biografie: Eduard Mörike, geb. am 8. 9. 1804 in Ludwigsburg als Sohn eines Arztes, gest. am 4. 6. 1875 in Stuttgart, evangelischer Pfarrer in Cleversulzbach, Ruhestand in Bad Mergentheim, Literaturlehrer in Stuttgart (1851–1866), herausragender Lyriker des 19. Jh. (volksliedhafte Gedichte), Romane, Übersetzungen griechischer und römischer Lyriker.
Werke u. a.: „Maler Nolten" (R., 1832), „Das Stuttgarter Hutzelmännlein" (1853), „Mozart auf der Reise nach Prag" (Novelle, 1856), „Die Idylle vom Bodensee" (1846), „Sämtliche Werke. Hrsg. von G. Baumann" (3 Bände).

2 Bertolt Brecht: „Frühling 1938". Aus: Werke, Große kommentierte Berliner und Frankfurter Ausgabe, Bd. 12. © Suhrkamp Verlag, Frankfurt 1988 (alte Rechtschreibung).
Zur Biografie: Bertolt Brecht, geb. am 10. 2. 1898 in Augsburg, gest. am 14. 8. 1956 in Berlin (Ost). Sohn eines Fabrikdirektors, vom Kriegsjahr 1918 an Parteinahme für Pazifismus und Sozialismus Nach kurzem Medizin- und Literaturstudium Beginn der Arbeit für das Theater in Augsburg, München, Berlin als Kritiker, Dramaturg, Theoretiker des „epischen Theaters", Stückeschreiber. Auch Lyriker und Prosaist. Als Marxist konsequenter Gegner der bürgerlichen Welt, des Christentums, des Krieges, des Nationalsozialismus. 1933 bis 1948 Emigrant in Prag, Wien, Zürich, Svendborg/Dänemark, Finnland, Santa Monica bei Hollywood, Zürich. Ab Herbst 1948 bis zu seinem Tode in Berlin/Ost, seit 1949 als Leiter des zusammen mit seiner Frau, Helene Weigel, gegründeten „Berliner Ensembles".
Werke u. a.: 1919 „Trommel in der Nacht" (Dr.) (Kleist-Preis), 1927 „Die Hauspostille" (G.), 1928 „Die Dreigroschenoper", 1928/29 „Aufstieg und Fall der Stadt Mahagonny" (Oper), 1932 „Die Mutter" (Dr., nach Maxim Gorki), 1938/41 „Der gute Mensch von Sezuan" (Dr.), 1939 „Mutter Courage und ihre Kinder" (Dr.), 1944/45 „Der kaukasische Kreidekreis" (Dr.), 1938, 1944/47, 1953/56 „Leben des Galilei" (Dr.).

3 veröffentlicht im Roman „Maler Nolten" (1832), als Lied gesungen von der Tochter des Gefängniswärters, als Trost und Labsal empfunden vom Schauspieler Larkens und Maler Nolten, der inhaftiert und krank ist. Mörike: „Die Strophen bezeichnen ganz jene zärtlich aufgeregte Stimmung, womit die neue Jahreszeit den Menschen, und Genesenden weit inniger als den Gesunden, heimzusuchen pflegt."

als widerspruchsvolle, kampfdurchtobte, gewalttätige zu zeigen.“ (1964: 80) „Der Reim schien mir nicht angebracht, da er dem Gedicht leicht etwas In-sich-Geschlossenes, am Ohr Vorübergehendes verleiht. Regelmäßige Rhythmen mit ihrem gleichmäßigen Fall haken sich ebenfalls nicht genügend ein ...“ (1964: 87)[4].

2. Zur didaktischen Analyse

Die Gedichte stellen relativ hohe Ansprüche an das Einfühlungsvermögen und die Abstraktionsfähigkeit der Schülerinnen und Schüler sowie an ihr Vermögen, Sachinformationen zu transferieren, damit sie im Gedicht-Vergleich wesentliche Charakteristika der lyrischen Kunstwerke erfassen können.
Die Lehrkraft wird sich darum zu bemühen haben, dass die Jugendlichen möglichst selbstständig erkennen:

1. die unterschiedliche Form der beiden Gedichte
   a) gereimt, regelmäßiger Wechsel von betonter und unbetonter Silbe (Hebung und Senkung),
   b) ungereimt, unregelmäßiger Wechsel von betonten und unbetonten Silben,
2. die unterschiedliche Aussage der beiden Gedichte
   a) Jubel über die Ankunft des ersehnten Frühlings, der Jahreszeit der Wiedererweckung, Neubelebung der Natur, der Pflanzen, der Tiere und der Menschen,
   b) Wissen um die Bedrohung der Welt im Frühjahr 1938, aber keine Resignation, kein Jammern und Verzagen, sondern aktives Handeln gegen die Gefahr, geht diese nun – in welchem Frühjahr auch immer – von Naturerscheinungen oder von Menschen aus.

Wichtig erscheint es uns, darauf zu achten, dass während des Umgangs mit den einzelnen Gedichten und vor allem beim Vergleich nicht der eine Text gegenüber dem anderen auf- oder abgewertet wird. Hauptlernziel des Vergleiches sollte es sein, den Jugendlichen zu verdeutlichen, auf welch unterschiedliche Weise das Motiv Frühling von zwei in verschiedenen Zeiten mit unterschiedlichen Zielvorstellungen dichtenden Autoren sprachlich komponiert wird. Eine Konfrontation des sogenannten unpolitischen Mörike und des sogenannten politischen Brecht führt leicht zu einer einseitigen Wertung, die keinem der beiden Gedichte gerecht wird. Freilich müssen beim Aufspüren und Nachempfinden der jeweiligen Grundstimmungen und beim Erfassen und Werten der Aussageabsichten die geschichtlichen Bedingtheiten zurate gezogen werden. So wird über das textimmanente Verfahren hinaus auch das biografisch-historische Verfahren berücksichtigt und durch das aktualisierende ergänzt, wenn auch der „Frühling von heute“, in seiner gegenwärtigen und vermutlichen zukünftigen Erscheinungsform, in den Blick genommen wird.

In diesem Zusammenhang kann auf die Materialien „Lebensbedingungen auf dem Lande zu Beginn des 19. Jahrhunderts (1829)“ und „Frühling heute (2001)“ zurückgegriffen werden, die Ulrich Kernen zusammengestellt hat.[5]
Es liegt deshalb nahe, diesen Lyrikunterricht fächerübergreifend zu gestalten:
Geschichte: Sozialgeschichtliche und politische Geschichte 1800–1830 (im Überblick), Zeitgeschichte 1933–1945 (im Überblick).
Musik: Vertonung von „Er ists“ von Robert Schumann (1810–1856) in op. 79 Nr. 23, April 1849, musikgeschichtliche Betrachtung und Liedeinstudierung.[6]
Diese Informationen, die eigenen Erfahrungen und Beobachtungen im Frühling und die in einem Cluster geweckten Assoziationen bilden das Sprachmaterial, mit dessen Hilfe die Schülerinnen und Schüler ihre Gedanken und Gefühle literarisch zum Ausdruck bringen können, und zwar in Kleinstformen, deren Spielregeln bzw. Baupläne ihnen schon – aus der „Lyrik-Werkstatt“ – geläufig sind: Haiku, Tanka, Elfer-Gedicht, Abc-Gedicht.[7]

Lernziele: Die Schülerinnen und Schüle sollen

1. Frühlingsgedichte aus unterschiedlichen Epochen kennenlernen,
2. diese nach Form, Grundstimmung und Aussage erschließen und evtl. miteinander vergleichen,
3. ihre eigenen „Frühlingsgefühle und -gedanken“ in literarischen Kleinstformen zum Ausdruck bringen.

3. Zur Verlaufsplanung

3.1 Zur Sachinformation

Vor dem Einstieg bedarf es der grundsätzlichen Entscheidung, welches Gedicht als erstes analysiert wird, bevor der Vergleich gewagt wird. Bei Berücksichtigung der Entstehungszeiten ergäbe sich die Reihenfolge Mörike – Brecht. Zu beachten ist, dass die Lehrkraft sowohl zum Verständnis des Brecht-Textes (NS-Zeit 1933–1945, politisch engagierter Dichter Brecht, Emigrant, 1938 in Dänemark, 2. Weltkrieg 1939–45) als auch zum Nacherleben des Mörike-Gedichtes (Lebensumstände in der 1. Hälfte des 19. Jahrhunderts, siehe Anlage) den Schülerinnen und Schülern kurze Sachinformationen zukommen lassen muss.
Im Rahmen des fächerübergreifenden Unterrichts könnten auch Schülergruppen dieses historische Hintergrundwissen selbstständig erarbeiten und in das Interpretationsgespräch einbringen.

---

4 Bert Brecht: Über reimlose Lyrik mit unregelmäßigen Rhythmen (1938), dazu: Nachtrag (1938), in: Bert Brecht, Über Lyrik (edition suhrkamp 70), Suhrkamp Verlag. 1.–15. Tausend 1964, S. 77–88.

5 Ulrich Kernen: „Frühling, ja du bist's! Man kann es nachlesen.“ In Praxis Deutsch, Heft 159/2000, 42–45 (S. 43).

6 Das Kunstlied kann wegen des großen Umfanges leider nicht abgedruckt werden.

7 Oswald Watzke (Hrsg.): Gedichte in Stundenbildern, 6. Jahrgangsstufe. Auer: Donauwörth [3]1999, S. 48–67 („Frühling“).

3.2 Zur Texterarbeitung (erste Einheit)

1. Teilziel: „Er ists"

Das Mörike-Gedicht wird von der Lehrkraft gestaltend vorgetragen. Dem Vortrag schließen sich Spontanäußerungen der Schülerinnen und Schüler an, die sicherlich den Gesamteindruck des Gedichtes, seine Grundstimmung und die Aussage betreffen.
Danach erfolgen die Informationen über den Dichter und seine Zeit mittels der Anlagen, darauf in Einzel- oder Partnerarbeit die sprachliche Erschließung des Gedichtes anhand folgender Aufträge (bei stillem Erlesen):

1. Markiere (oder schreibe heraus), welche Sinneseindrücke der Dichter hat! (Gelb für Sehen, Blau für Hören, Grün für Riechen, Rot für Fühlen)
2. Markiere (oder schreibe heraus), welche sprachlichen Bilder der Dichter verwendet! (Braun)

Während des sich anschließenden Berichtes, wobei einzelne Verse zitiert werden, könnte folgende Folien- oder Tafelanschrift entstehen:

Er ists

(Eduard Mörike, 1804–1875)

1. Das Erwachen des Frühlings kann er:
sehen: „blaues Band", „flattern", „Land"(schaft), „Veilchen",
riechen: „süße Düfte", „Veilchen",
hören: „leiser Harfenton", „vernommen",
fühlen: Freude, Jubel („horch", „ja du", „dich").

2. Sprachliche Bilder: Der Frühling ist
wie ein „blaues Band" (Vers 1),
wie ein „flatterndes" Band (Vers 2),
wie ein „leiser Harfenton" (Vers 7),
wie eine Person, wie ein Freund („du", „dich", Verse 8 und 9).

3. Grundstimmung und Aussage
Der Dichter jubelt über das Erwachen des wärmenden Frühlings, der den Winter, der voller Kälte und Not war, ablöst.

4. Form
regelmäßiges Versmaß (Trochäen)
Reimbildung (a b b a c d c **e** d)
naturlyrisches Gedicht

2. Teilziel: „Frühling 1938"

Nach der Sachinformation (s.o.) lernen die Schülerinnen und Schüler den Brecht-Text durch eigenes stilles Lesen kennen. Die freie Aussprache, in welcher vielleicht schon erste Vergleiche mit dem Mörike-Gedicht angestellt werden, wird übergeführt in die selbstständige Texterschließung, die vom 1. Teilziel her bekannt ist. Im gemeinsamen Bericht und Klassengespräch könnte danach abschließend folgende Folien- oder Tafelanschrift festgehalten werden:

Frühling 1938

(Bertolt Brecht, 1898–1956)

1. Das Erwachen des Frühlings kann er:
sehen: „grünende Hecken", „Schnee", „Sohn", „Aprikosenbäumchen",
riechen: „Schnee",
hören: „Schneesturm", „schweigend",
fühlen: „Ostersonntag" (Freude), „Hausmauer" (Schutz), „frierend" (vor Kälte, aus Angst vor dem Krieg).

2. Sprachliche Bilder: Der Frühling ist
wie ein „Ostersonntag" (Vers 1),
wie ein „Aprikosenbäumchen" (Vers 5),
– im Jahre 1938 –
wie ein „Schneesturm" (Vers 2),
wie ein „frierender Baum" (Vers 14).

3. Grundstimmung und Aussage
Der Autor sieht den „Frühling 1938" bedroht durch den 2. Weltkrieg, der unendliches Leid, totale Vernichtung und millionenfachen Tod bringen wird.

4. Form
kein Versmaß, keine Reime
Prosastil
politisches Gedicht

3. Teilziel: Sprechgestaltung

Zum Abschluss der Texterarbeitung bemühen sich die Schülerinnen und Schüler um eine angemessene Sprechgestaltung beider Gedichte.

3.3 Textvergleich (zweite Einheit)

Die Schülerinnen und Schüler erhalten nach den Textarbeiten die Kopiervorlage. Beide Gedichte können nun systematisch verglichen werden: die Überschriften, die Beschreibungen des Frühlings (z. B. plötzlicher Schneesturm – durch die Lüfte flatterndes blaues Band, frierendes Aprikosenbäumchen – träumende Veilchen, schweigend helfender Vater und Sohn – Jubel darüber, den Frühling vernommen zu haben – Angst vor Frost und Krieg), die Einführung des bzw. der Menschen in das Gedicht, die Aussage, die Grundstimmung und die Form (Reim, Versmaß und Art) der Gedichte.
Als Formblatt kann die Kopiervorlage 3 „Gedichtvergleich" (siehe Einleitung S. 16) dienen.

4. Eigenproduktionen (dritte Einheit)

4.1 Bereitstellen des Sprachmaterials

Clusterbildung:
Die Jugendlichen sammeln Assoziationen zu ihrem „eigenen Frühling heute", indem sie ihre Wahrnehmungen, Gedanken und Gefühle, Hoffnungen und Wünsche äußern. Siehe Kopiervorlage „Cluster" in der Einleitung (S. 14)!

4.2 Produktive Freiarbeit

1. Gruppe: Eine Schülergruppe beschäftigt sich mit der sprecherischen und musikalischen Gestaltung eines Frühlingsgedichtes (und mehrerer eigenproduzierter Beispiele).

2. Gruppe: Eine weitere Gruppe widmet sich der Schrift- und Bildgestaltung ausgewählter Texte, wobei Schreibschrift, auch ideogrammatische Schreibung, Druckschrift, Text-Bild-Kombination und Text-Bild-Collage infrage kommen können.

3. Gruppe: Eine andere Gruppe wiederum verfasst literarische Kurzformen: Frühlings-Elfchen, Frühlings-Abc, Frühlings-Haiku, Frühlings-Tanka, Frühlings-Strophe, Frühlings-Gedicht (siehe Kopiervorlage S. 18 mit Eintrag: „Frühlingsgedichte").

4.3 Präsentation der Eigenproduktionen

Alle Eigenproduktionen werden vorgestellt, wohlwollend gewürdigt und in einem geeigneten Rahmen „veröffentlicht".

5. Zur Weiterführung

- Sprechgestaltung/Vortrag der Gedichte,
- Bearbeiten der Kopiervorlagen,
- Eintrag der Tafelanschriften,
- Eintrag der Kurzbiografien,
- Liedeinstudierung (auch anderer Frühlingslieder),
- Verfeinern der literarischen Eigenproduktionen (mit Illustrationen, Fotos oder Collagen),
- Herstellen eines eigenen Büchleins mit Frühlingsgedichten und -liedern (Freiarbeit in der Lyrik- und Schulwerkstatt) mit eigener Schriftgestaltung und Illustration.

Eduard Mörike

Er ists

Frühling lässt sein blaues Band
Wieder flattern durch die Lüfte,
Süße, wohl bekannte Düfte
Streifen ahnungsvoll das Land.
Veilchen träumen schon,
Wollen balde kommen.
Horch, von fern ein leiser
Harfenton!
Frühling, ja du bists!
Dich hab ich vernommen!

Bertolt Brecht

Frühling 1938

Heute, Ostersonntag früh,
Ging ein plötzlicher Schneesturm über die Insel.
Zwischen den grünen Hecken lag Schnee. Mein
Junger Sohn
Holte mich zu einem Aprikosenbäumchen an der
Hausmauer
Von einem Vers weg, in dem ich auf diejenigen
Mit dem Finger deutete,
Die einen Krieg vorbereiteten, der
Den Kontinent, diese Insel, mein Volk,
Meine Familie und mich
Vertilgen mag. Schweigend
Legten wir einen Sack
Über den frierenden Baum.

Meine Illustration:

1.2 Sommergedichte

Marie Luise Kaschnitz: „Juni“ / Sarah Kirsch: „Im Sommer“

1. Zur Sachanalyse

Das Jahreszeitengedicht **„Juni“**[1] von **Marie Luise Kaschnitz**[2] steht thematisch in der Tradition der Naturlyrik des 19. Jahrhunderts, modernisiert durch den kosmischen und ökologischen Aspekt.

Zum Inhalt: Die im Text dargestellte Welt ist noch in ihrer natürlichen Ordnung, vielleicht weil die Dichterin darin Menschen nur einmal, als spielende Kinder, zulässt (Strophe 4). Die gute Ordnung findet ihren Ausdruck auch im symmetrischen, statuarischen Aufbau: Erste und letzte Strophe (Erde als Himmelskörper, mit den Augen des Astronauten gesehen) betten die belebte Frühsommer-Natur in die kosmische Unendlichkeit ein. Die zweite und vorletzte Strophe wiederum stellen die Landschaft dar, in welcher die jungen Tiere und Menschen leben. Hier, in den Strophen 3 und 4, gipfelt das Gedicht inhaltlich wie im Aufbau. Alter, Tod, Untergang sind ganz zurückgedrängt. Aber sie behalten das letzte Wort: als „Schatten“, „Wolke“, „Nacht“ (vorletzter und letzter Vers in Strophe 6).

Zur Form: Statuarisch, feierlich, unangefochten schreitend ist auch der Rhythmus. Er folgt dem streng alternierenden Metrum, das in fünfhebigen Trochäen besteht. Die einzige Durchbrechung zeigt sich in einer stumpfen Endung des letzten Verses jeder Strophe. Die Strophen wirken dadurch gegeneinander abgeschlossen. Die Monumentalität des Gedichtes bewirkt nicht Einschüchterung oder Düsterkeit, die Vielfalt der Bilderfolgen, das Spiel mit Vokalen, die zahlreichen Appetenz ausdrückenden Adjektive und der Satzbau hellen die Stimmung auf. Die erste Hälfte des reimlosen Gedichtes besteht aus kurzen Aussagen in jedem Einzelvers. (Ausnahme: Strophe 1, Vers 3, 4: globale Thematik.) Diese Doppelzeiligkeit mit Enjambement kennzeichnet dann alle Sätze der zweiten Hälfte des Gedichtes (Strophe 5 sogar durchgehender Satz) und trägt zur stärkeren Bewegtheit des zunächst nur Festgestellten bei. Auch die sorgfältig abgestimmten Verben der Bewegung wirken einer allzu monumentalen Wirkung symmetrisch gesetzter Nomina entgegen.

Zur Botschaft: Insgesamt erzeugt die Autorin dadurch in ihrem natur- und gedankenlyrischen Gedicht eine helle, frohe, feierliche Grundstimmung, die erst in den beiden letzten Versen etwas überschattet wird. Sie verleiht ihrem Gedicht den Charakter einer Ode, die formal reimlos, aber strophisch, streng metrisch und in gehobener Sprache verfasst ist, und inhaltlich feierlich-erhaben ein würdiges Thema besingt.

Das lyrische Ich will uns seine Empfindungen mitteilen und miterleben lassen: Die Erde ist „eine schöne Insel“ voller Glanz im Weltraum, ein idyllisches Paradies voller Leben für Pflanzen, Tiere und Menschen. Diese unsere Erde im „siebenfachen Licht des Himmels“[3] ist jedoch flüchtig, vergänglich und bedroht durch die Nacht, die „wie einer Wolke Schatten“ auf sie fällt bzw. schon auf ihr liegt.

Im Jahreszeitengedicht **„Im Sommer“**[4] von **Sara Kirsch**[5] wird im Prosastil der reimlosen und freirhythmischen Lyrik des 20. Jahrhunderts die gleiche Thematik aufgegriffen.

Zum Inhalt: Das Beobachten und Erleben der Natur, die noch unversehrt und idyllisch ist, steht zunächst im Vordergrund:

Strophe 1:	Ruhig, schläfrig, friedlich ist das Land.
Strophe 2:	Die „Bewegungen“ im Sommer sind normal.
Strophe 3:	Die Welt ist in Ordnung.

Diese Beschreibung der Phänomene der sommerlichen Natur auf dem Lande, weit abseits von der Großstadtindustrie, trifft jedoch nur die Oberflächensicht der Dinge. Auf die von der Autorin eigentlich gemeinte Tiefensicht macht Kaspar H. Spinner[6] aufmerksam, indem er Folgendes ausführt: „Jede Strophe zeigt beides, Natur und Bedrohung, Letztere tritt von Strophe zu Strophe deutlicher ins Bewusstsein.“ Als Beleg hierfür finden wir im Text folgende Metaphern:

Strophe 1:	„... selten ein Steinwurf.“
Strophe 2:	„noch ... unvergiftete Wiesen.“
	„... Wolken wie Berge ...“
Strophe 3:	„... keine Zeitung – Welt in Ordnung.“
	... spiegelt sich ... das eigene Gesicht ...“
	„... feuerrot ... die Felder.“

1 **Textquelle:** Marie Luise Kaschnitz: Überallnie, Ausgewählte Gedichte 1928–1965. © 1965 Claassen Verlag, jetzt München (alte Rechtschreibung).

2 **Zur Biografie:** Marie Luise Kaschnitz, geb. am 31. 1. 1901 in Karlsruhe, gest. am 10. 10. 1974 in Rom, Buchhändlerlehre, zahlreiche Studienreisen, Aufenthalt in Königsberg (1932–1937), Marburg, seit 1941 in Franfurt/Main, bedeutende Lyrikerin und Erzählerin, vertritt das christlich-humanistische Erbe.
Werke u. a.: „Elissa“ (Roman, 1937), „Totentanz und Gedichte zur Zeit“ (1947), „Ewige Stadt“ (Gedichte, 1952), „Das Haus der Kindheit“ (Autobiografie, 1956), „Ferngespräche“ (Erzählungen, 1966), „Steht noch dahin“ (Prosa, 1970).

3 Die Autorin meint damit die sieben Spektralfarben des Regenbogens: Violett, Indigo, Blau, Grün, Gelb, Orange und Rot. Nach neuesten Ergebnissen der Physik spricht man nur noch von sechs Regenbogenfarben, weil „Indigo“ keine eigenständige Farbe sei.

4 Aus: Sarah Kirsch: Werke in fünf Bänden, Bd. 1: Gedichte. Herausgegeben von Franz-Heinrich Hackel. © 1999 Deutsche Verlags-Anstalt GmbH, Stuttgart, München (alte Rechtschreibung).

5 Zur Biografie siehe S. 41!

6 Kaspar H. Spinner: Umgang mit Lyrik in der Sekundarstufe I. Hohengehren [3]1997, S. 92.

Zur Botschaft: In der Isolierung von der „Welt da draußen" („keine Zeitung") und in der Selbstbespiegelung („in Pflaumenmuskesseln spiegelt sich schön das eigne Gesicht") wird die Bedrohung der ländlichen Idylle und der eigenen Person nicht oder kaum wahrgenommen. Dies ist die Botschaft, die Sarah Kirsch uns mitteilen will, behutsam zwar, aber voller Impulse zum kritischen Nachdenken über die bedrohte Natur und den gefährdeten Menschen.
Zur Form: Es handelt sich um ein reimloses und freirhythmisches, um ein natur-, gedankenlyrisches und zeitkritisches Gedicht im Prosastil. Abgesehen vom Vers 1 der Strophe 1 werden acht Aussagesätze aneinandergereiht, die – teils Zeilen übergreifend – drei Strophen bilden. Trotz dieser Aufzählung kommt keine Monotonie auf, die sprachlichen Bilder und die starken Verben (liegen, treffen, fallen, [die Jagd] anblasen, fliegen) bewirken eine äußere, die angedeuteten Bedrohungen der Natur (und des Menschen in ihr) eine innere Bewegtheit.

2. Zur didaktischen Analyse

Das Bauprinzip der Satz- und Bilderreihung ist einfach und macht den Schülerinnen und Schülern den Zugang leicht. Die recht allgemeine, fast nur zeichenhafte Welt in Text 1, in Text 2 etwas konkreter, bedarf der Erläuterung. Vertraut dürfte die kosmische und ökologische Perspektive sein. Sogar Aufbau und Sprachform dürften zugänglich sein und sogar ein gewisses Interesse wecken. Dagegen brauchen die Schülerinnen und Schüler bei der thematischen Erfassung Unterstützung. Ihr entwicklungsbedingter Egozentrismus stimmt zwar mit dem Weltbild der Gedichte überein, aber längst ist ihnen die Zielperspektive des Erwachsenseins selbstverständlich. Somit können sie ohne Weiteres die Skepsis der Autorinnen gegenüber der Weiterentwicklung von Mensch und Erde verstehen und teilen.
Somit können beide Gedichte, die zur modernen Öko-Lyrik (Kaspar H. Spinner) gerechnet werden können, das zweite stärker als das erste, zum Nachdenken über den Konfliktzusammenhang zwischen Ökonomie und Umweltschutz anregen und ein kritisches Umweltbewusstsein und Problembewusstsein über die Zukunft unserer Erde wecken und fördern.
Als besonders text- und lernzieladäquate Verfahren empfehlen sich hier die Textmontage, die Text-Foto-Montage und die literarische Eigenproduktion an, welche die Erschließung der Textstruktur, der Inhaltsproblematik und der Autorenintention begleiten, unterstützen und vertiefen.

Lernziele: Die Schülerinnen und Schüler sollen

1. zwei Beispiele der „Öko-Lyrik" kennenlernen,
2. deren Aufbau, Inhalt und Aussage feststellen,
3. deren Grundstimmung, Botschaft und Wirkung erfassen,
4. über die Weiterentwicklung der Natur auf der Erde und der Erde als Planeten nachdenken,
5. sensibilisiert werden für ein kritisches Umwelt- und Problembewusstsein,
6. ihre themenrelevanten Meinungen, Wünsche, Befürchtungen und Hoffnungen bildlich (in Collagen) und literarisch (in Kurzgedichten) zum Ausdruck bringen.

3. Zur Verlaufsplanung

3.1 Initialphase

Motivationsbilder (Farbdias): „Blick auf die Erde von einem Satelliten aus", „Weltraumstation MIR", „Sommerlandschaft: Wiesen und Wälder", „Kulturlandschaft: Felder, Tiere, Kinder".
Assoziationen der Schülerinnen und Schüler, freie und antizipierende Aussprache.
Zielangabe: „Ihr erhaltet zwei Texte zu den Bildern, die ihr jedoch erst selbst zusammensetzen müsst."

3.2 Rezeptionsphase

Die Begegnung mit den beiden Sommergedichten – eines ist auszuwählen – erfolgt durch die eigene Textmontage[7]. Siehe Kopiervorlage 1!
Eventuell könnte folgende Hilfe zur Strukturierung der Texte – nur im Notfall! – gegeben werden:

„Juni":

Strophe 1 und 6:	Erde als Himmelskörper
Strophe 2 und 5:	Landschaften der Erde
Strophe 3 und 4:	Lebewesen auf der Erde

„Im Sommer":

Strophe 1:	Land, Felder, Dörfer, Gärten …
Strophe 2:	Sterne, Jagd, Wiesen, Wälder …
Strophe 3:	Zeitung, Gesicht, Felder …

3.3 Reflexionsphase

1. Teilziel: Vorstellen und Diskutieren der Montagen der Schülerinnen und Schüler

2. Teilziel: Vergleichen mit den Originalen der Autorinnen

3. Teilziel: Erschließung von Aufbau, Inhalt, Aussage und Gefühl(en) in Partnerarbeit (Markieren, Umrahmen oder Herausschreiben)

4. Teilziel: Bericht der Ergebnisse (siehe Tafelanschrift 1 und 2), Diskussion im gelenkten Unterrichtsgespräch über die Botschaft (Autorenintention)

7 Diese Streifen könnten auch, um sich die Schneid- und Klebearbeit zu sparen, vorgefertigt in Briefumschlägen für je eine Dreiergruppe ausgeteilt werden.

Tafelanschrift 1

Juni (Marie Luise Kaschnitz)		
Aufbau	Inhalte (Bilder)	Aussagen (Gefühle) (Wie- und Mittelwörter)
Strophe 1:	Erde im Weltall wie „Insel im Winde“	schön, rein glänzend
Strophe 2:	Seenlandschaft Waldlandschaft	funkelnd rauschend
Strophe 3:	Paradies für junge Tiere	lebendig lebhaft
Strophe 4:	Paradies für Kinder	spielend singend
Strophe 5:	Kulturlandschaft Felder, Mühlen, Schiffe	grün, jung bewegt
Strophe 6:	Erde im Weltall „Schatten einer Wolke“ „die Nacht“...	unaufhörlich flüchtig bedroht
Botschaft: paradiesische Erde – bedrohte Erde		

Tafelanschrift 2

Im Somer (Sarah Kirsch)		
Aufbau	Inhalte (Bilder)	Aussagen (Gefühle) (Wie- und Mittelwörter)
Strophe 1:	Land, Felder, Dörfer Buchsbaumgärten Katzen	dünnbesiedelt riesig schläfrig
Strophe 2:	Sterne, Jagd Graugans, Storch Wiesen, Wolken, Wälder	unvergiftet bewegt bedrohlich
Strophe 3:	Zeitung, Welt Pflaumenmuskessel Gesicht, Felder „die Nacht“...	ordentlich schön feuerrot bedroht
Botschaft: idyllisches Land – bedrohte Natur		

3.4 Reproduktionsphase

Sinn- und Klanggestaltung der Originale und der montierten Texte schließt die erste Einheit ab.

4. Produktionsphase

4.1 Clusterbildung

Die jungen Leserinnen und Leser können sich ausdenken, welche Bedrohungen auf die Natur und auf die Erde zukommen können, welches Chaos oder Ende zu erwarten sind, wenn die Menschen nicht umdenken. Die am häufigsten genannten Gefahren, ermittelt in einem Schulversuch, stellen wir hier zusammen:

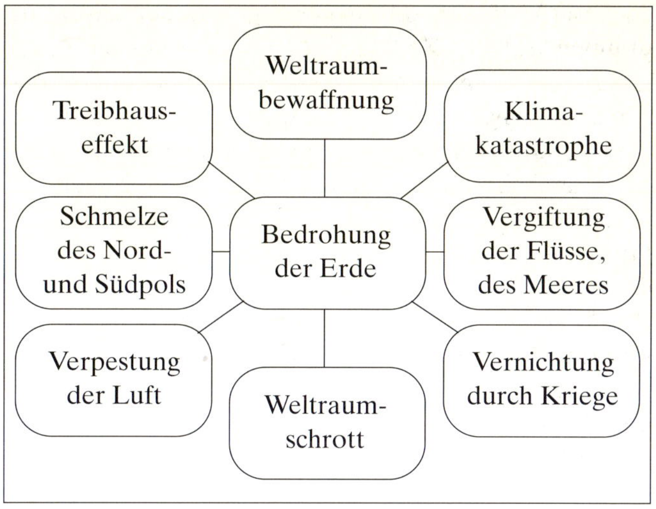

4.2 Text-Foto-Montage

Angeregt durch die Motivationsbilder in der Initialphase, durch die Erschließungsgespräche in der Reflexionsphase und durch die Clusterbildung sammeln die Jugendlichen passende Fotos, die sie mit Textteilen der Gedichte zu einer Collage montieren.

4.3 Textliche Zeitverschiebung

Durch die Übertragung des Imperfekts im Gedicht „Juni“ ins Präsens und des Präsens im Gedicht „Im Sommer“ ins Imperfekt ergibt sich eine Verschiebung der Erzählperspektive in die Beobachtungsperspektive – und umgekehrt –, welche die Distanz und Appetenz der Jugendlichen erneut beeinflusst und zum vertieften Nachdenken über die Inhaltsproblematik, über die eigene Rolle im aktiven Naturschutz anregt.

4.4 Literarische Eigenproduktion

Anhand der Kopiervorlage (siehe S. 18): Eigenproduktion [hier:] von Sommergedichten) können die Jugendlichen zu kreativem und persönlichem Schreiben angeregt werden. Besonders sprachgewandte Schülerinnen und Schüler werden ein Gedicht um eine Strophe verlängern, um im Stil der Autorin entweder vom Untergang oder von der Rettung unserer Erde zu erzählen.

5. Zur Weiterführung

- Eintragen der Dichterkunde,
- Bearbeiten der Kopiervorlage siehe S. 32,
- Verfeinern der Eigenproduktionen,
- Schriftgestalten und Visualisieren der Autoren- und der Eigentexte,
- Ausstellung (Veröffentlichung dieser Produkte),
- Anwendung des „Gelernten“ (siehe auch Kopiervorlage „Textanalyse“ und „Gedichtvergleich“ S. 15/16) an zwei neuen Gedichten[8] (siehe Anlage).

8 Christine Busta: „Der Sommer“. Aus: Die Sternenmühle. © Otto Müller Verlag, Salzburg 1959.
Karl Krolow: „Schlaflied im Sommer“. Aus: Alltägliche Gedichte. © Suhrkamp Verlag, Frankfurt a. M. 1968.

Anlage: Sommergedichte

1. Lies diese Gedichte wiederholt durch!
2. Was denkst du beim Lesen und Hören, was fühlst und meinst du?
3. Umrahme die Reimwörter mit derselben Farbe oder schreibe sie auf Wortkärtchen heraus! Kannst du die Reimbildung benennen?
4. Kannst du das Versmaß feststellen? (◡—|—◡|—◡◡)
5. Welches Sommergedicht gefällt dir am besten? Warum?
6. In welcher Gruppe möchtest du mitarbeiten?

____

Christine Busta

Der Sommer

Er trägt einen Bienenkorb als Hut,
blau weht sein Mantel aus Himmelsseide,
die roten Füchse im gelben Getreide
kennen ihn gut.

Sein Bart ist voll Grillen. Die seltsamsten Mären
summt er der Sonne vor, weil sie's mag,
und sie kocht ihm dafür jeden Tag
Honig und Beeren.

Karl Krolow

Schlaflied im Sommer

Nun träumen im Kleefeld die Hasen
und spitzen im Schlafe ihr Ohr.
Im Dunkeln duftet der Rasen.
Es spüren mit feinen Nasen
die Füchse am Gartentor.
Nun redet im Walnussbaume
vorm Fenster der nächtliche Wind.
Nun atmen Birne und Pflaume
und wollen reifen. Im Traume
mit Händen greift sie mein Kind.

Es rufen die Uhren die Stunde
durchs schlafende Sommerhaus.
Im Hofe knurren die Hunde.
Mein Kind ruht, die Fäustchen am Munde.
Ich lösche die Kerze aus.

Zu den Biografien:

Krolow, Karl (1915–1999)
Karl Krolow, geb. am 11. März 1915 in Hannover; gestorben am 21. Juni 1999 in Darmstadt; Pseudonym: Karol Kröpcke) war ein deutscher Schriftsteller.
Werke u.a.: „Hochgelobtes gutes Leben" (1943), „Das Gedicht in unserer Zeit" (1946), „Von nahen und fernen Dingen" (1953), „Aspekte zeitgenössischer deutscher Lyrik" (1961), „Die Träume der Ilse Aichinger" (1971).

Busta, Christine (1915–1987)
Christine Busta, eigentlich Christine Dimt, geb. am 23. April 1915 in Wien, gestorben am 3. Dezember 1987 in Wien, war eine österreichische Lyrikerin und schrieb auch Kinderbücher.
Werke u.a.: „Unterwegs zu älteren Feuern" (1965), „Der Regenbaum" (1951), „Die Sternenmühle" (1959), „Die Zauberin Frau Zappelzeh" (1979).

Marie Luise Kaschnitz

Juni

Schön wie niemals sah ich jüngst die Erde.
Einer Insel gleich trieb sie im Winde.
Prangend trug sie durch den reinen Himmel
ihrer Jugend wunderbaren Glanz.

Funkelnd lagen ihre blauen Seen,
ihre Ströme zwischen Wiesenufern.
Rauschen ging durch ihre lichten Wälder,
große Vögel folgten ihrem Flug.

Voll von jungen Tieren war die Erde.
Fohlen jagten auf den grellen Weiden,
Vögel reckten schreiend sich im Neste,
gurrend rührte sich im Schilf die Brut.

Bei den roten Häusern im Holunder
trieben Kinder lärmend ihre Kreisel;
singend flochten sie auf gelben Wiesen
Ketten sich aus Halm und Löwenzahn.

Unaufhörlich neigten sich die grünen
jungen Felder in des Windes Atem,
drehten sich der Mühlen schwere Flügel,
neigten sich die Segel auf dem Haff.

Unaufhörlich trieb die junge Erde
durch das siebenfache Licht des Himmels;
flüchtig nur wie einer Wolke Schatten
lag auf ihrem Angesicht die Nacht.

Sarah Kirsch

Im Sommer

Dünnbesiedelt das Land.
Trotz riesigen Feldern und Maschinen
Liegen die Dörfer schläfrig
In Buchsbaumgärten; die Katzen
Trifft selten ein Steinwurf.

Im August fallen Sterne.
Im September bläst man die Jagd an.
Noch fliegt die Graugans, spaziert der Storch
Durch unvergiftete Wiesen. Ach, die Wolken
Wie Berge fliegen sie über die Wälder.

Wenn man hier keine Zeitung hält
Ist die Welt in Ordnung.
In Pflaumenmuskesseln
Spiegelt sich schön das eigne Gesicht und
Feuerrot leuchten die Felder.

r feststellen, dass die Reihenfolge der Strophen beim Gedicht „Juni“ und der
n Sommer“ nicht stimmen kann.
aus und bringt sie in eine sinnvolle Reihenfolge!
untereinander und mit den Originalen!
s mehrere „richtige Lösungen“ geben kann!

rie Luise Kaschnitz

Juni

Funkelnd lagen ihre blauen Seen,
ihre Ströme zwischen Wiesenufern.
Rauschen ging durch ihre lichten Wälder,
große Vögel folgten ihrem Flug.

Bei den roten Häusern im Holunder
trieben Kinder lärmend ihre Kreisel;
singend flochten sie auf gelben Wiesen
Ketten sich aus Halm und Löwenzahn.

Schön wie niemals sah ich jüngst die Erde.
Einer Insel gleich trieb sie im Winde.
Prangend trug sie durch den reinen Himmel
ihrer Jugend wunderbaren Glanz.

Unaufhörlich trieb die junge Erde
durch das siebenfache Licht des Himmels;
flüchtig nur wie einer Wolke Schatten
lag auf ihrem Angesicht die Nacht.

Unaufhörlich neigten sich die grünen
jungen Felder in des Windes Atem,
drehten sich der Mühlen schwere Flügel,
neigten sich die Segel auf dem Haff.

Voll von jungen Tieren war die Erde.
Fohlen jagten auf den grellen Weiden,
Vögel reckten schreiend sich im Neste,
gurrend rührte sich im Schilf die Brut.

Sarah Kirsch

Im Sommer

Dünnbesiedelt das Land.

Wenn man hier keine Zeitung hält
Ist die Welt in Ordnung.

Wie Berge fliegen sie über die Wälder.

Noch fliegt die Graugans, spaziert der Storch
Durch unvergiftete Wiesen. Ach, die Wolken

In Pflaumenmuskesseln
Spiegelt sich schön das eigne Gesicht und
Feuerrot leuchten die Felder.

Trotz riesigen Feldern und Maschinen
Liegen die Dörfer schläfrig
In Buchsbaumgärten; die Katzen

Im August fallen Sterne.

Trifft selten ein Steinwurf.

Im September bläst man die Jagd an.

Hermann Hesse: „Blauer Schmetterling"

1. Zur Sachanalyse

Im Jahreszeiten- und Problemgedicht **„Blauer Schmetterling"**[1] zieht sich der Nobelpreisträger für Literatur (1946), **Hermann Hesse**[2], ganz ins Innerseelische zurück.

Zum Inhalt: Er wählt als Symbol für seine Suche nach dem Glück einen „blauen Schmetterling", der an die „blaue Blume" der Romantik (im Roman „Heinrich von Ofterdingen", 1802, von Novalis) erinnert, die als Symbol der Sehnsucht gilt.

Schmetterlinge, die über bunt blühende Wiesen gaukeln, sind der Inbegriff des Sommers. In unserem Falle begegnet der Dichter dem „blauen Falter"[3] in der Übergangszeit vom Spätsommer zum Frühherbst. Er vergleicht ihn mit seinem persönlichen Glück, das nur einen Augenblick lang („im Vorüberwehn") „glitzert, flimmert", und rasch im „Winde" „vergeht" und verweht.

Die positiven Gefühle der Zärtlichkeit („ein kleiner, blauer Falter"), der Freude (er „flügelt", „glitzert", „flimmert") und der Zuversicht („sah ich das Glück mir winken") werden sogleich abgelöst durch die negativen Gefühle der Ängstlichkeit („Schauer"), der Hoffnungslosigkeit („geweht"), des Abschieds, der Trauer und Wehmut („im Vorüberwehn", „vergehen").

Zur Form: Diese Ambivalenz der Gefühle drückt Hermann Hesse in seinem achtzeiligen Kurzgedicht, das auch in zwei Strophen geteilt werden könnte, meisterlich aus: vier Kreuzreime mit Wechsel zwischen schwacher und starker Endung (abab cdcd), ein Metrum bestimmt vom Wechsel zwischen Daktylen (—◡◡/—◡◡) und Trochäen (—◡/—◡), und ein bevorzugter Verbalstil, der die Bewegtheit in Reim und Rhythmus, die allmählich „vergeht", unterstreicht.

Es sind die Verben „flügeln", abgeleitet von Flügel, „wehen", „glitzern", „flimmern", „vergehen", blinken" (im substantivierten Kompositum „Augenblicksblinken"), „vorübergehen" (substantiviert „im Vorübergehen"), „winken" und „vergehen", die, verstärkt durch die Wiederholung in Vers 4 und 8, das Kurzgedicht beleben und beherrschen. Die Signalwörter „vergehen" und „verwehen" beziehen sich, am Dingsymbol „blauer Falter" (Verse 1 und 2) veranschaulicht, auf das Schlüsselwort „Glück" (Vers 7), das dem Dichter nur allzu flüchtig erscheint.

Zur Botschaft: Somit widerspiegelt dieses natur- und zugleich gedankenlyrische Kurzgedicht die biografisch durchgängige Grundstimmung und Seelenlage des Dichters, der die Ambivalenz zwischen positiven und negativen Gefühlen besonders empfindsam, tief, ängstlich, oft einsam[4], traurig, wehmütig und sehnsuchtsvoll nach dem Glück durchlebte.

Das Glück, wie ein „blauer Falter" flüchtig und vergänglich, ist das Ziel unserer Sehnsucht und Hoffnung. Dass wir dieses Ziel nie endgültig erreichen, erfüllt uns mit Wehmut: Sehnsucht und Hoffnung jedoch bleiben …

2. Zur didaktischen Analyse

In Schulversuchen wurde offenbar, dass die Jugendlichen sehr wohl die zwiespältige bzw. ambivalente Gefühlswelt des Nobelpreisträgers verstehen und sogar auch an ihr teilnehmen können. Sie finden ihre Gefühle der Gegensätzlichkeit zwischen Zärtlichkeit und Ablehnung, zwischen Stetigkeit und Flüchtigkeit, zwischen Willkommen und Abschied, Hoffen und Bangen, Freude und Trauer, Sehnsucht und Wehmut durch das Gedicht bestätigt.

Um diese ihre Gefühlswelt bewusst und vertieft erleben und literarisch ausdrücken zu können, sollen sie nach einer angemessenen Textanalyse, die mehr auf Inhaltliches denn auf Formales abzielt, Assoziationen sam-

---

1 Aus: Hermann Hesse: „Blauer Schmetterling". Aus: Sämtliche Werke, Bd. 10: Die Gedichte. © Suhrkamp Verlag, Frankfurt am Main 2001 (alte Rechtschreibung).

2 Zur Biografie: Hermann Hesse, geb. am 2. 7. 1877 in Calw/Württemberg, gest. am 9. 8. 1962 in Montagnola (Schweiz), Buchhändler, Erzähler, Lyriker, Essayist und Kritiker, auch Maler, 1946: Goethe-Preis, Nobelpreis für Literatur, 1955: Friedenspreis des Deutschen Buchhandels.
Werke u. a.: „Romantische Lieder" (1889), „Gedichte" (1902), „Peter Camenzind" (R. 1903), „Unterm Rad" (R. 1906), „Gertrud" (R. 1910), „Roßhalde" (R. 1914), „Klingsors letzter Sommer" (1920), „Siddharta. Eine indische Dichtung" (1922), „Der Steppenwolf" (R. 1927), „Narziß und Goldmund" (R. 1930), „Gedichte" (1942), „Das Glasperlenspiel" (R. 1943).

3 Der „blaue Falter" gehört zur Familie der Bläulinge, benannt nach der Färbung ihrer Flügel, die ihre Flugzeit ungefähr von Mitte Juni bis Mitte September haben. In unserem Falle könnte es sich wegen der „perlmutternen" (Vers 3) Farbe um ein Männchen des Faulbaumbläulings handeln, das oberseits blau-himmelblau und unterseits bläulich-silbergrau schimmert.

4 „Einsamkeit" ist bei Hermann Hesse ein wiederkehrendes Motiv, z. B. in seinem sehr bekannten Herbstgedicht „Im Nebel":
„Seltsam, im Nebel zu wandern!
Leben ist Einsamsein.
Kein Mensch kennt den andern.
Jeder ist allein."
Stundenbild hierzu siehe „Gedichte für die 9. und 10. Klasse". Donauwörth 2004.
„Glück" kann für Hermann Hesse allerdings auch „etwas Dauerhaftes" bedeuten, nicht nur „etwas Flüchtiges", wie er es z. B. im Gedicht „Für Ilona Durigo" ausdrückt:
„Vergänglich ist und dauerlos das Schöne,
Du aber, wenn du Deine Gaben bringst,
Wenn Du der großen Meister Töne,
So warm aus reichem Herzen singst,
Du gibst dem kurzen Augenblick
So wahren Glanz, daß er die Schwingen weitet
Und mit in unseres Lebens Tiefe gleitet,
Daß er uns ohne Trauer
Verbleibt in holder Dauer
Wie jedes wahre Glück."
Aus: Hermann Hesse: Musik. Betrachtungen, Gedichte, Rezensionen, Briefe. Hrsg. von Volker Michels. Suhrkamp: Frankfurt am Main 1986 (suhrkamp tb 1217).

meln (siehe Cluster „Glück"), und ein eigenes Kurzgedicht (siehe „Übersicht…" auf S. 11) verfassen. Dieses persönlich-kreative Schreiben ist das Hauptziel unseres Stundenbildes, wobei selbstverständlich auch die übrigen Textumgangsformen (siehe „Hinweise zur Freiarbeit…" auf S. 9) berücksichtigt werden können.

Lernziele: Die Kinder sollen

1. Hermann Hesse als deutschen Nobelpreisträger für Literatur kennenlernen,
2. den „blauen Falter" als Symbol der Sehnsucht nach dem Glück verstehen,
3. die Gefühle des lyrischen Ichs nachempfinden und eigene Sehnsüchte, Hoffnungen und Wünsche zum Ausdruck bringen.

3. Zur Verlaufsplanung

Erste Einheit: Form- und Inhaltsanalyse

3.1 Initialphase

Bildmeditation: Farbdias „bunte Sommerwiese", „Sommerblumen", „Schmetterlinge", „Bläuling" mit Hintergrundmusik (z. B. „Sommer" aus Vivaldis „Vier Jahreszeiten"), freie Aussprache (nach „beredtem Schweigen") über Gefühle, Stimmungen, Vorstellungen, Gedanken, Erinnerungen an Erlebnisse…
Überleitung: „Welche Gefühle und Gedanken ein großer Dichter, der 1946 den Nobelpreis erhielt (TA: Hermann Hesse, 1877–1962), beim Anblick dieser schönen Bilder hatte, lese ich euch jetzt vor."

3.2 Rezeptionsphase

Ausdrucksstarker Lehrervortrag (bei stehendem Farbdia „Bläuling" und laufender Hintergrundmusik). Stilles Nachlesen anhand des Textblattes (nur oberer Teil) mit Markierungen bzw. Notizen für die freie Aussprache.

3.3 Reflexionsphase

1. Teilziel: freie Aussprache mit Bedeutungserklärung seltener Wörter („flügelt", „perlmuttern", „Schauer"…)

2. Teilziel: Sprachanalyse in Partnerarbeit, Auftrag (für die Abteilung 1):
„Markiert verschiedenfarbig (schreibt heraus oder umrahmt auf dem Computerbildschirm)
1. die Tunwörter (Verben),
2. die Hauptwörter (Nomina/Substantive),
3. die Eigenschaftswörter (Adjektive)

und erklärt die Bedeutungen!"

3. Teilziel: Inhaltsanalyse in Partnerarbeit, Auftrag (für die Abteilung 2):
„Stellt fest und notiert in Stichpunkten
1. Aufbau und Inhalt,
2. Gefühle und Aussagen,
3. Formales (Versmaß, Reime, Schlüsselwörter, Stil, Gedichtart),
4. Botschaft und Wirkung auf euch!"

4. Teilziel: Bericht und Diskussion der Ergebnisse
Dabei könnte folgendes Tafelbild (evtl. auch ohne die Rubrik „Form") erarbeitet werden:

Blauer Schmetterling (Hermann Hesse)

Aufbau (Gliederung)	Inhalte (Bilder)	Gefühle (Aussagen)
Verse 1–4: (Strophe 1)	blauer Falter Wind: weht Schauer: perlmuttern vergeht	Zärtlichkeit Gefährdung Seltenheit Vergänglichkeit
Verse 5–8: (Strophe 2)	Augenblick Vorüberwehn Glück Vergehn	Flüchtigkeit Abschied Freude Wehmut

Form:

Versmaß:	Daktylus (—◡◡), Trochäus (—◡)
Reimbildung:	4 Kreuzreime, Schema abab cdcd
Stil:	Verbalstil (aktionaler Stil)
Schlüsselwörter:	„blauer Falter", „verweht", „Glück", „vergeht"
Gedichtart:	natur- und gedankenlyrisches Kurzgedicht, Ich-Gedicht

Botschaft:
Das Glück ist wie ein blauer Schmetterling, flüchtig und vergänglich. Uns bleiben nur Wehmut und Sehnsucht…

3.4 Ausklangsphase

Rückerinnerung an die Initialphase, an die Gefühle in der Bildmeditation, im Gedicht, Wiederholung der Botschaft, Sprechgestaltungen des Gedichtes, Schlussvortrag.

Zweite Einheit: Eigenproduktion

Motivation: „Was hat dieses Gedicht mit mir zu tun?" „Wie wirkt es auf mich?" – „Wie kann ich meine eigenen Gefühle, Gedanken und Meinungen aufschreiben?"

1. Teilziel: Vorbereitung: Clusterbildung anhand des Textblattes (unterer Teil)

2. Teilziel: Auswahl eines Kurzgedichtes anhand der Übersicht (siehe S. 11) und Durchführung

3. Teilziel: Präsentation und Diskussion der ersten Produkte

Hermann Hesse

Blauer Schmetterling

Flügelt ein kleiner blauer
Falter vom Wind geweht,
ein perlmutterner Schauer,
glitzert, flimmert, vergeht.
So mit Augenblicksblinken,
so im Vorüberwehn
sah ich das Glück mir winken,
glitzern, flimmern, vergehn.

Cluster: „Glück“

Wann bist du glücklich und worüber freust du dich besonders?

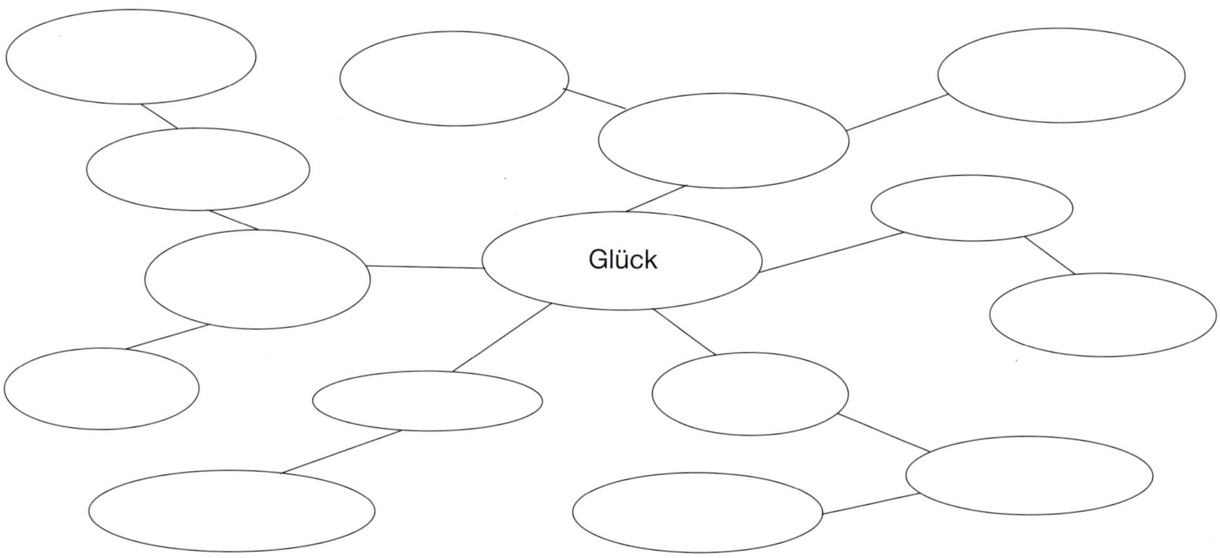

Kurzgedicht: „Mein Glück“

☐ gereimte Strophe ____________________

☐ im Prosastil ____________________

☐ Sechszeiler ____________________

☐ Elfchen ____________________

☐ Haiku ____________________

☐ Tanka ____________________

☐ Rondelet ____________________

1.3 Herbstgedichte

Friedrich Hebbel: „Herbstbild“ / Rainer Maria Rilke: „Herbsttag“

1. Zur Sachanalyse

Zwei motivverwandte Gedichte sollen einer vergleichenden Analyse unterzogen werden.[1]

Friedrich Hebbels[2] „Herbstbild“ aus dem Jahre 1852, ein zweistrophiges Gedicht, dessen zweimal vier fünfhebige jambische Verse kreuzweise gereimt sind und durchgehend eine stumpfe (männliche) Kadenz aufweisen, zeichnet das Bild eines Herbsttages, das von starker persönlicher Beteiligung des Betrachters zeugt. Die erhabene Stille, die den Herbsttag charakterisiert, wird lediglich vom raschelnden Herabfallen reifer Früchte von den Bäumen unterbrochen. Dieses Fallen ist keineswegs auf einen Sturm, einen gewaltsamen Eingriff zurückzuführen, sondern auf den „milden Strahl der Sonne“ (Vers 8), es bezeichnet die Erntefeier der Natur, die der Mensch nicht stören sollte (Vers 5 + 6). Voller Bewunderung gewinnt der Dichter in der Betrachtung des herbstlichen Bildes die Erfahrung, dass sich in der Natur in aller Stille ein Reifeprozess vollzieht, dessen Vollendung in den fallenden „schönsten“ (Vers 4) Früchten sichtbar wird. Die verhalten preisende Grundstimmung des Gedichtes lässt den Schluss zu, dass sich Hebbel in den natürlichen Reifeprozess miteinbezogen fühlt, auch den Lebensherbst eines Menschen betrachtet er als Zeit des Reifwerdens, der Ernte, der harmonischen Vollendung.

Rainer Maria Rilkes[3] „Herbsttag“, zwischen 1898 und 1902 entstanden und 1902 in Rilkes „Das Buch der Bilder“ veröffentlicht, ist von einer nicht nur für Heranwachsende schwer deutbaren Zwiespältigkeit durchzogen.

Rilke versteht wie Hebbel den Herbst als Reife- und Erntezeit auch des menschlichen Lebens, das unter der Obhut des am Gedichtbeginn angerufenen „Herrn“ (Vers 1) abläuft. Sechs Imperative aber geben den Strophen 1 und 2, die von Vollendung in der Natur sprechen, eine Unrast (vgl. „Leg“, „lass los“, „Befiehl“, „gib“, „dränge“, „jage“), die in die auf einer ganz anderen Ebene, der der Reflexion, angesiedelten schwermütigen Aussagen der Strophe 3 einmündet: Das Schicksal des im Herbst „unbehausten“ (vgl. Vers 8) Menschen wird zwangsläufig Ruhelosigkeit, Alleinsein, letztlich ergebnislose Kontaktsuche sein, ohne den notwendigen Fixpunkt wird der im Herbst des Lebens stehende Mensch sich, dem treibenden Blatte vergleichbar, einem grenzenlosen Unruhezustand ausgeliefert fühlen. Somit gestaltet Rilke einen Herbst, der nicht nur Verheißung und Erfüllung in der Natur, sondern ebenso Ziellosigkeit und Gefährdung des Menschen bedeutet. Auch rhythmisch ist das dreistrophige Gedicht weniger einheitlich als der Hebbel-Text: Dem fast pathetisch getragenen großen Schwung des Verses 1 (die Zäsur wird nur durch eine kurze Staupause realisiert) folgen – trotz eines durchaus spürbaren konsequenten Kompositionsprinzips – unruhigere, relativ stark variierende sprachliche Bewegungen, die durch Strophen ungleicher Versanzahl, gelegentliches Versenjambement, ein unregelmäßiges Reimschema (a, b, a, c, d, d, c, e, f, f, e, f), vom fünffüßigen jambischen Grundversmaß abweichende Versfüllung (1 = Eröffnungsvers, 6 = Mittelachse, 12 = Schlussvers beginnend mit einer stark betonten Silbe) verursacht werden.

2. Zur didaktischen Analyse

Für den Vergleich der zwei Gedichte werden zwei oder drei Unterrichtsstunden anzusetzen sein, die Lehrkraft wird sich in jedem Falle für einen auswählenden Vergleich, für eine – evtl. von der Situation, dem Erfahrungsbereich oder Wunsch der Klasse abhängende – Schwerpunktbildung zu entscheiden haben.

1. Lernziel: Die Schülerinnen und Schüler sollten in jedem Fall erkennen, auf welche Weise die zwei Dichter den Herbst sehen und gestalten (s. Sachanalyse).

2. Lernziel: Die Verbindung von Herbst = Erntezeit in der Natur und zugleich Zeit der Vollendung des menschlichen Lebens ist aus den Texten herauszuarbeiten.

3. Lernziel: Auf besonderes Interesse wird das Erkennen von Gemeinsamkeiten und Unterschieden in der sprachlichen Gestaltung des Herbstmotivs durch die Autoren treffen, hierbei lohnt sich das Ausgehen vom jeweiligen Eingangsvers „Dies ist ein Herbsttag, wie ich keinen sah!“ (Hebbel), „Herr: es ist Zeit. Der Sommer war sehr groß“ (Rilke).

---

1 Hebbel, Friedrich: Herbstbild: Karl Otto Conrady (Hrsg.), Das große deutsche Gedichtbuch. Königstein/Ts [2]1978, S. 517.
Rilke, Rainer Maria: Herbsttag: Rainer Maria Rilke. Werke in drei Bänden. Frankfurt a. M. 1966.

2 Friedrich Hebbel, geb. am 18. 3. 1813 in Wesselburen (Dithmarschen), gest. am 13. 12. 1863 in Wien. Maurerlehrling, Schreiber, Studium, Feuilletonredakteur, größter deutscher Tragiker des 19. Jahrhunderts.
Werke u. a.: „Judith“ (1841), „Herodes und Mariamne“ (1850), „Julia“ (1851), „Agnes Bernauer“ (1855), „Die Nibelungen“ (1862), „Demetrius“ (1864).

3 Rainer Maria Rilke, geb. am 4. 12. 1875 in Prag, gest. am 29. 12. 1926 in Val Mont/Wallis (Schweiz), nach fehlgeschlagenem Versuch, Offizier zu werden, Studium der Kunst-, Literatur- und Rechtsgeschichte in Prag, München und Berlin. Wichtige Begegnungen: Auguste Rodin und Paul Cézanne in Paris. Vor allem als Lyriker ein bedeutender und wirkungsvoller spätbürgerlicher Meister der Sprache.
Werke u. a.: 1906 „Weise von Liebe und Tod des Cornets Christoph Rilke“ (1899 entstandene lyrisch-hymnische balladenhafte Prosadichtung), 1905 „Das Stundenbuch“ (dreiteiliger Gedichtzyklus), 1907 „Neue Gedichte“ (dort u. a. die berühmten „Ding-Gedichte“), 1910 „Die Aufzeichnungen des Malte Laurids Brigge“ (lyrisch getönter Tagebuchroman), 1923 „Die Sonette an Orpheus“.

Im Einstiegsbild findet sich mehr Gemeinsames als in den fortführenden Bildern bzw. Gedankengängen und Aussagen (Botschaften).

4. Lernziel: Die Analyse von syntaktischen Strukturen, Strophen- und Versaufbau und das Nacherleben der Grundstimmungen münden ein in die sprecherische Gestaltung der Herbstgedichte.

5. Lernziel: Einer der Texte sollte von jeder Schülerin und jedem Schüler (jeweils nach eigener Wahl) auswendig gelernt und vorgetragen werden.

6. Lernziel: Ebenso nach freier Wahl beschäftigen sich die Jugendlichen mit ihrem Lieblingsgedicht (siehe Angebot „Herbstgedichte“ auf S. 39) mit einer oder mit mehreren Umgangsarten aus der Liste „Hinweise zur Freiarbeit …“ (siehe S. 9).

3. Zur Verlaufsplanung

Die hier vorgeschlagene chronologische Reihenfolge der Behandlung der „Herbstgedichte“ ist nicht verbindlich gemeint.

3.1 Hebbels „Herbstbild“ wird nach Zielangabe und Tafelanschrieb (Friedrich Hebbel, 1813–1863, „Herbstbild“, 1852) vom Lehrer gestaltend vorgetragen.

3.2 Nach einer Sammlung von Spontanäußerungen zum ersten Eindruck des Gedichtes wird der kurze Text im freien Unterrichtsgespräch möglichst gleichzeitig nach Inhalt, Form und Wirkung auf den Leser analysiert (s. Sachanalyse). Als Ergebnis könnte evtl. folgende Tafelanschrift entstehen:

Herbstbild
(Friedrich Hebbel, 1813–1863)

1. Anzeichen des Herbstes:	Herbsttag, stille Luft fallen die schönsten Früchte „Lese, die sie selber hält“ milder Strahl der Sonne
2. Sprachliche Bilder:	„Herbstbild“ „als atmete man kaum“ „die Feier der Natur“
3. Grundstimmung:	erhabene Stille feierliche Ruhe verhaltene Freude
4. Aussage (Botschaft):	Der Dichter bewundert die Erntefeier der Natur, die nicht gestört werden soll.
5. Form (Versmaß, Reimbildung, Gedichtart):	fünfhebige jambische Verse Kreuzreime (a b a b) naturlyrisches Gedicht (Loblied)
6. Meine Meinung: ____________________	

3.3 Rilkes „Herbsttag“ wird nach Tafelanschrieb (Rainer Maria Rilke, 1875–1926, „Herbsttag“, 1902) von den Schülerinnen und Schülern still erlesen (Kopiervorlage).

3.4 Nach entsprechendem Arbeitsauftrag durch die Lehrkraft wird der Text inhaltlich und formal analysiert, zunächst die Strophen 1 und 2, die unter dem Begriff „Herr“ und unter dem Zeichen der sechs Imperative stehen, sodann Strophe 3 mit ihren Reflexionen über das Schicksal des alten Menschen. Das Analysegespräch könnte in folgender Tafelanschrift festgehalten werden:

Herbsttag
(Rainer Maria Rilke, 1875–1926)

1. Anzeichen des Herbstes:	Schatten auf Sonnenuhren Winde auf den Fluren volle Früchte, süßer Wein Blätter treiben
2. Sprachliche Bilder:	„der Sommer war sehr groß“ „zwei südlichere Tage“ „wer jetzt kein Haus hat“ „lange Briefe schreiben“ „in den Alleen wandern“
3. Grundstimmung:	Unrast, Ruhelosigkeit Traurigkeit, Schwermut Alleinsein, Einsamkeit
4. Aussage (Botschaft):	Der Dichter versteht – in Gottverbundenheit – den Herbst als Erntezeit der Natur und als Reifezeit des Menschen.
5. Form (Versmaß, Reimbildung, Gedichtart):	fünfhebig jambisch mit Abweichungen Paar- und Kreuzreime unregelmäßig (aba, cddc, effef) natur- und gedankenlyrisches Gedicht (Lob- und Klagelied)
6. Meine Meinung: ____________________	

3.5 Als Zusammenfassung der ersten zwei Unterrichtsstunden: Vergleich der beiden Gedichte, wobei wieder Inhaltliches wie Formales zu beachten ist. Die Schülerinnen und Schüler notieren sich besondere Stichworte, die bereits an der Tafel gesammelt wurden.

3.6 Hausaufgabe: Schriftlicher Vergleich der beiden Herbstgedichte auf der Basis der Stichwortsammlung, der Tafelanschriften anhand der Kopiervorlage (siehe S. 16).

3.7 Intensive Arbeit an der sprecherischen Gestaltung der beiden Gedichte als Einleitung zum Gedichtvergleich.

3.8 Zusammenfassender Vergleich der Herbstgedichte unter Heranziehung der Ergebnisse der vorhergehenden Stunde (und Hausaufgabe) und der eben geleisteten Textanalyse und Textgestaltung. Texterweiterung: Siehe Anlage: „Herbstgedichte."[4]

3.9 Hausaufgabe und Freiarbeit

1. Vervollständigung des schriftlichen Vergleichs der Herbstgedichte (zur nächsten Stunde) anhand der Kopiervorlage (siehe S. 16),
2. Gestaltung eines frei ausgewählten Herbstgedichtes, freier Textvortrag vor der Klasse (zur übernächsten oder zu einer späteren Stunde),
3. Freiarbeit an einem frei ausgewählten Herbstgedicht anhand der Übersicht über Gruppenthemen (siehe S. 9).

4. Zur Weiterführung

Evtl. kann in einer der folgenden Stunden als Freiarbeit der Versuch unternommen werden, die Schülerinnen und Schüler anzuregen, in Arbeitsgruppen oder Einzelarbeit je ein eigenes Herbstgedicht völlig frei oder aber von – gemeinsam zu erarbeitenden – Schlüsselbegriffen (siehe Cluster) aus zu verfassen. Diese Eigenproduktionen sollten dann der Klasse vorgestellt und auch zur konstruktiven Kritik gestellt werden.

Von den Verfassern oder Mentoren zu solcher Aufgabenstellung angeregte Studentinnen und Studenten haben in Langzeitpraktika an Haupt- und Realschulen schon erstaunliche diesbezügliche Schüleraktivitäten zu wecken und zu fördern verstanden.

Als besonders anregend für eine handlungs- und produktionsorientierte Freiarbeit hat sich die Übersicht über „Textumgangsformen mit einem Gedicht" erwiesen. In einem Planungsgespräch diskutiert und beschließt die Klasse die möglichen und gewünschten Gruppenarbeiten. Siehe hierzu auf S. 9 „Hinweise für die Freiarbeit"! Als besonders textadäquate Umgangsart mit Herbstgedichten erweist sich das Beobachten, differenziert als Sehen, Hören, Riechen, Schmecken und Fühlen, gespeist aus textinternen Informationen und ergänzt durch eigene Erfahrungen.

Im Sinne einer Leistungsdifferenzierung können die linke Hälfte des Rahmens (mit bekannten, einfachen Kindergedichten) und die Kopiervorlage eingesetzt werden, welche die Schülerinnen und Schüler über die einfache Clusterbildung[5] (mit illustriertem Kurzgedicht) über den Textvergleich zu gehobenen literarischen Formen anregen, sich intensiv mit dem Motiv „Herbst" zu befassen.

4 Aus: Oswald Watzke (Hrsg.): Gedichte in Stundenbildern, 6. Jahrgangsstufe. Donauwörth ^{3}1999, S. 15. Quellen: Volksgut: Erntespruch. Vera Ferra-Mikura: „Der Papierdrachen". Aus: Lustig singt die Regentonne. © 1964 by Verlag Jungbrunnen, Wien – München (alte Rechtschreibung, Vers 5: mußt). Ilse Kleberger: „Herbst". Aus: Die Stadt der Kinder, hrsg. von H.-J. Gelberg. Recklinghausen 1969.

Zu den Biografien:

Ferra-Mikura, Vera (1923–1997)
Vera Ferra-Mikura, geb. am 14. Februar 1923 in Wien, gestorben am 9. März 1997; eigentlich Gertrud Mikura, geborene Ferra) war eine österreichische Kinder- und Jugendbuchautorin.
Werke u. a.: Melodie am Morgen. Gedichte," (1946), „Bürgermeister Petersil" (1952), „Die zehn kleinen Negerlein" (1958), „Das Luftschloß des Herrn Wuschelkopf" (1965), „Kasperl und der böse Drache" (1965).

Kleberger, Ilse
Sie wurde am 22. 3 1921 in Potsdam geboren und lebt heute in Berlin, Dr. med., Ärztin, Erzählerin, bekannte Kinder- und Jugendbuchautorin. Werke u. a.: „Wolfgang mit dem Regenschirm" (1961), „Ferien mit Oma" (1967), Münchhausen in Florenz" (1981), „Gedichte für Kinder".

5 Karl Schuster: Das personal-kreative Schreiben in der Hauptschule. In: Pädagogische Welt 12/1996, S. 486–490. Franz-Josef Payrhuber: Gedichte im Unterricht im 5. bis 10. Schuljahr – einmal anders. München ^{4}1999, vgl. S. 144.

Anlage: Herbstgedichte

1. Lies diese Gedichte wiederholt durch!
2. Was denkst du beim Lesen und Hören, was fühlst und meinst du?
3. Umrahme die Reimwörter mit derselben Farbe oder schreibe sie auf Wortkärtchen heraus! Kannst du die Reimbildung benennen?
4. Kannst du das Versmaß feststellen? (∪ —|— ∪|— ∪ ∪)
5. Welches Herbstgedicht gefällt dir am besten? Warum?
6. In welcher Gruppe möchtest du mitarbeiten?

____

Erntespruch

Das Brot, Herr, segne
das tägliche Brot!
Bewahr uns vor Hunger
und bitterer Not!
Und gib allen Armen
in jedem Land
das tägliche Brot
mit gütiger Hand!

Volksgut

Der Papierdrachen

Ich segle stolz in blauer Höh
und lache auf euch nieder.
Wenn ich die Welt von oben seh,
freut mich das Dasein wieder.
Ein ganzes Jahr mußt ich daheim
in einem Winkel liegen.
Nun aber darf ich glücklich sein,
darf fliegen,
fliegen,
fliegen.

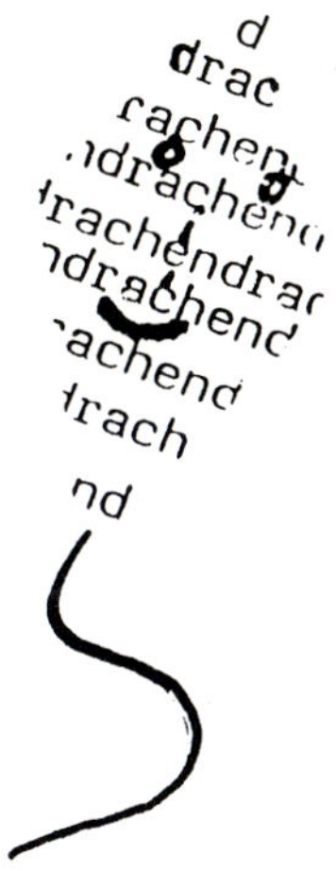

Vera Ferra-Mikura

Herbst

Im Herbst muss man Kastanien aufheben,
die braun aus stachliger Schale streben;
man sammelt und sammelt um die Wette
und fädelt sie zu einer endlosen Kette.

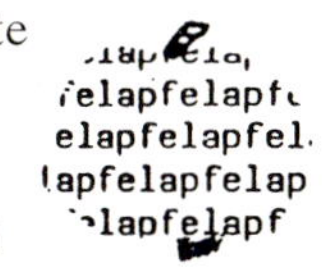

Im Herbst muss man Haselnüsse essen,
das darf man auf keinen Fall vergessen!
Man muss sich beeilen, denn das Eichhorn mag sie auch
und plündert mit Windeseile den Strauch.

Im Herbst muss man Äpfel und Birnen schmausen,
doch nicht aus des Nachbars Garten mausen.
Man muss sich mit eignen Früchten befassen
oder sich nicht erwischen lassen.

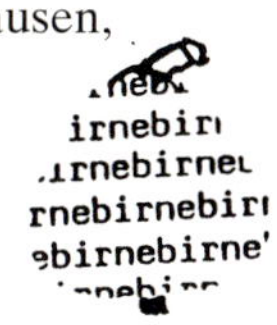

Im Herbst muss der bunte Drachen steigen.
Man muss ihm den Weg in den Himmel zeigen.
Dann schwebt er hoch über Nachbars Dach
und man reckt den Hals und schaut ihm nach.

Ilse Kleberger

Kopiervorlage 1

Cluster: „Herbst“

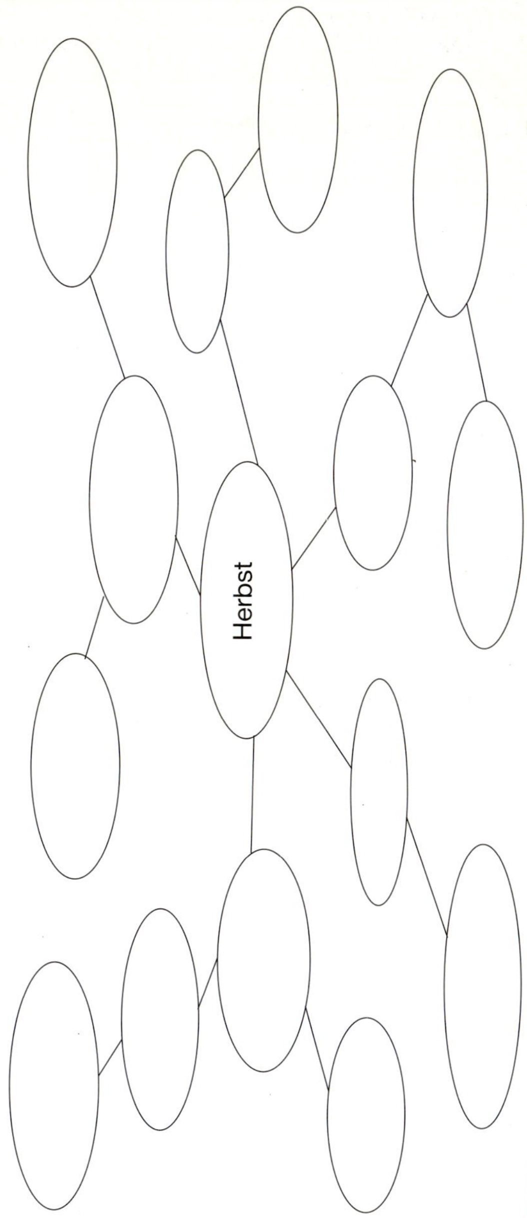

Was fällt dir zu „Herbst“ alles ein?

Kurzgedicht: „Mein Herbst“

Meine Bildmontage (oder meine Zeichnung):

Friedrich Hebbel

Herbstbild

Dies ist ein Herbsttag, wie ich keinen sah!
Die Luft ist still, als atmete man kaum,
Und dennoch fallen raschelnd, fern und nah,
Die schönsten Früchte ab von jedem Baum.

O stört sie nicht, die Feier der Natur!
Dies ist die Lese, die sie selber hält,
Denn heute löst sich von den Zweigen nur,
Was vor dem milden Strahl der Sonne fällt.

Rainer Maria Rilke

Herbsttag

Herr: es ist Zeit. Der Sommer war sehr groß.
Leg deinen Schatten auf die Sonnenuhren
und auf den Fluren lass die Winde los.

Befiehl den letzten Früchten voll zu sein;
gib ihnen noch zwei südlichere Tage,
dränge sie zur Vollendung hin und jage
die letzte Süße in den schweren Wein.

Wer jetzt kein Haus hat, baut sich keines mehr.
Wer jetzt allein ist, wird es lange bleiben,
wird wachen, lesen, lange Briefe schreiben
und wird in den Alleen hin und her
unruhig wandern, wenn die Blätter treiben.

1.4 Wintergedichte

Sarah Kirsch: „Dezember“ / Mascha Kaléko: „Der Winter“

1. Zur Sachanalyse

Sarah Kirsch erzählt in ihrem achtzeiligen naturlyrischen Text **„Dezember“**[1] ihre Beobachtungen und Beschreibungen über den Frühwinter, wobei die Sinneinheiten – abgesehen von Zeile 1 – nicht mit den Versen identisch sind. Da die Erzählsätze – zudem ohne Reim und Metrum – die Zeilen überspringen (Enjambement), erscheint der Text drucktechnisch nicht in Gedichtform, sondern als prosaischer Textblock. In diesem Zusammenhang ist es interessant zu erwähnen, dass eine Schülergruppe nach der Textmontage vorschlug, die Erzählsätze bzw. Sinneinheiten mit den Versen übereinstimmen zu lassen, weil dadurch der Charakter eines Gedichtes besser zum Ausdruck käme. Nach Aufhebung der Zeilensprünge, sah ihre Gedichtform so aus:

Sarah Kirsch

Dezember

Schon wieder geht er
auf Erdmeridianen spazieren,
was sieht er fürn Nordlicht,
sondergleichen,
Lawinen rolln ihm übern Fuß,
weiße Bären schaukeln sein Zelt.
Einen Kognak jagt er runter
und funkelt mir was,
drei Tage danach
beschließt er die Rückkehr,
sein Leib dampft
und ist mit Kristallen beschlagen.

Die Autorin personifiziert den Monat Dezember als Winter, der auf den Meridianen (nach Süden) spaziert, das Nordlicht sieht, von Lawinen überrollt, von Bären geschaukelt wird, einen Kognak (gegen die Kälte) runterjagt, drei Tage weggeht und mit neuer Kraft („sein Leib dampft“ im Wechsel zwischen Wärme und Kälte) zurückkehrt.

Die Metaphern:

Erdmeridiane	–	Erdkugel, Pole
Nordlicht	–	geheimnisvolles Leuchten
sondergleichen	–	ohne Vergleich, einzigartig
weiße Bären	–	Eisbären
schaukeln sein Zelt	–	das Hin und Her
Kognak	–	Mittel gegen Kälte
„funkelt mir was“	–	animiert mich
sein Leib dampft	–	Kampf: Kälte und Wärme
Kristalle	–	Sieg des Winters

Die Lyrikerin bestaunt Auftreten, Kraft und siegreichen Kampf des Winters und lässt sich in ihrem Naturerleben von dessen Aufbruchs- und Siegesstimmung anstecken.
Mascha Kaléko ist in ihrem naturlyrischen Gedicht **„Der Winter“**[2] gefühlsmäßig und gedanklich noch inniger als Sarah Kirsch an die textinterne Person gebunden. Sie identifiziert sich mit dem Winter voll und ganz und drückt dies sprachlich überzeugend aus, einmal durch Verben in der 1. Personalform, zum anderen durch aussagestarke, bildkräftige Nomina: „Ich behänge, bringe, komme …“ Sie stellt die wichtigsten Anzeichen (Pelzkappe, Schneekristalle, Schlitten, Nord[wind], Frost), die kalendarischen Höhepunkte der Jahreszeit (Weihnachten, Silvester, Karneval) und sich selbst vor. „Gestatten Sie: Winter. Mit Vornamen: Frost.“
Ihre Freude über diese Jahreszeit überwiegt bei Weitem das Leid, das sie mit den üblichen Erkältungskrankheiten Schnupfen und Halsweh nur erwähnt.
Dass ihre „Winterfreud“ stärker ist als ihr „Winterleid“ drückt sie auch formal überdeutlich aus:

traditionelles, naturlyrisches Kurzgedicht
Reimbildung abab cc: 2 Kreuzreime, 1 Paarreim
regelmäßiges Versmaß: 3-hebiger Daktylus
mit Auftakt am Versanfang und Wechsel zwischen harten und weichen Vers-Enden

Dieser Rhythmus bewirkt eine tänzerisch-beschwingte, heiter-fröhliche Grundstimmung, die vom lyrischen Ich leicht und schnell auf die Hörerinnen und Hörer überspringt.

---

1 Sarah Kirsch: November/Dezember. Aus: Rückenwind, Werke in fünf Bänden, Bd. 1: Gedichte. Herausgegeben von Franz-Heinrich Hackel. © 1999 Deutsche Verlags-Anstalt GmbH, Stuttgart, München (aus didaktischen Gründen wurde der Titel gekürzt, wurden Kommas gesetzt; alte Rechtschreibung).
Zur Biografie: Sarah Kirsch, geb. als Ingrid Bernstein 1936 in Limlingerode im Südharz, lebte in der ehemaligen DDR (Studium der Biologie in Halle, 1963–1965, der Literatur in Leipzig), Ausbürgerung 1977 (nach Westberlin), lebt seit 1983 in Tielenhemme in Schleswig-Holstein, Verfasserin von Bilder- und Kinderbüchern, eine der bekanntesten Lyrikerinnen der Gegenwart.
Werke u. a.: „Landaufenthalt“ (1967), „Zaubersprüche“ (1973), „Rückenwind“ (1977), „Schneewärme“ (1989), alles Gedichtbände. Kinderbücher: „Caroline im Wassertropfen“ (1975), „Ein Sommerregen“ (1978), „Hans, mein Igel“ (1980).

2 Mascha Kaléko: Der Winter. Aus: Wie's auf dem Mond zugeht. © Jan Thorbecke Verlag GmbH, Sigmaringen 1982.
Zur Biografie: Mascha Kaléko, geb. 1907 als Kind jüdischer Eltern in Schidlow in Polen, gest. 1975 in Zürich, 1918 in Berlin, Sekretärin der Jüdischen Gemeinde, Schriftstellerin, 1933, am 10. Mai wird ihr erster Lyrikband „Das lyrische Stenogramm“ von den Nationalsozialisten verbrannt. 1938 Emigration in die USA, 1966 in Jerusalem. Werke u. a.: „Der Papagei, die Mamagei und andere komische Tiere“ (Verse für Kinder, 1961), „Wie's auf dem Mond zugeht“ (1971).

2. Zur didaktischen Analyse

Auch die Schülerinnen und Schüler der 7./8. Jahrgangsstufen an allen Schularten lassen sich noch von Jahreszeitgedichten begeistern, zumal sie ihre eigenen Meinungen, Erlebnisse, Vorstellungen, Wünsche, Gefühle und literarischen Fähigkeiten in das Interpretations- und Planungsgespräch, in die Textmontage, in ihr kreativ-persönliches Schreiben und in die Eigenproduktion während der Freiarbeit einbringen dürfen und sollen. Textmontage und Textproduktion können dabei auch – außer mit herkömmlichen Mitteln (Papier-, Folienstreifen, OHP oder TLP) – auch mithilfe der Textverarbeitung im Computer bewerkstelligt werden.
Begegnung und Umgang mit unseren zwei Wintergedichten werden, so lassen die bisherigen Schulversuche annehmen, den Erfahrungshorizont der Heranwachsenden erweitern und ihr Gefühl für Sprachästhetik verfeinern. In jedem der zwei motivgleichen Gedichte finden wir unterschiedliche Inhaltsakzente, Formen, Stilmittel und Grundstimmungen des lyrischen Ichs.
Sarah Kirsch personifiziert den Monat Dezember als Frühwinter und beschreibt sein Kommen, seinen Kampf und seinen Sieg. Sie gebraucht dafür treffend finite Verben voller Dynamik. Ihre Vorgangsbeschreibung, im Verbalstil verfasst, wird von einer starken Aufbruchs- und Siegesstimmung beherrscht.
Mascha Kaléko identifiziert sich mit dem Winter, teilt mit ihm (im Überschwang) Freud und (im geringen Maß) Leid. Sie verwendet dabei die traditionellen Formen der Lyrik (strenges Metrum, regelmäßige Reimbildung, fließenden Rhythmus), bedeutungsstarke Nomina und finite Verben (1. Person Singular). Ihr Ich-Gedicht, traditionell im Nominal- und Verbalstil gestaltet, lebt von einer tänzerisch-beschwingten, heiter-fröhlichen Grundstimmung.

Lernziele: Die Schülerinnen und Schüler sollen

1. motivgleiche Gedichte von bedeutenden Lyrikerinnen kennenlernen und miteinander vergleichen,
2. einen Bezug zu den Inhalten herstellen und die Grundstimmungen erfassen,
3. die Sprach- und Stilmittel entdecken und selbst anwenden können,
4. sich Inhalt und Form durch Textmontage und Textproduktion selbstständig erschließen,
5. sich mit einem ausgewählten Lieblingsgedicht in mehreren Umgangsarten während der Freiarbeit befassen.

3. Zur Verlaufsplanung (drei Einheiten)

1. Einheit: Textmontage

3.1 Initialphase

1. Möglichkeit: stummer Wortimpuls: TA: „Winter" – Brainstorming …
2. Möglichkeit: Wortimpuls: TA: „Winter" – Clusterbildung: Siehe Kopiervorlage „Clusterbildung" (S. 45)!
3. Möglichkeit: Bildimpulse: Farbdias von Winterlandschaften – Bildbeschreibungen und Assoziationen …

Zielangabe: „Ihr lernt kurze Wintergedichte kennen, die ihr jedoch erst selbst zusammensetzen müsst."

3.2 Rezeptions- und Reflexionsphase

1. Teilziel: Textmontage
Jede Schülerin und jeder Schüler wählt einen der zwei Briefumschläge, in denen sich jeweils die Versstreifen (als Folienstreifen) eines der zwei Wintergedichte befinden, wobei Titel und Autorenname zu erkennen sind. Ein höherer Schwierigkeitsgrad wäre gegeben, wenn
a) alle Überschriften als solche typographisch nicht zu erkennen sind,
b) alle Interpunktionen und großen Versanfänge weggelassen wurden und
c) die Versstreifen zweier Gedichte miteinander vermischt wurden, die *vor* der Montage zu entflechten sind.

Der Handlungsauftrag ist der Kopiervorlage zu entnehmen, die anstelle der „Gedichtbriefchen" eingesetzt werden könnte.[3]

2. Teilziel: Präsentation und Diskussion
Die Jugendlichen stellen ihre Montagen mit Erklärungen (im OHP, TLP oder im kleinen Sitzkreis) vor, vergleichen die unterschiedlichen Lösungen und diskutieren darüber. Sie werden feststellen, dass es mehrere sinnvolle und „richtige" Reihenfolgen der Verse geben kann, wodurch die Akzente der Aussagen unterschiedlich gesetzt werden.

3. Teilziel: Sprechgestaltungen schließen diese erste Einheit ab.

2. Einheit: Analyse

1. Teilziel: Vergleich mit den Originalen
In diesem Vergleich (siehe Textvorlage mit Foto), durchgeführt im gelenkten Unterrichtsgespräch, entdecken die Schülerinnen und Schüler, dass auch von den Originalen abweichende Versfolgen sinnvoll, „gültig", „richtig" und berechtigt sein können. Sie werden Begründungen finden, sich bestätigt fühlen, weil sie eigene Meinungen, Beobachtungen, Empfindungen und Vorstellungen einbringen dürfen, sie werden ein Gespür für Aufbau, Wortwahl, sprachliche Bilder und Gewichtung der Aussagen und Gefühle entwickeln.

2. Teilziel: Erschließung der Originale
Die analytische Betrachtung von Inhalt und Form der zwei Wintergedichte, die keinen Selbstzweck hat, son-

3 Falls dieses Verfahren das erste Mal eingesetzt wird, sollte das Ordnen und Zusammenfügen der Versfolge nur an *einem* Textbeispiel durchgeführt werden. Später könnte, einem Vorschlag von Kaspar H. Spinner folgend, der Schwierigkeitsgrad erhöht werden durch Weglassen der Interpunktion, kleine Versanfänge, ohne Hervorhebung des Titels, Weglassen eines Schlüsselwortes. Kaspar H. Spinner: Umgang mit Lyrik in der Sekundarstufe I. Schneider: Hohengehren [3]1997, vgl. S. 69–72.

dern im Dienste der späteren Eigenproduktion steht, erfolgt in Partnerarbeit an *einem* Beispiel.

Auftrag: „Markiert auf dem Gedichtblatt (oder im Computer), umrahmt oder schreibt heraus

1. die Anzeichen des Winters,
2. die sprachlichen Bilder!

Macht euch dann Notizen

3. zur Grundstimmung (bei der Autorin, bei dir),
4. zur Aussageabsicht der Autorin,
5. zur Form des Textes (Versmaß, Reimbildung, Gedichtart) und
6. über deine Meinung (zum Text, Unterrichtsverfahren, Mitarbeit, usw.)."

3. Teilziel: Zusammenfassung

Während der Partnerberichte können im Klassengespräch folgende Tafelanschriften[4] festgehalten werden:

Tafelanschrift 1

Dezember (Sarah Kirsch, geb. 1936)	
1. Anzeichen des Winters:	Nordlicht, Lawinen weiße Bären, Kristalle Winter als Person
2. Sprachliche Bilder:	auf Erdmeridianen spazieren Bären schaukeln sein Zelt „er funkelt mir was" „sein Leib dampft"
3. Grundstimmung:	Aufbruchsstimmung Siegesstimmung
4. Aussageabsicht:	Die Autorin bestaunt Auftreten und Kraft des Winter als Person – und lässt sich von seiner Siegesstimmung anstecken.
5. Form (Versmaß, Reimbildung, Gedichtart):	freirhythmisch reimlos (Prosastil) naturlyrisch achtzeiliges Erzählgedicht
6. Meine Meinung:	____________________ ____________________ ____________________

Tafelanschrift 2

Der Winter (Mascha Kaléko, 1907–1975)	
1. Anzeichen des Winters:	Pelzkappe, Schnee Kristall, Schlitten Nord, Nord-Ost
2. Sprachliche Bilder:	schneeige Tupfen Weihnacht – Schnupfen Silvester – Halsweh – Karneval Name: Frost Winter Autorin als Winter („Ich …")
3. Grundstimmung:	tänzerisch-beschwingt heiter-fröhlich – trotz einiger Wehwehchen
4. Aussageabsicht:	Die Autorin identifiziert sich mit dem Winter, der mehr Freude als Leid bringt.
5. Form (Versmaß, Reimbildung, Gedichtart):	3-hebiger Daktylus mit Auftakt (∪|— ∪ ∪) und Wechsel zwischen weichen (∪) und harten (—) Vers-Enden 2 Kreuzreime (abab), 1 Paarreim (aa) naturlyrisch, traditionell sechszeiliges Ich-Gedicht
6. Meine Meinung:	____________________ ____________________ ____________________

3. Einheit: Eigenproduktion

Anstelle dieser Erschließungsarbeit könnte, insofern dies die Klasse im Planungsgespräch eingangs beschlossen hat, die Freiarbeit treten, zumal auch dann, wenn sie in der Eigenproduktion bereits geübt ist.

Aus der Übersicht „Hinweise für die Freiarbeit" wählen die Schülerinnen und Schüler ihr Gruppenthema selbstverantwortlich aus. Siehe S. 9.

Zur Schreib-, Mal- und Montagegruppe: Gestalte einen der Texte in verschiedenen Schriften (mit Hervorhebung der Schlüsselverse, der Dynamik einiger Verben und der Bedeutung einiger Nomina: ideogrammatische Schreibweise)! Zeichnet oder malt sinngemäße Bilder dazu oder stellt eine Text-Foto-Montage her!

Zur Spielgruppe: Setze das Handeln des Winters als Person in den beiden Gedichten in Szene (Pantomime, Monolog [Mascha Kaléko], Personenspiel [Sarah Kirsch und Winter] nach Drehbuch, Videoclip mit Hintergrundgeräuschen)!

Zur Sammlergruppe: Sucht in Lesebüchern und Gedichtsammlungen nach weiteren Wintergedichten von

---

4 Lehrkraft und Klasse könnten entscheiden, ob in die Tafelanschriften zusätzlich das Kriterium „Stil" (*nach* dem 5. Punkt „Form") aufgenommen werden sollte.

6. Zum Stil

Sarah Kirsch	**Mascha Kaléko**
Personifizierung Vorgangsbeschreibung Verbalstil	Identifizierung Ich-Gedicht Nominal- und Verbalstil

anderen Autorinnen und Autoren! Stellt die „schönsten“ (evtl. mit Kurzinterpretationen) der Klasse vor!

Zu Dichtergruppe: Sie betrachtet die Reimbildung, das Versmaß, die Wortwahl und die Grundstimmung des lyrischen Ichs! Sammelt eure eigenen Erlebnisse und Gefühle zum Thema „Winter“ und „gießt diese in eine literarische Kleinform“: Strophe (Vier- oder Sechszeiler), „Elfer“-Gedicht, Haiku, Tanka, Konstellation, Ideogramm, Piktogramm oder Wintergedicht.

Zur Musikgruppe: Sie versucht, zum lyrischen Gedicht „Der Winter“ eine passende Melodie zu erfinden oder übernimmt die vorliegende Vertonung[5], die sie einstudiert, um sie mit der Klasse als Kanon zu singen (evtl. mit Instrumentalbegleitung).

4. Zur Weiterführung

- Präsentation der Ergebnisse der Gruppenarbeiten[6],
- Eintrag der Dichterkunde (evtl. mit Foto und einem weiteren Gedicht),
- Eintrag der Tafelanschriften (evtl. auch als Lückentexte zur „Lernzielkontrolle“),
- Schriftgestaltung der Wintergedichte (des Lieblingsgedichtes),
- Bearbeiten der Kopiervorlage (S. 47),
- Verfeinern der literarischen Eigenproduktionen (mit Illustrationen bzw. Fotomontagen und Schriftgestaltungen).

Der Winter

Text: Mascha Kaléko
Musik: Bernhard Brinker

Kanon

5 „Der Winter“. Text: Mascha Kaléko. Musik: Bernhard Brinker. Originalbeitrag: © Bernhard Brinker, Würzburg.

6 Siehe S. 46: Beispiele aus Schulversuchen, die Harald Büttner und Harald Watzke durchführten.

Sarah Kirsch

Dezember

Schon wieder geht er
auf Erdmeridianen spazieren, was sieht er
fürn Nordlicht, sondergleichen, Lawinen
rolln ihm übern Fuß, weiße Bären
schaukeln sein Zelt. Einen Kognak
jagt er runter und funkelt mir was, drei Tage
danach beschließt er die Rückkehr, sein Leib
dampft und ist mit Kristallen beschlagen.

Mascha Kaléko

Der Winter

Die Pelzkappe voll mit schneeigen Tupfen,
behäng ich die Bäume mit hellem Kristall.
Ich bringe die Weihnacht und bringe den Schnupfen.
Silvester und Halsweh und Karneval.
Ich komme mit Schlitten aus Nord und Nord-Ost.
– Gestatten Sie: Winter. Mit Vornamen: Frost.

Cluster: „Winter“

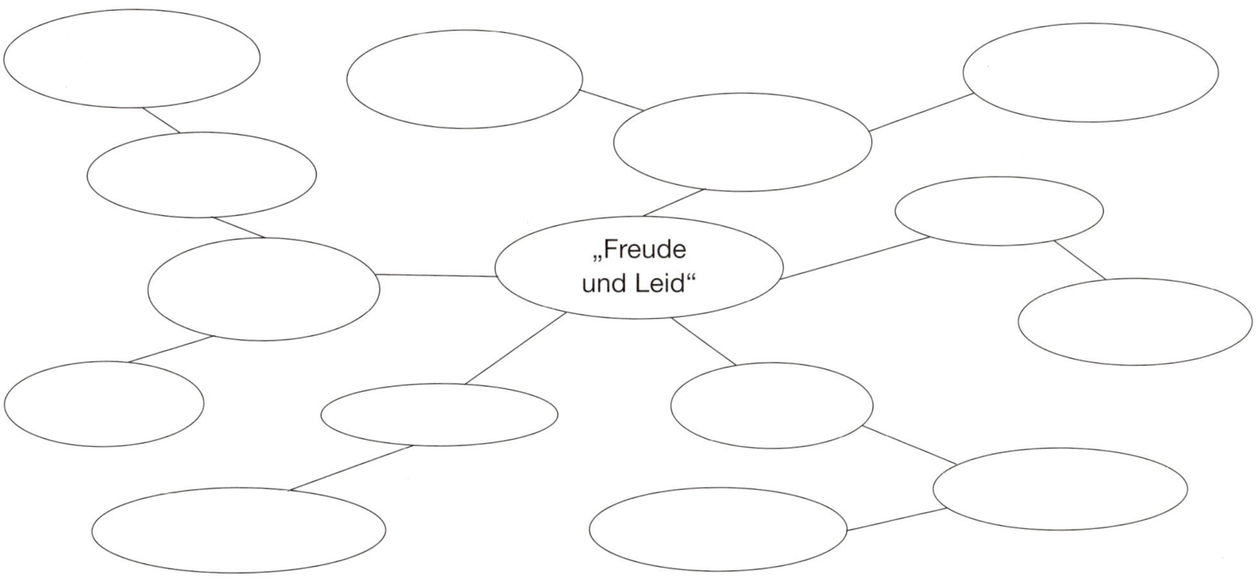

Einige Beispiele

Winter-Elfchen (2 Beispiele)

Winter
du bist
kalt, eisig, aber
ich mag dich trotzdem
Winterspaß

Schneeflocken
fallen tanzend
an einem Wintertag.
Ich freue mich von
Herzen

Haiku (2 Beispiele)

Heute singe ich
an einem kalten Morgen.
Ich fühle mich gut.

Der Winter bringt nur
Regen, Glatteis, Matsch und Schnee,
Unfälle, o je!

Tanka

Der Winter ist schön.
Wir freuen uns über Schnee
in der stillen Rhön.
Für Vogel, Fuchs, Has und Reh
bringt der Winter großes Weh.

Akrostichon

Weihnachten
Iglu
Not
Tauwetter
Eis und Schnee
Rodelbahn

Kopiervorlage: Textmontage

1. *Beim Lesen werdet ihr feststellen, dass die Reihenfolge der Verse nicht stimmen kann.*
2. *Wählt euch eine Textgruppe aus und versucht, eine sinnvolle Reihenfolge herzustellen! Du kannst dazu den Computer, das Ausschneiden und Aufkleben der Streifen oder deine eigene Handschrift verwenden.*
3. *Vergleicht eure Montage untereinander und mit den Originalen!*
4. *Diskutiert darüber, ob es mehrere „richtige Lösungen" geben kann!*

Sarah Kirsch

Dezember

danach beschließt er die Rückkehr, sein Leib

rolln ihm übern Fuß, weiße Bären

schaukeln sein Zelt. Einen Kognak

Schon wieder geht er

jagt er runter und funkelt mir was, drei Tage

fürn Nordlicht, sondergleichen, Lawinen

dampft und ist mit Kristallen beschlagen.

auf Erdmeridianen spazieren, was sieht er

Mascha Kaléko

Der Winter

Ich bringe die Weihnacht und bringe den Schnupfen,

Die Pelzkappe voll mit schneeigen Tupfen,

– Gestatten Sie: Winter. Mit Vornamen: Frost.

Ich komme mit Schlitten aus Nord und Nord-Ost.

Silvester und Halsweh und Karneval.

behäng ich die Bäume mit hellem Kristall.

5. *Stellt eine Text-Foto-Collage zusammen!*
6. *Könntet ihr ein Kürzestgedicht über euren selbst erlebten Winter verfassen?*

2. Jugendgedichte (im engen Sinn)

2.1 Schulgedichte

Sarah (11 Jahre): „Schulregeln“ / Manuela (12 Jahre): „Unterricht“

1. Zur Sachanalyse

Beide Schulgedichte sind originäre Kinder- bzw. Jugendgedichte, da sie

a) von Autorinnen im Kindes- bzw. Jugendalter verfasst wurden, und
b) zu altersgemäßen Inhalten und Problemen Stellung beziehen.

Die 11-jährige **Sarah**[1] stellt sechs **„Schulregeln“** von ganz persönlicher – mitunter konträrer – Art auf, die sie ihren Mitschülerinnen und Mitschülern forsch, etwas ironisch ans Herz legt:

Aufbau	Situation	Verhaltensregel
Strophe 1:	das Aufstellen:	nicht gehen, sondern laufen
Strophe 2:	im Treppenhaus:	still sein, sonst Strafe
Strophe 3:	in der Klasse:	leise sein, sonst Tadel
Strophe 4:	Mitarbeit:	aufzeigen (sich melden), genug wissen
Strophe 5:	in der Pause:	nicht „trübe“ (ängstlich“ sein, sonst Schläge
Strophe 6.	Schlussregel	vorsichtig sein oder ...?
Form:	sechs Strophen als Reimpaare Rhythmus: Hebung – Senkung (3½- bzw. 4-mal) gedankenlyrisches Lehrgedicht	
Botschaft:	„Lass dir – wie ich – nicht alles gefallen!“	

Die Autorin bedient sich bei der Formulierung ihrer Verhaltensregeln der konventionellen Rechtschreibung, Interpunktion und Sprache, in die nur vier umgangssprachliche Ausdrücke einfließen („rausfliegen“, „eine Meise“, „trübe gucken“, „Rübe“), und der traditionellen Form der Lyrik. Dem Inhalt angemessen verkleidet sie ihre schulischen Ratschläge in sechs Reimpaare mit regelmäßigem Versfuß, einem vierhebigen Trochäus in Strophe 5 und je einem dreihebigen (mit zusätzlicher Hebung als Vers-Ende) in allen übrigen Strophen.
Dadurch wirken Rhythmus und Ton wie ein Staccato: kurz, forsch, resolut, aggressiv. Diese Angriffslust zeigt sich insbesondere in der Schlussstrophe, in welcher Sarah zwar zur Vorsicht mahnt, diesen Rat aber gleich wieder infrage stellt, da sie sich im Kontrast zu einem angepassten Schulverhalten sieht. Wie ist Sarah nun eigentlich? Unvorsichtig, aufsässig, frech und forsch, aggressiv? Auf jeden Fall ist sie selbstbewusst, kritisch und alternativ.
Die 12-jährige **Manuela**[2] thematisiert **„unterricht“** in bewusst moderner Form, um ihre Gefühlslage zum Ausdruck zu bringen:

Aufbau	Geschehen	Grundstimmung
Strophe 1: (Aufzählung)	(her)richten Schulfahrt Unterricht Pause, Freizeit	Hektik Langeweile
Strophe 2: (Aneinanderrei hung)	lernen fragen Fächer Streiche, Witze	Unlust Stress
Strophe 3: (Telegrammstil)	Deutsch – igitt Diktat – Mist fertig Plagerei	Überdruss Frust
Form:	Strophe 1: zwei Kreuzreime (einer unrein) Strophe 2: zwei unreine Paarreime (auf a u i) Strophe 3 ein unreiner Paarreim (auf i) ein reiner Paarreim (auf rei) Reihungs- und Telegrammstil (ohne Großschreibung, Zeichensetzung und Satzbildung) gedankenlyrisches Problemgedicht	
Botschaft:	„Unterricht macht keinen Spaß! Oder doch?“	

Als modernes Stilmittel verwendet Manuela die Aufzählung, die Aneinanderreihung schulrelevanter Begriffe ohne grammatische und syntaktische Verbindung, jedoch gereimt, wenn auch oft unrein, in drei Strophen geordnet und streng rhythmisiert.
Der vierhebige Trochäus in Strophe 1 und 2 und der dreieinhalbe Versfuß (im Telegrammstil) in Strophe 3 bewirken eine eilige, lebhafte, bewegte, ja hektische und chaotische Grundstimmung, die auf Schulstress, -unlust und -frust zurückzuführen ist.
Der Wortschatz besteht fast ausschließlich aus 24 Nomina (mit vier Bezeichnungen aus dem Schülerjargon: „Erdkäse“, „Bio“, „Sozi“ und „igitt“), elf Verben und fünf Adjektiven, die zwar grammatisch und syntaktisch unverbunden, aber wie an einem roten Faden sinnvoll aufgereiht sind.

1 Sarah Reuter (11): „Schulregeln“. Aus: Peter Conrady (Hrsg.): Tastend nach dem Licht. Gedichte von Jugendlichen. Lyrik-Schreibwettbewerb in Nordrhein-Westfalen. Essen 1988, S. 118. Foto: Harald Watzke, Würzburg.

2 Manuela (12): „unterricht“. Aus: Franz-Josef Payrhuber: Gedichte im Unterricht – einmal anders. München [4]1999, S. 110.

2. Zur didaktischen Analyse

Es besteht kein Zweifel darüber, dass die Inhalte dieser beiden Schulgedichte stärkstes Interesse der Jugendlichen wecken werden. Diese können die Aussagen und Gefühle der beiden Autorinnen aus der Orientierungsstufe sehr gut nachvollziehen und nachgestalten, weil sie

a) selbst schulische Erlebnisse und Erfahrungen besitzen, und
b) über die gleichen literarischen Formen verfügen, die zudem eigenständig variiert werden dürfen.

Einen Methodenvorschlag von Franz-Josef Payrhuber aufgreifend stellen wir das „poetische Selberschreiben" in den Mittelpunkt unserer Gedichteinheit, wobei die Schülerinnen und Schüler sich an die vorgegebenen Grundmuster anlehnen, diese jedoch nach Inhalten, Gefühlen, Wortschatz und Form (Reimbildung und Rhythmus) variieren dürfen. So führt dieser methodische Weg vom analogen über das parallele Schreiben zum freien Gestalten.

Mit Recht sieht Franz-Josef Payrhuber darin einen doppelten Ertrag: Die Schülerinnen und Schüler „lernen zum einen Aussageformen und Inhalte von Lyrik besser verstehen, und sie erfahren das Selberschreiben zum anderen als eine hilfreiche Möglichkeit ihrer eigenen Identitätsfindung"[3] und Gegenwartsbewältigung.

In Analogie-, Parallel-, Gegen- und Eigengedichten gestalten deshalb die Jugendlichen brisante Themen, die für sie von existenzieller Bedeutung sind, aus ihrem eigenen Lebens-, Erlebnis- und Erfahrungshorizont, aus ihrer eigenen Gedanken-, Vorstellungs- und Gefühlswelt, um sich im Hinblick auf Konfliktlösung, Identitätsfindung und Gegenwartsbewältigung zu sensibilisieren und um – womöglich – eine positive Einstellung zur Schule zu finden.

Lernziele: Die Jugendlichen sollen

1. Schulgedichte jüngerer Autorinnen kennen- und schätzen lernen,
2. durch „poetisches Selberschreiben" Hilfe für Konfliktlösung, Identitätsfindung und Gegenwartsbewältigung erfahren,
3. für eine positive Konfliktlösung schulischer Probleme sensibilisiert werden.

3. Zur Verlaufsplanung

3.1 Initialphase

Neugierde und Lernbereitschaft der Schülerinnen und Schüler sollen geweckt werden

a) durch die theoretische Frage: „Wisst ihr (noch), was ein Akrostichon (mit Tafelanschrift) ist?" und
b) durch das praktische Tun, ein Akrostichon zu SCHULE (mit TA) zu bilden.

Zwei Beispiele aus diesem Schulversuch, ein positives und negatives, seien mitgeteilt, evtl. auch der Klasse als Anreiz zur Eigenproduktion:

SCHÜLER	**S**AUSTALL
CHOR	**C**HAOS
HAUSMEISTER	**H**UMORLOS
UNTERRICHT	**U**NSINNIG
LEHRER	**L**AUTER
ELTERN	**E**SEL/INNEN

Nach der Klärung, dass ein Akrostichon ein Buchstabenspiel oder Namen-„Gedicht" ist, bei welchem die Anfangsbuchstaben – senkrecht gelesen – einen Begriff ergeben, der durch die waagerecht geschriebenen Wörter mit Sinn erfüllt oder individuell gedeutet und erläutert wird, kündigt die Überleitung das Stunden- bzw. Projektziel an: „Was zwei Mädchen aus der Orientierungsstufe über das Thema ‚Schule' verfasst haben, das kennenzulernen, und was ihr selber darüber schreiben wollt, soll jetzt unser Ziel sein."

3.2 Rezeptionsphase

Die Mädchen und Jungen lesen das ausgeteilte Gedichtblatt still durch, erlesen sich die wichtigsten und auffallendsten Aussagen, markieren (farbig) diskussionswürdige Textstellen (Schlüsselwörter) für die spätere freie Aussprache und entwerfen eine erste Textillustration, die den Charakter einer „Interpretation durch Visualisierung" annimmt.

3.3 Reflexionsphase

1. Teilziel: freie Aussprache über Inhalte
Die Schülerinnen und Schüler sprechen sich frei aus, nennen ihre markierten Textstellen, lesen diese als Zitate vor, erzählen – vergleichend mit den beiden Schülerinnen – ihre eigenen Schulerlebnisse und Sichtweisen, wobei sie auch ihre Illustrationsentwürfe vorstellen, und beziehen Stellung zu den dargestellten und eigenen Gefühlen.

2. Teilziel: gelenktes UG über Formen
Nach lautem Vorlesen im Sinne von ersten sinn- und klanggestaltenden Vortragsversuchen lenkt die Lehrkraft das Gespräch auf die Betrachtung der Formen und Macharten (siehe didaktische Analyse) und auf das Erschließen ihrer Funktion auf die Grundstimmungen, Hektik, Unruhe, Enttäuschung, Verdruss, Unlust, Frust, Stress.
Als zusammenfassende Tafelanschriften könnten evtl. die zwei Übersichten in der Sachanalyse dienen.

3. Teilziel: Planungsgespräche
Im Planungsgespräch, das auch vor dem oder anstelle des 2. Teilzieles anberaumt werden könnte, überlegen, diskutieren und beschließen die Jugendlichen, welche Textumgangsformen sie anwenden wollen. Siehe hierzu die Übersicht in der Einleitung (S. 9).

---
3 Payrhuber, a. a. O., S. 106.

3.4 Produktionsphase

Der Impuls „Könnte die Schule – im Gegensatz zu Sarahs und Manuelas Aussagen – vielleicht auch Spaß und Freude machen?“ initiiert die Produktionsphase. Nach der Aufhellung relevanter und aktueller Schulsituationen, -probleme und -konflikte (z. B. „Gewalt“, „Drogen“, „Freundschaften“, „Feindschaften“, „Notengebung“, „Beziehungskisten“, „Wünsche“ ...) werden die literarischen Formen der Eigenproduktionen (siehe Einleitung S. 18) in Erinnerung gebracht, die in der Klasse bereits bekannt, geübt und – bis zu einem gewissen Grade – auch beliebt sind:

1. die Clusterbildung (zur Wortschatzfindung und -bereicherung, siehe S. 14),
2. das Akrostichon (siehe Initialphase),
3. das Abecedarium (siehe Kopiervorlage S. 17),
4. Kurzgedichte, gereimt und rhythmisiert,
5. Kurzgedichte, reimlos und freirhythmisch,
6. analoge und parallele Nachgestaltungen der vorgegebenen „Muster“,
7. das Gegengedicht, das bewusst verfasst wird, um konträre Aussagen, Meinungen, Vorstellungen, Gefühle, Stimmungen, Wünsche und Hoffnungen auszudrücken,
8. die strengen Kurzformen der Lyrik (Elfchen, Haiku, Tanka, Rondel, Rondelet ...).

Nach der Präsentation der ersten Eigenprodukte wird die Weiterführung geplant.

4. Zur Weiterführung

- Verfeinern der Eigenproduktion (mit Erweiterung der Motive)[4],
- Bearbeitung der Anlage (rechts), der Kopiervorlagen (Clusterbildung, Abc-„Gedicht“ u. a.),
- Veröffentlichung der Eigenproduktionen (in der Schulzeitung, in der Lokalpresse, evtl. im Internet),
- Ausstellung im Schulhaus, im Rathaus oder in der Bücherei.

4 Siehe hierzu auch das Kapitel „Schulgedichte“ in: Oswald Watzke/Klaus C. Haase/Harald Watzke: Gedichte für die 9. und 10. Klasse. Donauwörth 2004.

Anlage: Arbeitsblatt

1. *Lest die beiden Gedichte noch einmal durch und markiert farbig die Textstellen, die euch ganz besonders gefallen bzw. nicht gefallen!*
2. *Diskutiert über sie, über Inhalt, Form, Grundstimmung und eure eigene Meinung!*
3. *Füllt dann die Lücken aus:*

   Zur Form: Das Gedicht 1 hat ___ Strophen und sechs ______________ .

   Das Gedicht 2 hat ___ Strophen, Kreuzreime und ________reime, die rein und _________ sind.

   Zum Rhythmus: Beide Gedichte sind streng rhythmisiert.
   Zeichne einen Vers auf (Hebung – Senkung):
   ____

   Zum Inhalt: Beide Autorinnen beschreiben
   ____
   ____

4. *Schreibt ein eigenes Gedicht, und zwar entweder als analoges oder paralleles Gedicht mit gleicher (oder ähnlicher) Erfahrung und Grundstimmung oder als* ***Gegengedicht*** *mit gegensätzlicher Erfahrung und* ***Grundstimmung****!*
   Mein Gedicht (mit zwei Strophen bzw. mit vier Strophen auf Beiblatt):
   ____
   ____
   ____
   ____
   ____
   ____
   ____
   ____

5. *In welcher Gruppe möchtest du außerdem mitarbeiten?*

   ☐ Gedichtvortrag ☐ Spiel
   ☐ Liedvortrag (Sprechgesang als Rap)
   ☐ Schrift- bzw. Druckgestaltung
   ☐ Text-Foto-Collage
   ☐ ______________________________

Sarah (11 Jahre)

Schulregeln

Bist du draußen, stell dich auf,
wenn du reingehst, geh nicht, lauf!

Bist du dann im Treppenhaus,
sei still, sonst fliegst du raus!

In der Klasse bist du leise,
sonst zeigt man dir eine Meise!

Wenn du aufzeigst, bist du klug,
kommst du dran, dann weiß genug!

In der Pause guck nicht trübe,
kriegst sonst einen auf die Rübe!

Also, sei vorsichtig!
Oder willst'e sein wie ich?

Manuela (12 Jahre)

unterricht

tasche bücher hefte richten
hektik eile schule fahren
kinder lehrer denken dichten
große pause freizeit haben

lernen lernen hausaufgaben
schreiben rechnen immer fragen
erdkäs bio sozi geschichte
blöde streiche dumme witze

letzte stunde deutsch igitt
diktat schreiben so ein mist
stunde fertig eins zwei drei
schule große plagerei

Karl Krolow: „Schultag“

Vorbemerkung: In dieses Kapitel wurden eigenproduzierte oder originäre Gedichte der Jugendlichen aufgenommen – bis auf eine Ausnahme, nämlich Karl Krolows „Schultag“. Dieser Text könnte, da er intentional und eigens für diese Altersgruppe verfasst und von ihr adaptiert wurde, der Jugendlyrik im weiten Sinn zugeordnet werden.

1. Zur Sachanalyse

In diesem gedankenlyrischen Text[1] thematisiert Karl Krolow[2] den Schulalltag, allerdings nicht in abbildend-reflektierender Weise, sondern verschlüsselt. Mit Recht reihen ihn Martin Behrendt und Karl Foldenauer[3] in die Gedichte ein, die die Alltagswelt verfremden.
Der Dichter verwendet dazu zahlreiche Metaphern, in denen zwei unterschiedliche Bedeutungsfelder verknüpft werden. So entstehen folgende Abweichungen vom Alltag:

1. **Einheit** (Zeile 1–3): Die Bilder „mit frisch gespitzten Bleistiften“ und „stürzen“ signalisieren eine gewisse Vorfreude der Kinder auf die Schule, eine gewisse Lernbereitschaft, die oft nicht mehr anzutreffen ist.
2. **Einheit** (Zeile 4–5): Das sprachliche Bild „Der gekritzelte Tag entsteht auf liniertem Papier“ enthält die Verbindung von „aufs Papier kritzeln“ und „der Tag entsteht“, wobei „liniert“ vorgegebene Ordnung und einzuhaltendes Gebot assoziieren lassen, die Spontaneität und Freiheit einengen können.
3. **Einheit** (Zeile 6–7): „Das Schulheft riecht nach Luft und dünnen Strichen.“ „Luft“, vor allem schlechte, und „dünne Striche“, die eigentlich nicht mit dem Geruchssinn wahrgenommen werden können, meinen wohl die typisch schulische Atmosphäre des „Miefs“, der Verdrossenheit, der Langeweile.
4. **Einheit** (Zeile 8–11): „Im lustigen Wetter“ steht für Humor, Lebhaftigkeit, Interesse. Rechenaufgaben und Botanik können diese Wirkungen vermutlich eher erzeugen als das Schreiben (Rechtschreiben, Aufsatzschreiben). Die Metapher „getrocknete Jahreszeiten“ mindert jedoch die positive Darstellung der Schule wieder, indem auf ihren Gegensatz zum echten Leben der Natur, die nicht „getrocknet“ ist, hingewiesen wird.
5. **Einheit** (Zeile 12–15): Die Chiffre „Zeichnung“ meint nicht den Gegenstand Schülerzeichnung, sondern die Tatsache, dass alles Schulische nur ein Abklatsch des wirklichen Lebens ist, in welchem die Ferien eine größere Rolle spielen als die Lehrkräfte.

Die 1. und 5. Einheit (Strophe) meinen das Leben, und zwar vor und nach dem Schultag, die 2., 3. und 4. Einheit (Strophe) den Schulalltag selbst, der mit Gekritzel, Geruch, Ge(Ver)trocknetem, aber auch mit Lustigem („im lustigen Wetter“) zu tun hat. Somit lobt der Autor den Schutalltag zwar, überwiegend kritisiert er ihn jedoch. Auf jeden Fall relativiert er ihn sehr stark gegenüber dem Leben, denn auf seinem Bild von „Schule und Leben“ sieht er den Lehrer unten sehr klein und die Ferien, „das Schönste an der Schule“, oben sehr groß. Karl Krolow verfremdet in seinem Gedicht, in welchem er auf Reime, Versmaß und Einteilung in Strophen verzichtet, die alltäglichen Gewohnheiten in der Schule, wie Bleistifte spitzen, auf Papier kritzeln, in Hefte schreiben, Rechenaufgaben lösen und Botanik (an getrockneten Beispielen) betreiben, um die Leserin und den Leser zum Nachdenken über das Alltägliche, über das Gewöhnliche anzuregen.

2. Zur didaktischen Analyse

Die betroffenen Jugendlichen werden es sicherlich begrüßen, dass ihr Lebensbereich „Schule“ thematisiert wird, mit dem sie ganz unterschiedliche Erfahrungen machen. So ist es durchaus anzunehmen, dass einige eine mehr lobende (positive) Haltung Karl Krolows gegenüber der Schule aus dem Text herauslesen, andere wiederum eine mehr kritische (negative) Einstellung. Die Jugendlichen sollten deshalb die Gelegenheit zur möglichst spontanen Interpretation und freien Auseinandersetzung mit Inhalt und Form des „Schul-Gedichtes“ erhalten und angeregt werden, ihre eigenen Erfahrungen, Meinungen und Vorstellungen zum Thema „Schule“ zu artikulieren. Deshalb wird vorgeschlagen, die Methoden des Antizipierens, des Erschließens mittels Leitfragen und des Eigenproduzierens anzuwenden.

Lernziele: Die Schülerinnen und Schüler sollen

1. sich mit der Inhaltsproblematik und der Autorenintention frei und kritisch auseinandersetzen,
2. die Metaphern und die Chiffre entschlüsseln können,
3. die Leitfragen beantworten und diskutieren können,
4. den Text sinn- und klanggestaltend lesen können,
5. das Motiv „Schultag“ in Eigenproduktionen gestalten.

3. Zur Verlaufsplanung

3.1 Initialphase

1. Möglichkeit: Impuls „Schultag“ (Tafelanschrift), Brainstorming (mit Notizen) und freie Aussprache.

2. Möglichkeit: Clusterbildung („Was fällt dir zu ‚Schultag‘ alles ein?“), Präsentation und freie Aussprache (siehe Kopiervorlage S. 14)

---

1 Quelle: Kad Krolow: Schultag. Aus: Gesammelte Gedichte II. Frankfurt am Main 1975.
2 Biografie siehe S. 30.
3 Martin Behrendt/Karl Foldenauer: Werkbuch Lyrik. Braunschweig 1979, vgl. S. 42.

3. Möglichkeit: Autorenkunde: Bericht über die Hausaufgabe „Lexikonarbeit zu Karl Krolow“ (Tafelanschrift).

3.2 Rezeptionsphase

1. Teilziel: Lehrervortrag
(Sachlich, jedoch eindrucksvoll, evtl. mit Vorzeigen der Dingsymbole „Bleistifte“, „Papier, „Schulheft“, „Rechenaufgaben“, „Trockenpflanze (für Botanik)“, „Zeichnung“ mit „Lehrer“ und „Ferien“).

2. Teilziel: Stilles Nachlesen
(Auf dem Arbeitsblatt, evtl. mit Umrahmen der Schlüsselwörter [Dingsymbole] und Anmerkungen für den Gedichtvortrag und Notizen für die freie Aussprache).

3. Teilziel: Schülervorträge
(Mehrere Gestaltungsversuche mit konstruktiven Vorschlägen für einen angemessenen Gedichtvortrag zum Abschluss der Rezeptionsphase).

3.3 Reflexionsphase

1. Teitziel: Freie Aussprache und Planungsgespräch (über Eindrücke, Gefühle, Stellungnahmen zu Inhalt und Form des „Schulgedichtes“, über Ziele und Methoden des Textumgangs anhand der Übersicht S. 9). Womöglich werden die folgenden Gruppenarbeiten vorgeschlagen.

2. Teilziel: Gruppenarbeiten (zur Auswahl)
1. Gruppe: Gliedern und Markieren der Schlüsselwörter
   Auftrag: „Gliedert das Schulgedicht und markiert die Schlüsselwörter durch Umrahmen auf dem Gedichtblatt (oder Computerbildschirm) und erläutert diese!“
2. Gruppe: Visualisieren der Schlüsselwörter
   Auftrag: „Setzt die sprachlichen Bilder in gegenständliche um – durch Zeichnen!“
3. Gruppe: Collagieren der Schlüsselwörter
   Auftrag: „Sucht zu den Dingsymbolen konkrete Abbildungen aus Katalogen und setzt diese zu einer Collage ‚Schultag‘ zusammen!“
4. Gruppe: Inszenieren des Inhalts
   Auftrag: „Setzt als Sprecher und Darsteller den Inhalt des Schulgedichtes in Szene! Denkt dabei auch an Hintergrundgeräusche!“
   Hinweis: Eine pantomimische Darstellung (mit Requisiten) wäre auch denkbar.
5. Gruppe: Erschließen mittels Leitfragen[4]
   1. Was erwartet ihr in einem Gedicht mit dieser Überschrift?
      Haltet eure Erwartungen in Notizen fest!
   2. Vergleicht eure Notizen mit der Aussage des Gedichtes!
   3. Welche Begebenheiten aus dem Schultag zeichnet das Gedicht auf?
   4. Wie verhalten sich in diesem Gedicht „Schultag“ und „Leben“ zueinander?
   5. Untersucht Satzbau und Verse! Lassen sie sich nach dem Schema „Schultag“ und „Leben“ gliedern?
   6. Wo liegt der Höhepunkt des Gedichtes und warum stellt er zugleich eine Abweichung vom Gewohnten (eine Verfremdung) dar?
   7. Welche Absicht verfolgt der Autor wohl mit diesem Gedicht? Kritik? Lob? Ermutigung?

3. Teilziel: Präsentation und Diskussion der Ergebnisse
Die Gruppen präsentieren ihre Ergebnisse, die Mitschülerinnen und Mitschüler diskutieren diese in konstruktiver Weise. Evtl. werden die wichtigsten Ergebnisse der Gruppen 1 und 5 schriftlich, die der Gruppen 2, 3 und 4 bildlich bzw. mit dem Video festgehalten.

1. Das Schulgedicht von Karl Krolow weist keine Reime, keine Strophen und kein Versmaß auf.
2. Die bedeutendsten Schlüsselwörter (Dingsymbole) sind:

Bleistift	gekritzelt	liniert	Papier
Schulheft	Luft	Rechenaufgaben	
Botanik	getrocknet	Zeichnung	
Lehrer	Ferien		

3. Den Höhepunkt des Gedichtes bilden die Zeilen 12–15: „Alles wird zur Zeichnung …“
4. Der Autor beabsichtigt, uns zum Nachdenken über das Alltägliche, über das Verhältnis von Schule und Leben anzuregen.

3.4 Produktionsphase

1. Teilziel: Betrachten eines Schülerbeispiels
Anhand von Eigenproduktionen aus einem Schulversuch[5] werden Inhalt und Form, Stärken und Schwächen frei oder mittels Leitfragen untersucht, wobei Veränderungen und Verbesserungen dieser Schülerbeispiele vorgeschlagen werden (siehe Kopiervorlage).

2. Teilziel: Suchen von neuen Schlüsselwörtern
Anhand der Clusterbildung (siehe Kopiervorlage) und im freien oder gelenkten Gruppen- oder Klassengespräch finden die Jugendlichen neue Schlüsselwörter, Dingsymbole und Themen, so z. B.: ‚Spaß“, Freude“, „Angst“, „Gewalt“, „Kritik“, „Prüfung“, „Streit“, „Streitschlichter“, „Pausenhof“, „Schulbus“ …

3. Teilziel: Übersicht über mögliche Eigenproduktionen (zur Auswahl):
1. Abteilung: Ersatzprobe
   Die Schlüsselwörter im Schulgedicht Karl Krolows oder Dirks werden durch eigene ersetzt.

4 Behrendt/Foldenauer, a. a. O., vgl. S. 45.

5 Alfred Boltz/Oswald Watzke: Das Gedicht „Schultag“ von Karl Krolow. In: Pädagogische Welt, Heft 8/1986, S. 382–384.

2. Abteilung: Ergänzungsprobe
   Ein ausgewähltes Schulgedicht, z. B. das von Joachim und Christian, wird um weitere Bilder und Aussagen erweitert, ergänzt.
3. Abteilung: Abc-Gedichte
   Diese Gruppe verfasst sogenannte Abc-Gedichte zum Thema „Schule“, und zwar unter den Aspekten „Was ich gerne mag“ und „Was ich nicht gerne mag“. Anfänge zweier Beispiele (siehe S. 17):

Was ich an der Schule gerne mag:	**Was ich an der Schule nicht gerne mag:**
Arbeit	**A**ngst
Belobigung	**B**estrafung
Chor	**C**haos
usw.	usw.

4. Abteilung: Elfchen
   Falls die Klasse bereits den Bauplan eines Elfchens kennengelernt hat, könnte auch diese Produktionsform angeboten werden. Siehe S. 18!
5. Abteilung: neue Eigenproduktionen
   Dieser selbstständigen Gruppe können, wie auch den anderen Gruppen, folgende Hinweise gegeben werden: „Du kannst dich ins Thema vertiefen, wenn du Folgendes überlegst und ausdrückst:
   1. Was ich sehe, höre, beobachte ...
   2. Was ich fühle, denke und meine ...
   3. Was ich wünsche und hoffe ...“
   So können die Mädchen und Jungen ganz persönliche Parallel-, Gegen-, Kürzest- oder Eigengedichte verfassen, in denen ihr lyrisches Ich zum Ausdruck kommt.

3.5 Präsentationsphase

Die Schülerinnen und Schüler stellen ihre Produkte vor, die konstruktiv diskutiert und wohlwollend gewürdigt werden.

4. Zur Weiterführung

- Verfeinern der Eigenproduktionen,
- Herstellung einer Literaturkartei: Karl Krolow
- Veröffentlichung der Eigenproduktionen (in der Schulzeitung, in der Lokalpresse, evtl. im Internet, Ausstellung im Schulhaus),
- Erweiterung der Motive um z. B. „Meine Wünsche (an die Schule)“, „Schulstress“, „Gewalt an Schulen“, „Kein Platz für Gewalt!“, „Keine Macht den Drogen!“, „Freundschaft“.
  Siehe Cluster-Kopiervorlage auf S. 14!

Karl Krolow

Meine Bildmontage (oder meine Zeichnung)

Schultag

Aus den Schreibwarenhandlungen
stürzen Kinder
mit frisch gespitzten Bleistiften.
Der gekritzelte Tag
entsteht auf liniertem Papier.
Das Schulheft riecht
nach Luft und dünnen Strichen.
Im lustigen Wetter leben
die Rechenaufgaben,
die Botanik mit getrockneten
Jahreszeiten.
Alles wird zur Zeichnung,
mit dem Lehrer
in der unteren Ecke,
mit den Ferien oben.

Schulgedichte

Ein neuer Tag beginnt,
fröhliche Kinder gehen
mit neuer Kraft ans Werk.
Schulaufgabe!
Viele betrübte Gesichter,
mutlos, ängstlich!
Neue Chance –
bestanden!
Freude und Glück.

Joachim und Christian (14 Jahre)

Lehrer kommt ins Klassenzimmer
mit Arbeitslust und Drang.
Er stellt Aufgabe um Aufgabe.
Pause –
Lust vergeht, Drang vergeht,
aufgeregte, nervöse Kinder. –
Das Ende bringt Befreiung.
Die Kinder schwärmen aus,
im Schulhaus Totenstille.

Dirk (14 Jahre)

1. Lest diese Schülerbeispiele und diskutiert darüber!
2. Umrahmt die Schlüsselwörter und erläutert sie!
3. Notiere deine Meinung über diese Schulgedichte!
4. Was fällt dir zu „Schultag“ alles ein? (Bilde einen Cluster!)
5. Du kannst auch zu anderen Themen einen Cluster bilden, z. B. zu „Schulstress“, „Gewalt an Schulen“, „Meine Wünsche“ …

2.2 Liebesgedichte

Nina (14 Jahre): „An einen alten Freund“
Theresa (13 Jahre): „Liebes-Elfchen“

1. Zur Sachanalyse

Beide Liebesgedichte sind Beispiele echter Jugendlyrik, die von Jugendlichen selbst, für sich und Gleichaltrige, auch für Erwachsene geschrieben wird, um Themen der eigenen Jugendlichkeit zur Sprache zu bringen: Schule, Berufswahl, Krieg und Frieden, Gefühle, Hoffnungen, Wünsche – und Liebe.

Die 14-jährige **Nina**[1] verfasst eine anrührende Liebeserklärung an ihr Lieblingkuscheltier aus ihren Kindertagen, ihren „alten Teddybären“, bei dem sie auch noch als Jugendliche Zärtlichkeit, Trost, Befreiung, Kraft, Größe, Freude, Glück, Hilfe und Liebe findet.

In ihrem dreistrophigen, reimlosen und freirhythmischen Prosagedicht, in welchem sie völlig auf Interpunktion verzichtet, verschlüsselt sie ihre Gefühle und Erinnerungen. Erst in Strophe 3 enthüllt sie überraschend ihr Geheimnis und den Adressaten, an den sie ihre Liebeserklärung richtet. Ihr „alter Freund“ ist ihr „alter Teddybär“, ihr geliebtes Kuschelstofftier, nicht eine männliche oder weibliche Bezugsperson.

Die 13-jährige **Theresa**[2] gebraucht das immer bekannter und beliebter werdende Kürzestgedicht des Elfchens, um ihre Gefühle und Gedanken im Hinblick auf eine sich anbahnende Beziehung auszudrücken.

Sie verwendet dabei bewusst – und im Gegensatz zu interpunktionslosen „Musterbeispielen“ – die Zeichensetzung, um ihre Aussagen zu bekräftigen, ihre Botschaft zu verdeutlichen. So unterstreicht in Zeile 1 das Ausrufezeichen ihre Anrede, ja Ausruf: „Du, höre mir zu, ich will dir etwas sagen!“ Die Punkte nach Zeile 3 und 4 festigen ihre Aussagen, grenzen sie von einander ab, zum einen die Beschreibung ihres seelischen Zustandes, ihrer Stimmungsschwankung „mir ist heiß und kalt“ (Johann Wolfgang Goethe: „himmelhoch jauchzend, zu Tode betrübt“), zum andern ihre Feststellung und Erkenntnis „Ich mag dich sehr“. Das Fragezeichen in Zeile 5 deutet hin auf ihre Unsicherheit und auf ihren Zweifel.

2. Zur didaktischen Analyse

Die 13- und 14-Jährigen sammeln und verarbeiten in ihrer Pubertätszeit die ersten Erfahrungen mit positiven und negativen Freundschafts- und Liebesbeziehungen. Das Thema „Liebe“ stößt natürlicherweise auf großes Interesse und gewinnt immer stärker an Bedeutung für eine sinnvolle Lebensgestaltung in Gegenwart und Zukunft.

Die in beiden Liebesgedichten angesprochenen Gefühle, Erinnerungen, Gedanken, Stimmungslagen, Wünsche und Sehnsüchte sind den 13- und 14-Jährigen durch eigene Erfahrungen und Vorstellungen nicht mehr fremd. So werden sie sehr neugierig und mit Interesse die Signal- bzw. Schlüsselwörter der beiden gleichaltrigen Autorinnen erkennen, begründen und vergleichen („Empfinde ich auch so oder ähnlich?“):

An einen alten Freund

Strophe 1: zärtlich | nicht anfasst | genügt | streicheln | traurig | Arm nehmen | Tränen | befreit | gut

Strophe 2: Kraft | trotzen | Größe | lachen | Glück | froh (Freude)

Strophe 3: gegenüber | lächerlich | angezogen | helfen | lieben | Teddybär

Liebes-Elfchen

Zeile 1:	du	– Adressat
Zeile 2:	mir | ist	– eigener Zustand
Zeile 3:	heiß | kalt	– Gemütsschwankung
Zeile 4:	ich | mag | dich	– Liebeserklärung
Zeile 5:	Liebe?	– Zweifel

Im Mittelpunkt des Umgangs mit diesen beiden originären Jugendgedichten über das Thema „Liebe“ sollte jedoch nicht die Textanalyse mit anschließendem Gedichtvergleich stehen, sondern die eigene, kreative und ganz persönliche Textproduktion, durch welche die Mädchen und Jungen der 7. und 8. Klasse ihre Kontakt- und Kommunikationsbedürfnisse, Gefühle, Stimmungen, Erfahrungen (positiver und negativer Art), ihre Hoffnungen, Wünsche und Sehnsüchte in Bezug auf eine Partnerschaft zum Ausdruck bringen (und pflegen) können.

---

1 Nina Pohlmann (14): An einen alten Freund. Aus: Peter Conrady (Hrsg.): Tastend nach dem Licht. Gedichte von Jugendlichen. © Verlag DIE BLAUE EULE. Essen 1988, S. 42.
Diese Anthologie der Preisträger „Lyrik-Schreibwettbewerb in Nordrhein-Westfalen“ enthält formal und inhaltlich sehr wertvolle Beispiele echter Jugendlyrik.

2 Theresa (13): Liebes-Elfchen. Originalbeitrag aus Schulversuchen in meinen Hauptschulklassen.

Lernziele: Die Jugendlichen sollen

1. Liebesgedichte von gleichaltrigen Autorinnen kennen und schätzen lernen,
2. selbst lyrische Texte schreiben (und illustrieren) können,
3. für positive literarische Kommunikationsformen sensibilisiert werden.

3. Zur Verlaufsplanung

3.1 Initialphase

Die Schülerinnen und Schüler, die fast alle ein Handy besitzen und gegenseitig ihre Anschlussnummern kennen, dürfen sich wechselweise eine SMS senden. Eine Gruppe arbeitet im Computer-Zimmer und verkehrt via E-Mails im Internet.
Danach wird im Klassenverband diese Kommunikation bekannt gegeben und analysiert, wobei – falls Bedarf besteht – auch über den Missbrauch (Beleidigungen, Beschimpfungen usw.) diskutiert werden muss. Folgende Tafelanschrift könnte erarbeitet werden:

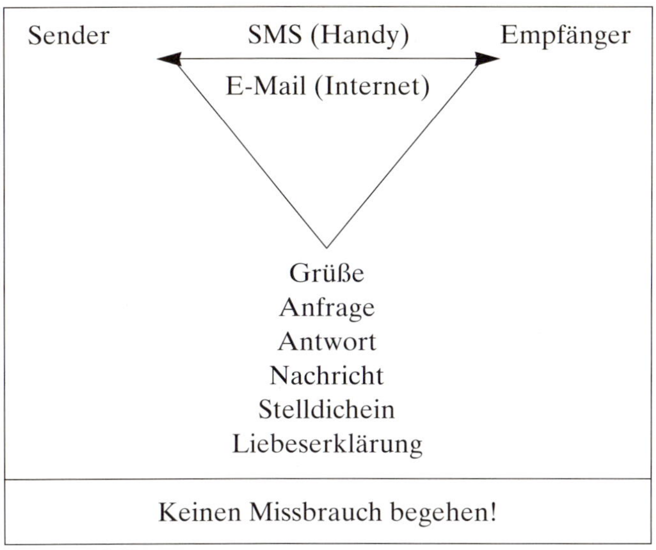

Überleitung: „Wir sind heute ganz modern! Liebeserklärungen als SMS und E-Mail mittels Handy und Internet! Wie war es denn früher? Ich lese euch eine (etwas längere) Liebeserklärung vor!"

3.2 Rezeptionsphase

1. Teilziel: Lehrervortrag
Die Lehrkraft trägt den ersten der beiden Texte eindrucksvoll vor, hält vor der letzten Zeile eine bemerkenswerte Pause ein, um Erwartungshaltung und Neugier auf die Lösung („Wer ist denn nun der Freund?") der Hörerinnen und Hörer zu steigern.

2. Teilziel: Stilllesen
Die Schülerinnen und Schüler lesen das ausgeteilte Textblatt still nach, illustrieren es und sprechen sich danach spontan und frei aus, wobei sie ihre Meinungen durch Textzitate belegen.

3. Teilziel: Schülervortrag
Lautes sinn- und klanggestaltendes Abschlusslesen durch drei oder vier Schülerinnen und Schüler vermittelt noch einmal den Gesamteindruck der beiden von Gleichaltrigen verfassten Liebesgedichte.

3.3 Reflexionsphase

1. Teilziel: Aussprache/Planungsgespräch
Der ungesteuerten Aussprache über beide Gedichte (eigene Erfahrungen, Meinungen, Zitate der Schlüsselwörter aus den Texten ...) folgt die Überlegung und Wahl der Umgangsarten (vgl. S. 9).

2. Teilziel: Textanalyse/Gedichtvergleich
Falls es eine Gruppe wünscht, kann sie anhand der Arbeitsblätter „Textanalyse" (S. 15) und „Gedichtvergleich" (S. 16) die beiden Texte untersuchen und nach „Anzeichen, Gefühlen, Grundstimmung, Botschaft, Wirkung und Form" vergleichen.

3. Teilziel: Zusammenfassung/Wertung
Die Ergebnisse werden im Plenum bekannt gegeben, diskutiert; die beiden Liebesgedichte nach Inhalt und Form und ihre Autorinnen nach ihrer Leistung angemessen gewürdigt. Tafelanschriften erübrigen sich vermutlich wegen der eingesetzten Arbeitsblätter.

3.4 Produktionsphase[3]

1. Teilziel: Clusterbildungen
Die Jugendlichen notieren anhand der Kopiervorlage (S. 14) alles, was ihnen zu „Freund", „Freundin" oder „Liebe" einfällt.

2. Teilziel: Parallelgedichte
Sie ersetzen in Ninas Gedicht einige oder alle Signalwörter, durch Farbmarkierungen oder Umrahmungen hervorgehoben, in der Weise, dass diese zu *ihrem* Freund, *ihrer* Freundin oder zu *ihrem* Lieblingskuscheltier passen.

3. Teilziel: Kürzest- und Kurzgedichte
Anhand der „Übersicht über Eigenproduktionen von Kurzgedichten" (S. 11) und vor allem anhand der sechs Kopiervorlagen auf den folgenden Seiten, die sie bearbeiten, produzieren die Schülerinnen und Schüler zwei oder drei eigene Kurzformen zum Thema.

4. Teilziel: SMS/E-Mail
Zur Initialphase zurückkehrend entwerfen die Jugendlichen nun sprachlich verfeinerte und ethisch verantwortungsbewusste Botschaften über Beziehungen, Freundschaften und Liebe für das Handy oder das Internet.

---

3 Für diese Produktionsphase wurden Vorschläge, die verändert, erweitert und als Kopiervorlagen konkretisiert wurden, aus folgenden Unterrichtshilfen verwendet:
Sonja Hoffmann: Lyrik zum Anfassen. Produktionsorientierter Unterricht mit Gedichten in der Sekundarstufe 1. Horneburg, 2. Aufl. 2001, vgl. S. 12–16.
Anke Nühse: Liebes-Lyrik. Eine Werkstätte für Gedichte von Herzen. Mühlheim an der Ruhr, o. J. (2001), vgl. S. 7–12.
Franz-Josef Payrhuber: Gedichte im Unterricht – einmal anders. Oldenbourg, 4. Aufl. 1999, vgl. S. 106–150.

5. Teilziel: Präsentation
Die einzelnen Eigenproduktionen werden im Plenum vorgestellt, im Hinblick auf ihre „Tauglichkeit“ als „Liebesgedicht“ diskutiert und gewürdigt.

4. Zur Weiterführung

- Verfeinerung und Erweiterung der literarischen Eigenproduktionen[4],
- Vorbereitung einer Ausstellung der selbst geschriebenen und illustrierten Gedichtblätter,
- Herstellung eines gedruckten Gedichtbuches mit dem Titel „Unsere Liebes-Lyrik“,
- Erprobung der modernen Kommunikationsformen „SMS“ und „E-Mail“ (evtl. auch einer „Web-Seite“) im Funk- bzw. Internet-Verkehr.

Schülerbeispiele

Manuela (13 Jahre)

Du
gibst mir
Glück und Freude.
Ich mag dich sehr,
Teddybär!

Renate (14 Jahre)

Du,
deine Zärtlichkeit
tut mir gut.
Ich fühl mich gut.
Glück?

Markus (13 Jahre)

Terminator!
Du hast
Kraft und Mut.
Ich will sein wie
du!

Natascha (14 Jahre)

Augen
Hände Mund
und letzter Kuss
ich mag nicht mehr
Schluss

Mein Kurzgedicht (Elfchen):

____

____

____

____

____

Name: ____________________

4 Siehe rechte Spalte: Schülerbeispiele aus Versuchen, die Harald Büttner und Harald Watzke durchführten.

Nina (14 Jahre)

Meine Illustration:

An einen alten Freund

Er ist zärtlich zu mir
obwohl er mich nicht anfasst
es genügt mir schon
wenn seine Augen mich streicheln
wenn ich traurig bin
nehme ich ihn ganz fest in die Arme
meine Tränen versickern in seinem
Hemd
ich fühle mich befreit und gut

Er gibt mir die Kraft
allen Hindernissen zu trotzen
er gibt mir die Größe
über Beleidigungen zu lachen
er gibt mir das Glück
einfach froh zu sein

Auch jetzt sitzt er mir gegenüber
in seiner lächerlichen Hose
die ich ihm angezogen hab
er tut sein Bestes um mir zu helfen
und ich liebe ihn wirklich
ihn – meinen alten Teddybären

Theresa (13 Jahre)

Liebes-Elfchen

Du!

Mir ist

heiß und kalt.

Ich mag dich sehr.

Liebe?

Mein Name: ______________________

Mein Liebes-Elfchen

____

____

____

____

____

Ein Liebes-Akrostichon

Ein Akrostichon (Plural: Akrosticha) ist ein Gedicht, bei dem die Anfangsbuchstaben, senkrecht gelesen, ein Wort ergeben. Auf diesen Begriff beziehen sich alle waagerechten Wörter.

Aufbau:

_ | _ _ _ _ _ _ _ _
_ | _ _ _ _ _ _ _ _
_ | _ _ _ _ _ _ _ _
_ | _ _ _ _ _ _ _ _
_ | _ _ _ _ _ _ _ _

Beispiel:

L eben
I ch und du
E inigkeit
B und fürs Leben
E wigkeit

S ____________________
E ____________________
H ____________________
N ____________________
S ____________________
U ____________________
C ____________________
H ____________________
T ____________________

T ____________________
R ____________________
E ____________________
U ____________________
E ____________________

L ____________________
I ____________________
E ____________________
B ____________________
E ____________________

Z ____________________
Ä ____________________
R ____________________
T ____________________
L ____________________
I ____________________
C ____________________
H ____________________

Ein Liebes - Rondel, Rondel, Rondel, Rondel,

Ein Rondel ist ein Kurz-Gedicht aus acht Zeilen. Diese müssen sich nicht reimen. Jede Zeile ist ein vollständiger Satz.
Der wichtigste Satz wird in der zweiten, vierten und siebten Zeile wiederholt.

So schreibst du dein Rondel:

1. Erfinde sechs Sätze zum Thema Liebe!
2. Schreibe diese Sätze auf Papierstreifen!
3. Den wichtigsten Satz schreibst du noch zweimal.
4. Lege diese Sätze in eine sinnvolle Reihenfolge!
5. Du kannst diese auch variieren.

Beispiel:

Ich bin glücklich.
So ist die Liebe.
Du bist gerne bei mir.
So ist die Liebe.
Wir unterhalten uns gut.
Die Zeit vergeht wie im Flug.
So ist die Liebe.
Ich erwarte dich.

____

Liebe, Liebe, Liebe, Liebe,

geschrieben von: ____________________

Ein Liebes-Haiku 愛

Das japanische Haiku ist ein Kürzestgedicht. Es besteht aus nur 3 Zeilen und genau 17 Silben. Der Inhalt ist immer eine konkrete Situation in der Natur, ein bedeutsamer Augenblick für den Menschen.

Der Aufbau:	Beispiel: Es stammt von Japans berühmtestem Haiku-Dichter, Matsuo Bashô (1644–1694).
Zeile 1: 5 Silben	*Alter Teich in Ruh. -*
Zeile 2: 7 Silben	*Fröschlein hüpft vom Ufersaum,*
Zeile 3: 5 Silben	*und das Wasser tönt.* (übersetzt von Gerolf Coudenhove)

愛 Dieses japanische Symbol (Katakana) stammt ursprünglich von einem chinesischen Zeichen (Kanji). Es wird „ai" gesprochen und bedeutet „Liebe".

愛

Liebes-Haiku

____

____

____

geschrieben von: ____________________

2.3 Friedensgedichte

Talli (13 Jahre): „Farben des Friedens"
Christiane (11 Jahre): „Farben für Krieg und Frieden"

1. Zur Sachanalyse

Der 13-jährige **Talli**[1] legt Mitte der 1970er-Jahre ein erschütterndes Zeugnis seiner Friedenssehnsucht in Israel ab, das bis heute ein immerwährendes Krisengebiet ist.
Seine Schreibintention kann durch eine Strukturskizze[2] seines Antikriegs- bzw. Friedensgedichtes verdeutlicht werden:

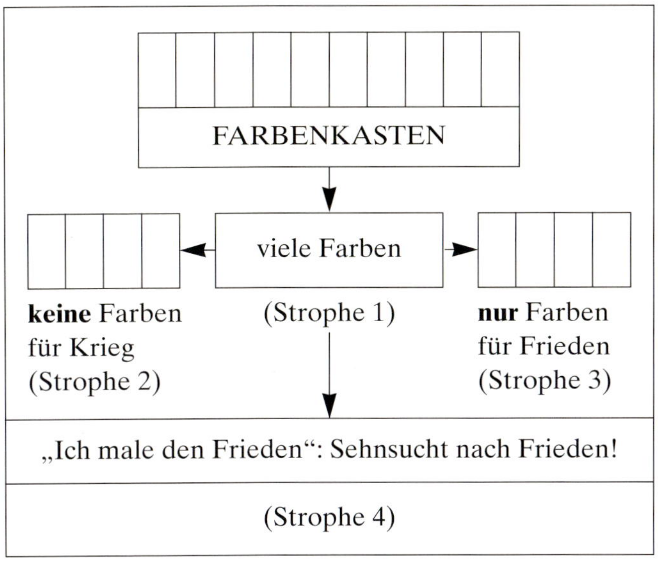

Seine Friedenssehnsucht lässt sich noch detaillierter darstellen durch die Konfrontation von Krieg und Frieden; vor allem in den Strophen 3 und 4:

Strophe 1: Bereitstellung von Farben
viele, sanfte und wilde Farben
Welche verwende ich?

Strophe 2: keine Farben für den Krieg
Vers 1: kein Rot für Blut (für das Blutvergießen)
Vers 2: kein Schwarz für Leid (für Not und Elend)
Vers 3: kein Weiß für Tote (für das Massensterben)
Vers 4: kein Gelb für Sand (für Vernichtung der Erde)

Strophe 3: nur Farben für den Frieden
Vers 1: nur Orange für Freude (Friede den Menschen)
Vers 2: nur Grün für blühenden Baum (Friede der Natur)
Vers 3: nur Blau für Himmel (Friede der weiten Welt)
Vers 4: nur Rosa für Ruhe, Traum (friedliche Entwicklung)

Strophe 4: Entscheidung für den Frieden
„Ich male den Frieden,
weil ich den Frieden will!"

Für diese seine politische Aussage gebraucht der 13-Jährige die gebundene Form eines gedankenlyrischen Gedichtes:

Strophe 1: Bereitstellung von Farben
zwei Kreuzreime ab ab
vier- bzw. dreihebiger Jambus
(Senkung – Hebung: ∪ —')
ruhig-fließende Stimmung

Strophe 2: keine Farben für den Krieg
zwei Paarreime aa aa mit gleichem Reim
vierhebiger Daktylus (mit Auftakt ∪)
(Hebung – Senkung – Senkung: —' ∪ ∪)
hektisch-chaotische Grundstimmung

Strophe 3: nur Farben für den Frieden
zwei Kreuzreime ab ab
vier- bzw. dreihebiger Daktylus
(mit Auftakt ∪ und Schlusstakt — bei b)
heiter-beschwingte Grundstimmung

Strophe 4: Entscheidung für den Frieden
ein Aussagesatz
auf drei Verse verteilt
prosaisch, jambisch
ernste, entschlossene, überzeugte Grundstimmung

Die 11-jährige **Christiane**[3] verfasst um 1985 unter dem Eindruck der Thematik und des literarischen Vorbildes ein beeindruckendes Parallelgedicht, zu welchem die 14-jährige Annette eine passende Illustration liefert. Die kindliche Autorin übernimmt – nahezu wörtlich – Wortschatz, Reim, Rythmus, Intention und Grundstimmung, wobei sie – letztlich geringfügig – folgende Änderungen vornimmt:

1. Die vier Strophen werden zu einer Strophe verdichtet.
2. Die vierte Strophe wird als Vers 13 zum Schluss-Vers.

1 Talli Schurk: Farben des Friedens. Aus: Jahrbuch „Maria vom guten Rat". Würzburg 1979. Lesebuchseite 96 (Zeichnung: Franz Lutz, Oberstenfeld): Auer Lesebuch 7, hrsg. von Oswald Watzke. Donauwörth 1986.

2 Strukturskizze, verändert und erweitert nach der Tafelanschrift von Günter Krönert: „Talli Schurk: Farben".

3 Christiane Hein: Farben für Krieg und Frieden. Aus: Was uns bewegt ... Texte von Jugendlichen (im Rahmen eines Schreibwettbewerbs zum Internationalen Jahr der Jugend 1985), hrsg. v. d. Landesarbeitsgemeinschaft Jugend und Literatur NRW. Pulheim 1985, S. 49. Zeichnung: Annette Sturm, Öhmingen.

3. Einige Schlüsselwörter werden in die Einzahl bzw. in die Mehrzahl gesetzt:
   Vers 7: „Tod“ anstelle von „Toten“
   Vers 10: „Bäume“ anstelle von „Baum“
   Vers 11: „der Himmel“ anstelle von „die Himmel“
   Vers 12: „Träume“ anstelle von „Traum“
4. Die auffallendste Änderung besteht in der Verwendung der Farben:
   Vers 8: „Braun“ anstatt „gelb“
   Vers 9: „Gelb“ anstatt „Orange“

Dadurch wird dieses Parallelgedicht insgesamt zu einer kindgemäßeren Fassung, in der vor allem der Tausch von „Gelb“ und „Braun“ als „Kriegsfarbe“ überzeugt.

2. Zur didaktischen Analyse

Seit der Entstehung des Friedensgedichtes vor fast 30 Jahren und des Parallelgedichtes vor über 20 Jahren hat sich im Nahen Osten und auf der ganzen Welt nichts geändert. War das 20. Jahrhundert mit seinen rund 10 000 000 Opfern im 1. Weltkrieg (1914–1918), seinen fast 60 000 000 Opfern im 2. Weltkrieg (1939–1945) und über 40 000 000 Opfern in kriegerischen Auseinandersetzungen seit 1945 ein schreckliches Jahrhundert des Krieges, so wird auch das 21. Jahrhundert, wie es den Anschein hat, kein Jahrhundert des Friedens werden.

Tagtäglich melden die Massenmedien, dass und wie sich im Nahen Osten und anderswo auf dem Erdball die Spirale der Gewalt und Gegengewalt, der Vergeltung und Rache dreht, dass und wie der Teufelskreis von Terror und Antiterror eskaliert.

Die großen Staatsmänner der Großmächte und Weltorganisationen bewirken keine Friedenslösungen, so stellen die Jugendlichen erschüttert fest. „Sind jene ratlos, machtlos, hilflos, resigniert, desinteressiert und betreiben sie gar selbst den Krieg als Fortsetzung ihrer Politik?“, fragen sie kritisch. „Eine Einflussnahme auf diese kriegerischen Auseinandersetzungen, eine Parteinahme für die Israelis oder für die Palästinenser ist uns Jugendlichen (uns Erwachsenen?) nicht möglich“, stellen die Schülerinnen und Schüler realistisch und enttäuscht fest. „Was bleibt“, so resümierten sie am Ende eines Unterrichtsgespräches, „ist unser Verdammungsurteil des Krieges an sich und die Hoffnung auf Frieden überall auf der Erde.“

Um die Jugendlichen in dieser Sensibilität für den Frieden an sich und für ein friedfertiges Verhalten im eigenen sozialen Umfeld zu bestärken, sei der bewährte methodische Weg „Eindruck – Durchdringung – Ausdruck“[4] beschritten.

Der Eindruck soll vermittelt werden durch eine Medienschau über das Thema „Krieg und Frieden“ und durch das Stilllesen des Friedensgedichtes, begleitet durch meditative Musik und verstärkt durch eine interpretatorische Visualisierung.

Die geistige Durchdringung des Textes dient einmal der Schulung der Sinnentnahme und zum andern der Bereitstellung des Rüstzeugs für die literarische Eigenproduktion eines Friedenstextes. Somit bleibt die Textanalyse nicht Selbstzweck, sondern wird Mittel zum Zweck. Der Ausdruck von Gefühlen, Stimmungen, Gedanken, Vorstellungen über Hoffnungen, Sehnsüchten und Wünschen in Bezug auf das Thema „Frieden“ fließt in die Formen eines Parallel- oder Kurzgedichtes.

Lernziele: Die Schülerinnen und Schüler sollen

1. Friedensgedichte als Jugendgedichte kennen- und schätzen lernen,
2. deren Intention erfassen und deren Bauart literarisch und musisch nachgestalten,
3. für das Thema „Krieg und Frieden“ emotional und kognitiv sensibilisiert werden,
4. im persönlichen Umfeld sich für Gewaltlosigkeit und Friedfertigkeit einsetzen.

3. Zur Verlaufsplanung

3.1 Erste Einheit: Eindruck

Medienschau, Textblatt und eigene Visualisierung vermitteln einen tiefen Eindruck des Themas „Krieg und Frieden“, machen die Jugendlichen betroffen.

1. Initialphase

Einzelne Schülergruppen berichten – zeitlich begrenzt – vom Ergebnis der Hausaufgabe „Kriegerische Ereignisse im Nahen Osten (in der Welt)“:
- Pressegruppe: Zeitungsausschnitte,
- Rundfunkgruppe: Kassettenaufnahmen,
- Fernsehgruppe: Videoaufnahmen,
- Internetgruppe: Computerausdrucke.

2. Rezeptionsphase

Überleitung: „Wie die Menschen, wie die Kinder und Jugendlichen euren Alters in diesen Krisengebieten sich fühlen, was sie denken und wollen, könnt ihr in einem Gedicht nachlesen.“

Stilles Lesen: Die Schülerinnen und Schüler lesen das ausgeteilte Friedensgedicht durch, auch den Informationstext über den Autor, markieren farbig die angegebenen Farben und deren Bedeutungen. Im Hintergrund könnte leise Meditationsmusik abgespielt werden.

Freie Aussprache: Die Jugendlichen sprechen sich frei aus über ihre Eindrücke, ihr Betroffen- und Ergriffensein, über die Lebenssituation, Gefühls- und Gedankenwelt des gleichaltrigen Autors.

Im gelenkten Unterrichtsgespräch könnte die Strukturskizze enthüllt bzw. erarbeitet werden, um die Schreibintention des Autors deutlich zu machen:

„Ich male den Frieden“: Sehnsucht nach Frieden!

3. Produktionsphase

Überleitung und Impuls: Die Jugendlichen greifen diesen Appell auf und planen – anstelle des gezeichneten

4 Alfred C. Baumgärtner: Märchen und Sage. In: Literarische Erziehung, hrsg. v. E. Jungmann. Frankfurt a. M. 1968, S. 12.

Farbkastens – eine eigene, aussagekräftigere Illustration des Gedichtes.
Interpretation durch Visualisierung: Motiviert durch den Bildimpuls „Farbkasten“ und den Wortimpuls „... und malte den Frieden“ (Strophe 4 und Strukturskizze) versuchen die Jugendlichen eine erste Interpretation durch (siehe S. 67 Nr. 6 und 7):

- Illustrierungen,
- Bildcollagen,
- Text-Foto-Montagen.

4. Abschlussphase

Die Schülerprodukte werden auf einer Ausstellungswand angebracht, ohne Kommentar still betrachtet, damit der Eindruck nicht „zerredet“ wird.
Den Abschluss bildet ein Schülervortrag des Friedensgedichtes: Strophe 1: Talli, Strophe 2: Junge, Strophe 3: Mädchen, Strophe 4: Talli und alle (bei evtl. Wiederholung und Hintergrundmusik).

3.2 Zweite Einheit: Durchdringung

Die geistige Durchdringung des Textes nach Inhalt und Form ist kein Selbstzweck, sondern steht im Dienste der späteren Eigenproduktion von Parallelgedichten.

1. Initialphase

Sie wird gestaltet durch die Bekanntgabe aktueller Nachrichten aus dem Krisengebiet und dem stillen Betrachten unserer Ausstellungswand.

2. Rezeptionsphase

Einige Schülerinnen und Schüler tragen (mit oder ohne Textblatt) die Hausaufgabe vor: Lese- und Vortragsübungen (auch evtl. Auswendiglernen) des Friedensgedichtes.

3. Reflexionsphase

In Allein- oder Partnerarbeit zur Inhaltserschließung:

1. „Schreibe in zwei Spalten die Farben des Krieges und die Farben des Friedens heraus!“
2. „Überlege und notiere die Schreibabsicht (Intention) des lyrischen Ichs – und deine eigene!“

Erwartetes Ergebnis (evtl. TA):

Farben des Krieges	Farben des Friedens
Rot für Blut	Orange für Freude
Schwarz für Leid	Grün für Baum
Weiß für Tote	Blau für Himmel
Gelb für Sand	Rosa für Ruhe, Traum

Im gelenkten Unterrichtsgespräch, unterstützt durch Erlesen und Ersprechen relevanter Textstellen, zur Formbetrachtung:

Erwartetes Ergebnis (evtl. TA):

Aufbau	Reim	Rhythmus
Strophe 1	Kreuzreim ab ab	vier- bzw. dreihebiger Jambus (Senkung – Hebung: ◡ —’)
Strophe 2	Reimpaar aa aa	vierhebiger Daktylus (mit Auftakt): —’ ◡◡
Strophe 3	Kreuzreim ab ab	vierhebiger Daktylus (mit Auftakt und ohne Senkung bei Vers b)
Strophe 4	reimlos	Prosasatz, jambisch
gedankenlyrisch – politisch – Friedensgedicht		

4. Abschlussphase

Zusammenfassung der Textanalyse und Abschluss der zweiten Einheit können entweder durch die Übernahme (Eintrag ins Literaturheft) der obigen Tafelanschriften oder auch durch das Ausfüllen der Kopiervorlage „Textanalyse“ (S. 15) erfolgen.

3.3 Dritte Einheit: Ausdruck

Ihre Gefühls-, Gedanken- und Vorstellungswelt in Bezug auf „Frieden“ drücken die Jugendlichen nun vor allem durch ihre malerische und literarische Eigenproduktion aus.
Die Clusterbildung ermöglicht die emotionale, kognitive und literarische Aufbereitung des Themas „Frieden“ (Seite 14).
Das Parallelgedicht ist die gebundene Form des Ausdrucks der Friedenssehnsucht und des Friedenswillen. Hilfreich und motivierend zugleich ist hierfür das Beispiel „Farben für Krieg und Frieden“ der 11-jährigen Christiane. Siehe Kopiervorlage, die von allen bearbeitet werden könnte.
Das Prosagedicht ist für weniger „poetisch“ Begabte als reimlose und freirhythmische Fassung eines Friedensgedichtes gut geeignet.
Das Kurzgedicht eignet sich ebenso, wie Schulversuche gezeigt haben, gut für eine literarische Eigenproduktion, sei es als Haiku, Tanka, Rondel, Rondelet oder Akrostichon und Elfchen.

4. Zur Weiterführung

- Präsentation der Eigenproduktionen,
- Gedichtvergleich zwischen Original und Parallelgedicht anhand eines Arbeitsblattes (siehe Kopiervorlage S. 16),
- Verfeinern, Drucken, Illustrieren der Eigengedichte (für Ausstellung, Buchgestaltung),
- Friedensplakate entwerfen,
- Analogien zu „Krieg und Frieden“ in Wort und Bild gestalten: Ich male mit Farben: „Hass und Liebe“, „Drogen und Gesundheit“, „Armut und Reichtum“, „Gewalt und Gewaltlosigkeit (an unserer Schule)“, „Alt und Jung“,
- Projektplanung: „Aktive Friedenserziehung“ in Schule und Öffentlichkeit, z. B. „Frieden im Klassenzimmer“, „Frieden auf dem Schulhof“, „Frieden in Familien und Gemeinde“.

Talli (13 Jahre)

Farben des Friedens

Mein Farbenkasten war gefüllt,
glänzend, leuchtend, mild,
mein Farbenkasten war gefüllt –
mit vielen Farben, sanft und wild.

Ich hatte kein Rot für das Blut von Verletzten,
kein Schwarz für das Leid von Verwaisten, Gehetzten,
kein Weiß für Gesichter von Toten, Entsetzten,
kein Gelb für den Sand, den die Kugeln zerfetzten.

Ich hatte Orange für Freudengetümmel,
ich hatte nur Grün für den blühenden Baum,
ich hatte mein Blau für unendliche Himmel,
ich hatte nur Rosa für Ruhe und Traum.

Ich saß
und malte
Frieden.

Talli Schurk schrieb dieses Gedicht für den Frieden als 13-jähriger Schüler Mitte der 1970er-Jahre. Damals wohnte er in Israel, und zwar in der Stadt Be'er Sheva (Beersheba), die südwestlich von Jerusalem liegt.
Immer wieder erlebte er die kriegerischen Auseinandersetzungen zwischen den arabischen Nachbarstaaten und seinem Staat Israel, Auge in Auge mit dem Tod. Auch heute, nach über 30 Jahren, herrscht noch immer kein Friede.
Dieses Gedicht ist Ausdruck der Friedenssehnsucht aller Menschen, die in politisch unruhigen Ländern leben müssen.

Christiane (11 Jahre)

Farben für Krieg und Frieden

Mein Farbkasten war gefüllt mit Farben:
glänzend, leuchtend, mild.
Mein Farbkasten war gefüllt mit Farben:
sanft und wild.
Ich hatte kein Rot für das Blut der Verletzten,
kein Schwarz für das Leid von Verwaisten, Gehetzten,
kein Weiß für Gesichter von Tod und Entsetzen,
kein Braun für den Sand, den die Kugeln zerfetzten.
Ich hatte nur Gelb für Freudengetümmel,
ich hatte nur Grün für die blühenden Bäume,
ich hatte nur Blau für den Himmel,
und Rosa für Ruhe und Träume. –
Ich saß und malte den *Frieden*.

Annette
(14 Jahre)

1. *Lies dieses Friedensgedicht von Christiane mehrmals durch und mache dir deine Gedanken darüber!*
2. *Unterstreiche farbig die genannten Farben und deren Bedeutungen!*
3. *Schreibe in zwei Spalten die Farben für den Krieg und die Farben für den Frieden heraus!*
4. *Vergleiche mit dem Original! Entdeckst du Unterschiede?*
5. *Überlege, ob du noch andere Farben für „Krieg und Frieden“ findest!*
6. *Betrachte die Zeichnung von Annette und überlege, welches Bild* **du** *malen würdest!*
7. *Verfasse selbst ein Friedensgedicht (als Parallel-, Prosa- oder Kürzestgedicht) und illustriere es!*

2.4 Problemgedichte

Hilde Domin: „Nicht müde werden“
Katharina (13 Jahre) u. a.: „Nicht müde werden“

1. Zur Sachanalyse

Vorbemerkung: Das literarische Muster für die originären Eigenproduktionen (siehe Text-Kopiervorlage) ist ein Rondelet, das Hilde Domin intentional geschaffen hat und das von den Heranwachsenden formal und inhaltlich adaptiert wird.

Hilde Domin[1] ruft trotz – oder gerade deswegen! – eines schweren Schicksals dazu auf, „nicht müde zu werden“, nicht nachzulassen, nicht aufzuhören an das Wunder zu glauben, ihm zu vertrauen …

Zum Inhalt: Vers 1, identisch mit der Überschrift und deshalb als Wiederholung besonders einprägsam, ist ein Appell an Durchhaltekraft, Stetigkeit und Ausdauer.

Vers 2 deutet mit dem Begriff „Wunder“ alles an, was wundersam, geheimnisvoll, gut und schön, wahr und heilig ist und die Kraftanstrengung lohnt und das Leben lebenswert macht.

Vers 3 gibt die Art und Weise an, wie das Wunderbare angestrebt werden sollte, nämlich leise und behutsam, sanft und lieb, nicht laut und grob oder gar brutal und gehässig.

Vers 4 verstärkt diese Auffassung durch einen Vergleich und Vers 5 beschreibt kurz und bündig die Umsetzung dieser Einstellung, Haltung oder Gesinnung in die Tat: „Kopf, Herz und Hand“ zu öffnen für das Wunder, für das Wunder „Mensch“, „Pflanze“, „Tier“, für das Wunder „Leben“, „Erde“, „Gott“ …

Zur Form: Ihren eindringlichen Appell voller Weisheit und Güte gießt die Dichterin in die Form des Rondelets, eines kleinen Rondels, das bereits auf der S. 11 vorgestellt und in der Tafelanschrift (siehe S. 69) beschrieben wird[2].

Zur Botschaft: Die Dichterin formuliert eine Lebensweisheit, die zu verwirklichen sehr wertvoll ist: „Nicht müde zu werden“, allen Wundern gegenüber offen zu sein, „auf leise, behutsame Weise …“

2. Zur didaktischen Analyse

Form, Inhalt und Gehalt dieses Kürzestgedichtes, das geprägt ist von besonderer Sprachschönheit und Lebensweisheit, spricht die meisten Jugendlichen der Sekundarstufe sehr stark an. Die knappe, präzise Formulierungskunst und der sehr kurze Umfang kommen ihnen sehr entgegen, wie sich in unserem Schulversuch herausstellte. Einige Schüler hatten jedoch ihre Schwierigkeiten mit den Begriffen „Wunder“, „leise“, „behutsam“, „wie einem Vogel“ und „hinhalten“. Sie plädierten angesichts der harten Realität, die von Hass und Neid, von Konkurrenzkampf und Gewalt bestimmt sei, in Schule, Familie, Gesellschaft, im Praktikum und Freundeskreis auch für Begriffe wie z. B. „laut“, „energisch“, „wie mit einer Faust“ und „dagegenhalten“.

Diese skeptisch-realistische Auffassung wurde zunächst stehen gelassen – getreu nach dem didaktischen Motto Ute Andresens[3], wonach kein schnelles, vollständiges und mit dem lyrischen Ich übereinstimmendes Gedichtverständnis angestrebt werden kann und soll.

Gefragt war – wieder einmal – die Motivationskunst der Lehrkraft. So wurde versucht, gerade diese Schülergruppe durch die Beteiligung am Planungsgespräch, an der Gruppenbildung und Methodenwahl und durch die Freiheit in der Auswahl der Kurzgedichte für die Eigenproduktionen – auch mit anderen oder sogar konträren „Botschaften“ – zu motivieren, vielleicht sogar zu begeistern.

Lernziele: Die Jugendlichen sollen

1. eine bedeutende Lyrikerin des 20. Jh. kennenlernen,
2. ihre Botschaft allmählich verstehen und würdigen,
3. die prägnante Form des Kürzestgedichtes, das Rondelet, kennenlernen,
4. durch textadäquate Umgangsformen und literarische Eigenproduktionen die Botschaft des lyrischen Ichs anwenden, vertiefen und variieren,
5. für die Freude an der Sprachschönheit und am eigenen persönlich-kreativen Schreiben sensibilisiert werden.

---

1 Hilde Domin, geb. 27. 7. 1912 in Köln. Abitur in Köln 1929, Kind einer großbürgerlichen Familie, der Vater ein republiktreuer jüdischer Rechtsanwalt, er stirbt 1940 in der Emigration. Hilde Domin studiert in Heidelberg die Rechte und Sozialwissenschaften. Mit ihrem zukünftigen Mann, Erwin Walter Palm, klassischer Archäologe, geht sie nach Rom und Florenz. Das Auslandsstudium wird zur Emigration. Dr. phil. 1935, Dissertation über „Pontanus als Vorläufer von Machiavelli“. Seit 1932 private Sprachlehrerin, mehrfach entgeht sie knapp einer Verhaftung. Nach sechsmonatigem Englandaufenthalt und Abschied von den Eltern geht sie 1940 nach Santo Domingo, ist an der dortigen Universität sechs Jahre lang Lektorin für Deutsch. Erst 1954 verlässt Hilde Domin die Dominikanische Republik und kehrt nach Spanien und Deutschland zurück. Seit 1961 lebt sie in Heidelberg. 1985 ist sie Stipendiatin an der Villa Massimo in Rom, dort entstehen neue Gedichte über das Erlebnis des Ausgesetztseins bis zur „Rückkehr der Schiffe“ (1962). Im Winter-Semester 1987/88 Vorlesungen in Frankfurt/Main zum Thema: „Das Gedicht als Augenblick von Freiheit.“
Sie, Mitglied der Deutschen Akademie für Sprache und Dichtung in Darmstadt, starb am 22. 2. 2006 in Heidelberg.
Mehrfache Trägerin von Literaturpreisen: u. a. Rilke-Preis 1976, Nelly-Sachs-Preis 1983, Friedrich-Hölderlin-Preis 1992.
Werkausgabe: Gesammelte Gedichte. Frankfurt am Main 1991.

2 Quelle: Hilde Domin: Nicht müde werden. Aus: dies. Gesammelte Gedichte. © S. Fischer Verlag GmbH, Frankfurt am Main 1987.

3 Ute Andresen: Versteh mich nicht so schnell – Gedichte lesen mit Kindern. Weinheim 1991.

3. Zur Verlaufsplanung

3.1 Initialphase

Musikmeditation: Sphärenmusik; Wortmeditation: Frauenstimme auf Kassette: Sprechvortrag des Gedichtes; beredtes Schweigen; freie Aussprache …
Überleitung: „In diesem Text von Hilde Domin (TA) – und gleichaltrigen Jugendlichen wollen wir uns vertiefen.“

3.2 Rezeptionsphase

- Austeilen des Gedichtblattes (oder der Textmontage), stilles Lesen der Kurzgedichte,
- Überlegungen für den Hinweis „Raum für eine Collage aus verschiedenem Bildmaterial“,
- lautes Vorlesen durch zwei oder drei Schülerinnen und Schüler,
- Bekanntgeben der Lösungen der Textmontage.

Textmontage

1. *Kannst du aus den Versstreifen eine sinnvolle Reihenfolge herstellen?*
2. *Diskutiert über eure Lösungen und vergleicht diese mit den Originalen!*

Hilde Domin (geb. 1912) **Nicht müde werden**
Nicht müde werden
sondern dem Wunder
leise
die Hand hinhalten
wie einem Vogel

Michael (13 Jahre) **Nicht müde werden**
die Hand hinhalten
Nicht müde werden,
wie einem Freund
sondern dem Mitschüler
gewaltfrei

3.3 Reflexionsphae

1. Teilziel: freie Aussprache
Die Jugendlichen äußern sich spontan und frei über Inhalte und Formen, Eindrücke, Wirkungen und Vergleiche …

2. Teilziel: Planungsgespräch
Die Klasse diskutiert Ziele und Wege des weiteren Textumgangs und entscheidet sich anhand der Übersicht „Hinweise für die Freiarbeit …“ (siehe S. 9) für bestimmte Gruppenarbeiten, die in besonderer Weise textadäquat sind.

3. Teilziel: Gruppenarbeiten
1. Die Sprecher-Gruppe bereitet einen angemessenen Gedichtvortrag (mit Musikuntermalung) vor (Interpretation durch Sprechgestaltung).
2. Die Spieler-Gruppe übt eine Pantomine (mit zwei Sprechern) ein (Interpretation durch Inszenierung).
3. Die Zeichner-Gruppe illustriert Schlüsselstellen bzw. die Gesamtaussage der Gedichte (Interpretation durch Visualisierung).
4. Die „Montage“-Gruppe entwirft eine Collage und/ oder eine Text-Bild-Montage (Interpretation durch Visualisierung).
5. Die Schreiber-Gruppe gestaltet ein Gedicht in Schön- oder Druckschrift, wobei auch die ideogrammatische Schreibweise angewandt wird (Interpretation durch Schriftgestaltung).

4. Teilziel: Ergebnisberichte und Diskussion
Die Gruppen präsentieren selbstständig ihre ersten Ergebnisse, die diskutiert und wohlwollend gewürdigt werden.

5. Tielziel: Erschließung von Inhalt und Form
Im gelenkten Unterrichtsgespräch könnte folgende Tafelanschrift erarbeitet werden:

Tafelanschrift:

Nicht müde werden (Hilde Domin)

Aufbau (Gliederung)	**Inhalte** (Bilder)	**Gefühle** (Aussagen)
Vers 1	„Nicht müde werden“	appellativ
Vers 2	„sondern dem Wunder“	außergewöhnlich
Vers 3	„leise“	behutsam
Vers 4	„wie einem Vogel“	beispielhaft
Vers 5	„die Hand …“	friedfertig

Form:
Versmaß:
Vers 1: Jambus: ∪ — / ∪ — / ∪
Vers 2: Daktylus: — ∪ ∪ Trochäus: — ∪
Vers 3: Mitte: Trochäus: — ∪
Vers 4: Daktylus: — ∪ ∪ Trochäus: — ∪
Vers 5: Jambus: ∪ — / ∪ — / ∪
Reimbildung: keine Reime, reimlos
Stil: Verbalstil und Nominalstil
Schlüsselwörter: „nicht müde“, „Wunder“, „leise“, „Hand hinhalten“ …
Gedichtart: gedankenlyrisches Kürzestgedicht: Rondelet
Botschaft: „Werdet nicht müde, dem Wunder zu begegnen!“
„Tut dies leise, behutsam, offen!“

Wirkung auf mich: Meine Meinung:

____

____

____

3.4 Produktionsphase

Da zur literarischen Gestaltung nicht nur die „Dichter"-Gruppe, sondern alle Schülerinnen und Schüler motiviert und befähigt werden sollen, wird die Produktionsphase gemeinsam begonnen:

1. Teilziel: Vorbereitung durch Formbetrachtung
Wie in der Sachanalyse und in der Tafelanschrift bereits beschrieben, hat das Rondelet i. G. zum Prosagedicht, das beliebig nachgestaltet werden kann, eine strenge Form:

Vers 1: jambisch: 2 Hebungen (+ 1 starke Endung)
Vers 2: daktylisch und trochäisch: je 1 Hebung
Vers 3: trochäisch: 1 Hebung (Achse)
Vers 4: daktylisch und trochäisch: je 1 Hebung
Vers 5: jambisch: 2 Hebungen (+ 1 starke Endung)

Diese Wiederholung wird erweitert durch den Hinweis, dass es zwei Varianten dieses Kürzestgedichtes geben kann:

1. Variante: die gereimte Form (Paar- oder Kreuzreime):

Vers 1: a	Vers 1: a	Vers 1: a
Vers 2: a	Vers 2: b	Vers 2: b
Vers 3: frei	Vers 3: frei	Vers 3: frei
Vers 4: b	Vers 4: a	Vers 4: b
Vers 5: b	Vers 5: b	Vers 5: a

2. Variante: die frei-metrische und frei-rhythmische Form:
Hier berücksichtigt die Autorin oder der Autor kein strenges Versmaß, keine regelmäßigen Rhythmuswechsel, keine feste Zahl der Hebungen, sie oder er schreibt frei – bis hin zum Prosastil.
Gleich bleibende Formkriterien sind jedoch die Anzahl der Verse („Fünfzeiler") und der Mittelvers, um den sich je ein Verspaar dreht.
Nach anfänglichen Gestaltungsversuchen mit reimlosen und frei-metrischen und -rhythmischen Kurzgedichten sind vielleicht einige Jugendliche später in der Lage, ihre Gedanken und Gefühle in eine strenge Form mit Reim und Rhythmus fließen zu lassen.

2. Teilziel: Vorbereitung durch Ersatzproben
Das Gedicht von Hilde Domin erscheint großformatig auf Folie bzw. Tafel (oder auf dem PC-Bildschirm), die Schlüsselwörter werden umrahmt und durch (sinnesverwandte) Begriffe ersetzt.

Beispiele:

Objekt (1):

Wunder | Geheimnis | Frieden | Mitschüler | Mitschülerin | Freude | Lehrer | Lehrerin | Ausländer | Gewalt | Drogen | Liebe | ______

Adverb:

leise | behutsam | gewaltfrei | friedlich | gerne | freundlich | tolerant | höflich | liebevoll | ______ | ______

Vergleiche:

Vogel | Taube | Freund | Freundin | Nachbarn | Nachbarin | Mitmenschen | Gotteskind | ______

Objekt (2):

Hand | Ohr | Auge | Wange | Herz | Mitgefühl | ______

Zur Erweiterung der Erlebnisfelder:

Verb:

hinhalten | hingeben | darreichen | schenken | ______ | ______

Appell:

nicht müde | nicht träge | nicht nachlassen | nicht aufgeben | nicht traurig | ______

3. Teilziel: Durchführung der Eigenproduktion
In Alleinarbeit führt jede Schülerin und jeder Schüler zunächst eine (oder zwei) Ersatzprobe (Ersatzproben) aus und gestaltet dann im kreativen Schreiben ein eigenes Rondelet, das aus und für das persönliche Leben einen Vorsatz oder einen Appell mitteilt.

4. Teilziel: Präsentation und Diskussion mit wohlwollender Würdigung.
Die auf dem Textblatt abgedruckten Schülerbeispiele können sicherlich als Belege für eine gelungene Eigenproduktion gewertet werden.
Einige Schülerbeispiele[4] (siehe S. 71).

4 Alle Eigenproduktionen stammen aus Schulversuchen, die Harald Büttner und Harald Watzke durchführten.

4. Zur Weiterführung

- Eintrag der Kurzbiografie „Hilde Domin",
- Ausfeilen der Ergebnisse der Textumgangsarten (der sprecherischen, bildlichen, schreibtechnischen und literarischen Gestaltung),
- Versuche mit anderen Formen von Kurzgedichten,
- Herstellen eines Gedichtbändchens mit den Eigenproduktionen unter dem Motto „Motiv Abend" und/oder „Das Symbol der Rose" als Freiarbeit in der Schulwerkstatt (Kunstschriften, -drucke, verschiedenes Bildmaterial: Zeichnungen, Fotos, Prospektausschnitte, Scheren-, Holz-, Linolschnitte, farbig, schwarzweiß usw.),
- Lektüre zur Vertiefung (Motiv: „Rose"):
  „Mit leichtem Gepäck" (Gedicht von Hilde Domin),
  „Der kleine Prinz" (von Antoine des Saint-Exupéry).

Schülerbeispiele

Nicht müde werden,
sondern der Gewalt
friedlich
wie einem Falken
die Hand hinhalten.
Theresa

Nicht müde werden
zu protestieren,
energisch,
wenn unsere Erde
weiter verseucht wird.
Rüdiger

Nicht müde werden,
sondern für Europa
energisch
wie den Stürmen
Kopf, Herz und Hand hinhalten.
Florian

Nicht traurig bleiben,
sondern helfen,
gerne,
wenn in Afrika
die Kinder Hunger leiden.
Karina

Nicht hinwegschauen,
sondern helfen,
mutig,
wenn böse Menschen
andere verhauen.
Paul

Nicht hilflos schweigen,
sondern protestieren,
laut und lauter,
wenn die Lebensmittel
sich als vergiftet zeigen.
Lara

Mein Rondelet:

____

____

____

____

____

Name: ________________________

Hilde Domin (1912–2006)

Raum für eine Collage
aus verschiedenem Bildmaterial:

Nicht müde werden

Nicht müde werden
sondern dem Wunder
leise
wie einem Vogel
die Hand hinhalten

Katharina (13 Jahre)

Nicht müde werden

Nicht müde werden,
sondern dem Frieden
behutsam
wie einer Taube
die Hand hinhalten.

Michael (13 Jahre)

Nicht müde werden

Nicht müde werden,
sondern dem Mitschüler
gewaltfrei
wie einem Freund
die Hand hinhalten.

Mein Kurzgedicht (Rondelet):

____

____

____

____

____

Name: ______________________

Tafelbild:

„Nicht müde werden“ von Hilde Domin

Wunder, Liebe,
Frieden, Gesundheit,
Mut, Anerkennung, ...

erhoffen

erhalten

Kranker, Verliebter,
Schwacher, Geschlagener,
...

beruhigt, geheilt, mutig,
stark, liebend, zufrieden,
...

Mit der Erfüllung schließt sich der Kreis
und beginnt gleichzeitig von vorne:
Nicht müde werden, das Nächste zu erhoffen!

„Nicht müde werden“

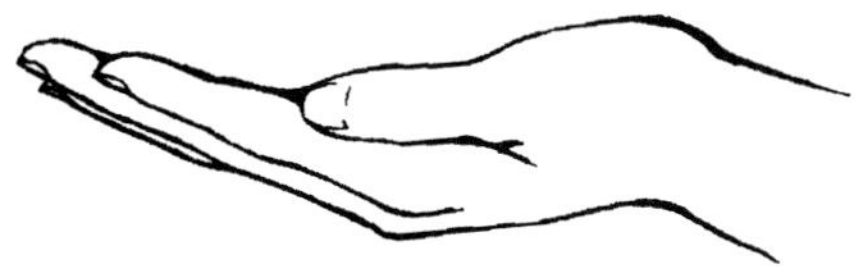

In der Pupille spiegelt sich wider, was du erhoffst:

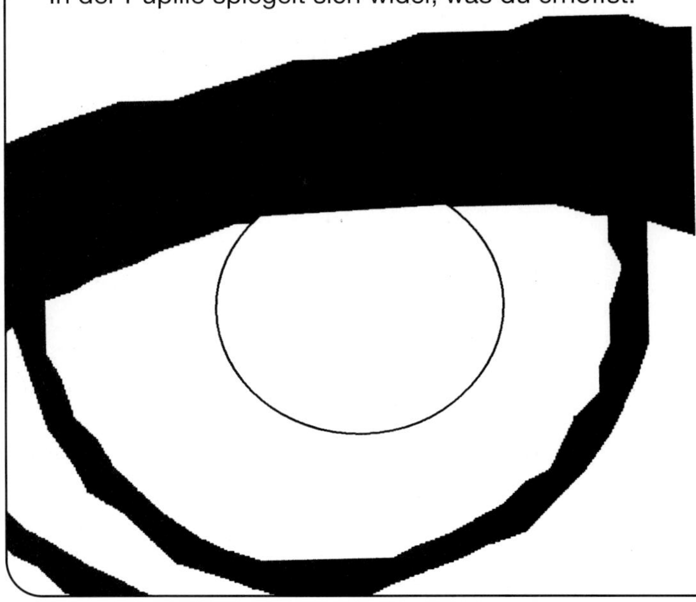

Bettina (14 Jahre): „Lebensfreude“
Gil (15 Jahre): „Lied für einen schlechten Tag“
Petra (14 Jahre): „Traum und Wahrheit“
Heiko (14 Jahre): „Lied für einen guten Tag“

1. Zur Sachanalyse

Die 14-jährige Schülerin **Bettina Sander**[1] empfindet in ihrem Text, einem originären Jugendgedicht in Prosaform, eine starke Lebensfreude als ihr bestimmendes und prägendes Lebensgefühl.
Der 15-jährige Gil[2] hingegen ist erfüllt von tiefster Traurigkeit in seiner sozialen und seelischen Notlage im Großstadtdschungel South Bronx in New York, er ist zugleich aber auch beseelt von starker Hoffnung, irgendwann einmal einen echten Freund zu finden, mit dem er reden kann, der ihm hilft, „etwas aus seinem Leben zu machen“.
Zum Inhalt: Bettina freut sich über das sprießende Grün, die wärmenden Sonnenstrahlen, den sich sonnenden Igel und ist glücklich darüber, dass ihr Leben „nicht nur aus Sorgen und Leid besteht“, sondern auch aus Freuden und Glück.
Im 1. Teil (Verse 1 bis 3) schildert sie die Natur, im 2. Teil (Vers 4) ihren eigenen Seelenzustand, im 3. Teil (Verse 5 und 6) betrachtet sie das Leben an sich, das beides beinhaltet: Sorgen *und* Freuden, Leid *und* Glück.
Zur Form: Der Sechszeiler lebt von einer heiterfröhlichen Grundstimmung. Diese wird zum Klingen gebracht durch die Daktylen (Vers 4: „Dann bin ich glücklich und froh“: — ◡◡/— ◡◡/—), die nur gelegentlich von Trochäen (Vers 2: „Wenn die Sonne ...“: — ◡/— ◡) unterbrochen werden, wodurch ein unregelmäßiger Rhythmus entsteht. Auch die Reimbildung (Kreuzreim Verse 1 und 3 mit unreinem Reim „kommt“ /„sonnt“, Klammerbildung Vers 2 und 5 mit freischwebendem Reim „erwärmt“/„Besteht“, Kreuzreim Verse 4 und 5 mit „froh“/„so“) ist nicht streng durchgehalten.
Diese formalen Unregelmäßigkeiten beeinträchtigen nicht (oder nur kaum) den beschwingten Rhythmus, der aus der Lebensfreude fließt. Der statuarische Nominalstil mit bildträchtigen Nomina (das „Nichts“, „ein Zipfel Grün“, „Sonne mit ihren Strahlen“, „Boden“, „Igel“, „im Lichte“, „das Leben“, „Sorgen und Leid“, „das Leben“) überwiegt auch nicht den aktionalen Verbalstil („hervorkommt“, „erwärmt“, „herausgräbt“, „sich sonnt“, „besteht“ und das Hilfszeitwort „sein“). Die zwei wichtigsten Schlüsselwörter heißen „glücklich“ und „froh“ (Vers 4), sie tragen die Botschaft des lyrischen Ichs.
Zur Botschaft: Ist es das Vorrecht der Jugend, daran zu glauben, dass das Leben „nicht nur aus Sorgen und Leid“, sondern auch aus Freuden und Glück besteht? Nein! Die programmatische Lebensmaxime „Denkt positiv! Bejaht das Leben! Seid – trotz allem – glücklich und froh!“ gilt für alle Menschen, für Jung und Alt! So lautet die weise Botschaft der sehr jungen Autorin!
Diese ihre bejahende Lebenseinstellung, die durchaus realistisch bleibt; denn sie erfreut sich an den sogenannten kleinen Dingen und sie sieht auch die Einschränkungen (Vers 5: „nicht nur“) bewirkt ihr positives Denken und ihre Lebensfreude.

2. Zur didaktischen Analyse

In Schulversuchen hat sich gezeigt, dass sowohl die gleichaltrige Autorin als auch ihre Botschaft des positiven Denkens und der Lebensfreude den Jugendlichen sehr sympathisch ist. Daraus erwächst für sie eine starke Motivation, mit dem Kurzgedicht intensiv umzugehen und selbst eine literarische Kleinform zu verfassen, um die eigene Lebensfreude auszudrücken.
Methodisch ist es deshalb ratsam, die Schülerinnen und Schüler (zwei oder drei) Textumgangsformen und Kurzgedichtarten frei wählen und selbstständig ausführen zu lassen. Die Übersichten auf S. 9 („Hinweise zur Freiarbeit ...“) und auf S. 18 („Eigenproduktionen von Kurzgedichten“) können dafür hilfreich sein.
Das Stundenbild „Lebensfreude“ steht über Texterschließung und Textproduktion hinaus im Dienste der Verwirklichung des pädagogischen Prinzips zur Ermutigung, das Leben zu wagen und zu meistern.

Lernziele: Die Jugendlichen sollen

1. eine gleichaltrige Schülerin als Autorin kennen- und schätzen lernen,
2. sich in das Kurzgedicht mit zwei oder drei Textumgangsformen vertiefen,
3. den „Sonnenschein“ als Symbol für die Lebensfreude erkennen und verstehen,
4. das Gleichgewicht des Verbal- und Nominalstils des natur- und gedankenlyrischen Kurzgedichtes feststellen (und später anwenden) können,
5. die Grundstimmung des lyrischen Ichs nachempfinden und eigene Gefühle und Meinungen in lyrischen Kleinstformen zum Ausdruck bringen,
6. sich für das positive Denken, für eine lebensbejahende Einstellung, für die Lebensfreude begeistern lassen.

---

1 Bettina Sander: „Lebensfreude“. Aus: Glück. Gedichte, hrsg. von Klaus Urban. Stuttgart/Bonn/Burg 1985. © Bettina Sander. Die Autorin war zum Zeitpunkt der Veröffentlichung erst 14 Jahre alt.

2 Gil C. Alicea: „Lied für einen schlechten Tag“. Aus: Gil C. Alicea und Carmine DeSena: The air down here. Eine wahre Geschichte aus der South Bronx, New York. Würzburg 1996 (Arena-Tb. Band 2583. Deutscher Jugendliteraturpreis. Empfehlung als Klassenlektüre!)
Anmerkung: Der Umgang mit diesem Problemgedicht, einem ebenfalls originären Jugendgedicht, ist in einer zweiten Einheit als Weiterführung (Textvergleich und Eigenproduktion) vorgesehen.

3. Zur Verlaufsplanung

3.1 Initialphase

Stummer Wortimpuls: „Lebensfreude" (Tafel, Folie, TLP oder Computerbildschirm), Brainstorming oder evtl. Clusterbildung („Lebensfreude" in Kopiervorlage auf S. 14 eintragen). Gegenständlicher Impuls: „Briefchen mit Versstreifen" (Kopiervorlage S. 79):

Bettina (14 Jahre)
Lebensfreude
Wenn aus dem Nichts plötzlich ein Zipfel Grün hervorkommt
Nein, das Leben ist nicht immer so!
dann bin ich glücklich und froh,
wenn sich ein Igel herausgräbt und sich im Lichte sonnt,
dass das Leben nicht nur aus Sorgen und Leid besteht.
wenn die Sonne mit ihren Strahlen den Boden erwärmt
1. Kannst du aus diesen Versstreifen eine sinnvolle Reihenfolge herstellen? *2. Diskutiert eure Lösungen und vergleicht diese mit dem Original!*

3.2 Rezeptionsphase

Sie erfolgt durch die Reproduktion des Gedichtes aus acht Versstreifen, die entweder in einem Briefumschlag (als Papier- oder Folienstreifen), auf einer Kopiervorlage (zum Ausschneiden und Aufkleben) oder in einem Computertext (zur Textmontage) ausgegeben werden. Die Präsentation der verschiedenen Lösungen – mit Vortrag, Begründung und Diskussion – leitet über zu einer ersten Reflexionsphase, in welcher durch den Vergleich mit der Originalfassung deren formale und inhaltliche Merkmale vorerst nur angedeutet werden.

3.3 Handlungs- und Produktionsphase

1. Teilziel: Textumgangsarten
Die Schülerinnen und Schüler wählen eine Textumgangsart und führen sie aus (Nr. 1–8). Voraussetzung ist die Besprechung der Übersicht (S. 11 f.)

2. Teilziel: Eigenproduktion
Aufbauend auf bisherige Erfahrungen und anhand der Übersicht (S. 18) wählen die Schülerinnen und Schüler eine Form aus und versuchen eine Eigengestaltung.

3.4 Reflexionsphase

1. Teilziel: Freie Aussprache über die akustisch und optisch vorzustellenden Gruppen- und Produktionsergebnisse.

2. Teilziel: Vergleich mit dem Original im gelenkten Unterrichtsgespräch unter dem Motto: „Jede Lösung ist richtig!"

3. Teilziel: Erschließung des Originals
Nach lautem Vortrag durch mehrere Schülerinnen und Schüler und nach erfolgter Stillarbeit („Markiert im Text verschiedenfarbig die Haupt- und Tunwörter und die wichtigsten Schlüsselwörter!") werden gemeinsam Aufbau, Inhalt, Gefühle, Form und Botschaft erarbeitet. Dabei könnte folgende Anschrift entstehen:

Lebensfreude
(Bettina, 14 Jahre)

Aufbau	**Inhalte**	**Gefühle**
(Gliederung)	(Bilder)	(Aussagen)
Verse 1–3:	ein Zipfel Grün	Überraschung
(die Natur)	Sonne	Wärme
	Igel	Licht
Vers 4:	Ich bin glücklich	Freude
(die Seele)	und froh	Glücklichsein
Verse 5–6:	Sorgen und Leid	Trauer
(das Leben)	und	
	Freuden und	Lebensfreude
	Glück	

Form:
Versmaß: Daktylus (— ∪∪)Trochäus (— ∪)
Reimbildung: zwei Kreuzreime (nicht streng)
Stil: Nominalstil und Verbalstil
Schlüsselwörter: „Grün", „Sonne", „Licht", „glücklich", „froh", „Sorgen" „Leid", „Leben", „Leben"
Gedichtart: natur- und gedankenlyrisches Ich-Gedicht

Botschaft: Das Leben bringt zwar Sorgen und Leid, aber auch Freuden und Glück. Denkt positiv! Bejaht das Leben!

Grundstimmung: Lebensfreude!

Wirkung auf mich:

____

____

____

____

3.5 Präsentationsphase

Schlussvorträge des Originals, einiger besonders gut gelungener Textmontagen und Eigenproduktionen und abschließend der überzeugenden Botschaft Bettinas, die Vorbildcharakter haben kann.

4. Zur Weiterführung

- Fortführung der Gruppenarbeiten,
- Anschluss einer zweiten Einheit:
  Vergleich mit dem Problemgedicht von Gil (15 Jahre), „Lied für einen schlechten Tag", dem Friedensgedicht von Petra (14 Jahre): „Traum und Wahrheit"[3] und dem Gegengedicht von Heiko (14 Jahre): „Lied für einen guten Tag".

4.1 Analog zum Aufbau und methodischem Verfahren des vorausgegangenen Stundenbildes befassen sich die

3 Petra (14): „Traum und Wahrheit". Aus: Franz-Josef Payrhuber: Gedichte im Unterricht – einmal anders. München [4]1999, S.150.

Jugendlichen mit diesem ergreifenden Problemgedicht. Wünschenswert ist die vorbereitende Klassenlektüre des preisgekrönten Jugendbuches „The air down here", durch welche der soziale Hintergrund und die seelische Notlage des gleichaltrigen Autobiographen aufgehellt werden.

In einer partnerschaftlichen Textanalyse entdecken die Schülerinnen und Schüler, dass im Gedichttext

a) nur zwei Nomina („Platz", „Freund"),

b) sieben Verben („finden", „reden", „wünschen", „fliegen", „verstehen", „durchmachen", „reden") und vier Hilfsverben (viermal „ich bin", einmal „ich möchte", einmal „könnte ich", „ich muss"),

c) drei Adjektive (sechsmal „traurig"; „allein", „echt")

vorkommen. Diese Wortwahl lässt auf einen Verbal- und Adjektivstil schließen, die einen Bewegungs- und Gefühlszustand treffend beschreiben,

Diese sprachliche Analyse und das Nachempfinden der traurigen, ja verzweifelten Grundstimmung versetzen die Jugendlichen in die Lage, im Sinne eines Gegengedichtes, wie es Heiko (14 Jahre) während eines Schulversuches aufgeschrieben hat, eine frohgemute Lebenserfahrung und -erwartung auszudrücken.

Im zusammenfassenden Unterrichtsgespräch könnte folgende Anschrift festgehalten werden:

Lied für einen schlechten Tag
(Gil, 15)

Aufbau (Gliederung)	**Inhalte** (Bilder)	**Gefühle** (Aussagen)
Vers 1.	Ich bin …	so traurig
Vers 2:	Platz finden?	Frage, Zweifel
Vers 3:	Ich bin …	so traurig
Vers 4:	Ich möchte reden	Wunsch
Vers 5:	Ich bin allein	Einsamkeit
Vers 6:	… fliegen	Flucht, Hilfe
Vers 7:	… echten Freund	Sehnsucht
Vers 8:	der versteht	Verständnis
Vers 9:	ich reden kann	Freundschaft
Vers 10:	Ich bin …	Traurigkeit

Form:
Versmaß: freirhythmisch, prosaisch
Reimbildung: keine, reimlos
(Klammerreim Vers 2/10: „traurig")
Stil: Verbal- und Adjektivstil
Schlüsselwörter: „traurig", „irgendwann", möchte", „reden", allein", „wünschen", „irgendwann","Freund", usw.

Gedichtart: gedankenlyrisches Problemgedicht, „Klagelied"

Botschaft: Es geht mir schlecht! Ich bin allein.
Ich brauche Hilfe, einen Freund …

Grundstimmung: Traurigkeit! Hoffnung!

Wirkung auf mich:

____

____

____

4.2 Beide Gefühle, Bettinas Lebensfreude und Gils grenzenlose Traurigkeit, empfindet Petra: Sie sieht im „Traum" die Welt voller Blumen, Licht, Lachen und „ewigem Frieden", in der Wirklichkeit erkennt sie die „Wahrheit": Die Weit „ist grau und leer", „dunkel und voller Kriege". Der Bruch zwischen geträumtem Frieden und erlebtem Krieg wird zusätzlich ausgedrückt durch den Zeitensprung vom Imperfekt in die Gegenwart zwischen den Versen 8 und 9.

Im freien Interpretationsgespräch könnten auch Pläne für ein aktives Friedensbekenntnis geschmiedet werden: Friedensplakate, Friedensleine (bestehend aus beschriebenen DIN A4-Blättern), Plakatsäule, Friedenskette, Friedensdemo, Friedensfeier (mit Gedichten, Liedern, Gebeten, Tänzen) u. a. m.

Mögliche Tafelanschrift:

Traum und Wahrheit
(Petra, 14)

Aufbau (Gliederung)	**Inhalte** (Bilder)	**Gefühle** (Aussagen)
Vers 1–6:	Traum: Friede	Lachen
	Blumen, Licht	Freude
	Menschen	Glück
	Frieden	
Vers 7–8:	erwachen	Schreck
Vers 9–10:	Wahrheit:	Angst
	Krieg	Traurigkeit

Form:
Versmaß: jambisch-daktylisch wechselnd
Reimbildung: reimlos
Stil: Verbal-, Adjektiv- und Kontraststil
Schlüsselwörter: „träumte" – "erwachte"
„licht" – „grau", „dunkel"
„voll" – „leer"
„Frieden" – „Krieg"

Gedichtart: gedankenlyrisches Prosagedicht
Friedensgedicht

Botschaft: Der Frieden ist ein Traum, der Krieg ist die Wirklichkeit.

Grundstimmung: Freude und Trauer

Wirkung auf mich:

____

____

____

4.3 Die literarische Eigenproduktion sollte vorbereitet werden durch

a) den Vergleich der drei Texte anhand der Kopiervorlage „Gedichtvergleich" (S. 16) oder mittels der Tafelanschriften,

b) das Sammeln und Einbringen persönlicher Gedanken, Gefühle („wie ich mich zur Zeit fühle"; „wie ich mich fühlen möchte", „was ich über Krieg und Frieden denke, fühle"), Erfahrungen und Wünsche,

c) Clusterbildungen (Kopiervorlage S. 14) zu den Themen „Meine Lebensfreude", „Meine Traurigkeit", „Krieg und Frieden" „Meine Hoffnungen" oder „Meine Wünsche",
d) die Entscheidung, ob ein Parallel- oder Gegengedicht (z. B. „Lied auf einen guten Tag") und welche Art eines Kurzgedichtes oder Friedensgedichtes verfasst werden sollte.

4.4 Die Analyse des Gegengedichtes „Lied für einen guten Tag" sollten die Jugendlichen analog selbstständig vornehmen, um dann ihr Eigengedicht entsprechend ihrer erlebten oder erwünschten Gemütslage zu verfassen.

Lied für einen guten Tag (Heiko, 14 Jahre)

Aufbau (Gliederung)	**Inhalte** (Bilder)	**Gefühle** (Aussagen)
Vers 1:	Ich bin …	so froh
Vers 2:	Platz gefunden	Bestätigung
Vers 3:	Ich bin …	so froh
Vers 4:	Ich möchte reden	Wunsch
Vers 5:	Ich bin nicht allein	Freunde
Vers 6:	… fliegen	Hochgefühl
Vers 7:	… echte Freunde	Geborgenheit
Vers 8:	der versteht	Verständnis
Vers 9:	ich reden kann	Freundschaft
Vers 10:	Ich bin so froh	Freude, Glück

Form:
Versmaß: freirhythmisch, prosaisch
Reimbildung: keine, reimlos
(Klammerreim Vers 1/10: „froh")
Stil: Verbal- und Adjektivstil
Schlüsselwörter: „froh", „endlich", „möchte", „reden", „nicht allein", „verstehen", „Freund", usw.

Gedichtart: gedankenlyrisches Problemgedicht, „Jubellied"

Botschaft: Es geht mir gut! Ich bin nicht allein. Ich habe Freunde …

Grundstimmung: Freude, Glück

Wirkung auf mich:

____

____

____

Wir montieren ein Gedicht

Bettina (14 Jahre)

Lebensfreude

Wenn aus dem Nichts plötzlich ein Zipfel Grün hervorkommt,

Nein, das Leben ist nicht immer so!

dann bin ich glücklich und froh,

wenn sich ein Igel herausgräbt und sich im Lichte sonnt,

dass das Leben nicht nur aus Sorgen und Leid besteht.

wenn die Sonne mit ihren Strahlen den Boden erwärmt

1. Kannst du aus diesen Versstreifen eine sinnvolle Reihenfolge herstellen?
2. Diskutiert eure Lösungen und vergleicht diese mit dem Original!
3. Überlegt euch, wann und worüber ihr selbst Lebensfreude empfindet!
4. Sprecht darüber!
5. Wollt ihr nicht versuchen, ein eigenes Kurzgedicht zu schreiben?

Bettina (14 Jahre)

Lebensfreude

Wenn aus dem Nichts plötzlich ein Zipfel Grün hervorkommt,
wenn die Sonne mit ihren Strahlen den Boden erwärmt,
wenn sich ein Igel herausgräbt und sich im Lichte sonnt,
dann bin ich glücklich und froh,
dass das Leben nicht nur aus Sorgen und Leid besteht.
Nein, das Leben ist nicht immer so!

Gil (15 Jahre)

Lied für einen schlechten Tag

Ich bin so traurig.
Werde ich irgendwann mal meinen Platz finden?
Ich bin so traurig, so traurig, so traurig.
Ich möchte so gern mit jemandem reden.
Ich bin so allein. Ich wünsche mir wen her.
Könnte ich doch fliegen!
Irgendwann hab ich dann mal einen echten Freund,
der versteht, was ich durchmachen muss.
Mit dem ich reden kann, denn
ich bin so traurig, so traurig.

Petra (14 Jahre)

Traum und Wahrheit

Ich träumte,
die Welt sei voll Blumen.
Ich träumte,
die Welt sei voll Licht,
voll lachender Menschen und
ewigem Frieden.
Doch als ich erwachte,
sah ich,
die Welt ist grau und leer,
sie ist dunkel und voller Kriege.

Heiko (14 Jahre)

Lied für einen guten Tag

Ich bin so froh.
Endlich habe ich meinen Platz gefunden.
Ich bin so froh, so froh, so froh.
Ich möchte gern mit allen reden.
Ich bin nicht allein. Ich habe Freunde.
Ich könnte fliegen!
Ich habe gute Freunde, echte Freunde,
die mich mögen und verstehen.
Mit denen ich reden kann.
Ich bin so froh, so froh, so froh.

3. Motiv „Abend“

Theodor Storm: „Weihnachtsabend“/„Weihnachtslied“

1. Zur Sachanalyse

In den Weihnachtstagen des Jahres 1852 verfasste **Theodor Storm**[1] in Berlin sein schlichtes, schwermütiges Gedicht **„Weihnachtsabend“**. Wegen Schwierigkeiten mit der dänischen Regierung, die ihm ob seiner prodeutschen Gesinnung misstraute und 1852 die Storm 1843 zugesprochene Zulassung zur Advokatur aufhob, weilte der Dichter im Dezember 1852 in Berlin, um im preußischen Justizministerium seinen beruflichen und privaten Wechsel nach Preußen zu beschleunigen, nachdem Bewerbungen in Gotha und Buxtehude ohne Erfolg geblieben waren. Frau und zwei Söhne hatte Storm für Wochen in Husum zurückgelassen, eine ungewisse Zukunft lag vor ihnen allen. Als er im Herbst 1853 dann mit seiner Familie nach Potsdam (1853–1856) und Heiligenstadt/Eichsfeld (1856–1864) aufbrach, bedeutete dieser Schritt eine mehr als 10-jährige Trennung von seiner geliebten Heimat Schleswig-Holstein.

So ist das vorliegende Gedicht wie die meisten der lyrischen Produktionen Storms Ausdruck leidenschaftlicher Bewegung im Autor. „Sobald ich recht bewegt werde, bedarf ich der gebundenen Form. Daher ging von allem, was an Leidenschaftlichem und Herbem, an Charakter und Humor in mir ist, die Spur meist nur in die Gedichte hinein. In der Prosa ruhte ich mich aus von den Erregungen des Tages, dort suchte ich grüne stille Sommereinsamkeit“[2], schrieb Storm am 2. Dezember 1855 an Eduard Mörike.

Schlicht ist die Form der frühen Lyrik Storms, die er seit 1851 nicht nur in Zeitschriften und Almanachen, sondern in eigenen Buchausgaben veröffentlichte. Sechs Vierzeiler, kreuzweise gereimt, mit durchgehend stumpfen Kadenzen, regelmäßiger Füllung aller Verse mit fünffüßigen Jamben geben unserem Gedicht eine fast strenge Form. Lediglich die von den Hauptsinnträgern „Weihnachten“ (V. 3), „Kauft, lieber Herr!“ (V. 7 + 15), „Feilbietend“ (V. 8) verursachte Schwerebildung (2 betonte Silben stehen nebeneinander) durch gelegentlich auftretende Zäsuren im Versinneren (z. B. V. 3, 7, 9, 15, 17, 24) und Zeilensprünge (Versenjambements) (z. B. V. 3/4, 7/8, 9/10, 23/24) verändern den Textrhythmus, die sprachliche Bewegung innerhalb der Strophen. Die Grundstimmung des Gedichtes ist in keiner Weise weihnachtlich-froh. Vom ersten Vers an erscheint der Autor in lyrischen Ich „sorgenvoll“, er denkt in der fremden Großstadt (Berlin, s.o.) an Frau und Kinder in der Ferne (Husum), auch die Verse 3 und 4 können mit „Kinderjubel“ und „des Markts Gebraus“ nur eine schnell wieder überschattete fröhlichere Teilstimmung schaffen. Die Strophen 2 bis 6 verdichten durch ihre Darstellung des Geschehens um das nicht nur von dem einen Passanten unbeachtet bleibende „mühsame“ Stimmchen des „Bettelkindes“ das Düster-Beklemmende von Vers 1 und 2 bis hin zu ganz konkreten Angstgefühlen. Das „heiser Stimmlein“, das „magre Händchen“, das „bleiche Kindergesicht“ erreichen das Herz des vom „Menschenstrom fortgespülten“, „empor schreckenden“ Fremden „im Vorübertreiben“ nicht (Strophe 2, 3, 4). Nach dem wenig überzeugenden Versuch einer Deutung oder des Entschuldigens der eigenen Unansprechbarkeit bzw. Reaktionsträgheit (Strophe 5: „Und ich?“) gewährt die Schlussstrophe den in den Strophen 1–5 vorbereiteten Einblick in die Seele des „endlich“ wieder zu sich kommenden Vaters: Tiefe Betroffenheit ob des eigenen Versagens gegenüber dem fremden Kind führt zu einer existenziellen Angst vor der Möglichkeit des Versagens der Liebesfähigkeit gegenüber dem Not leidenden Nächsten, der wie das fremde zugleich das eigene nach Brot schreiende Kind sein kann, das von dem verlassen worden ist, der sein natürlicher Ernährer, Beschützer sein sollte (s. o.: biografische Notiz zu Storm im Dezember 1852). Die Analyse zeigt, dass es sich in vorliegendem Text im Grunde nicht um ein Weihnachtsgedicht handelt, sondern um die Darstellung einer menschlichen Konfliktsituation, die dadurch noch an Tiefe gewinnt, dass das sein eigenes Versagen bekennende lyrische Ich gerade am Abend der Christgeburt gegenüber einem bittere Not leidenden Kinde taub bleibt.[3]

2. Zur didaktischen Analyse

1. Lernziel: Zunächst werden die Schülerinnen und Schüler dazu angeleitet, Aufbau und Geschehen des Gedichtes zu analysieren.

2. Lernziel: Hierbei bietet es sich gerade bei diesem Gedicht an, das Verhältnis von Versmaß und Rhythmus in einem lyrischen Text zu erkennen. Manche Schülerinnen und manche Schüler werden zunächst diese beiden

---

1 Theodor Storm, geb. am 14. 9. 1817 in Husum/Schleswig, gest. am 4. 7. 1888 in Hademarschen/Holstein, Erzähler, Lyriker, bekannt vor allem durch seine Novellen und Gedichte, die in vielen Lesebüchern enthalten sind, Richter in Husum.
Werke u. a.: „Sommer-Geschichten und Lieder“ (Nn.+G 1851), „Gedichte“ (1857), rund 60 Novellen: „Immensee“ (1849), „Aquis submersus“ (1876), „Im Schloß“ (1863), „Pole Poppenspäler“ (1874), „Eekenhof“ (1879), „Bötjer Barsch“ (1886), „Der Schimmelreiter“ (1888).

2 Theodor Storm: Ein rechtes Herz. Sein Leben in Briefen dargestellt von Bruno Loets. Dietrich: Leipzig 1945, S. 170, auch in: Theodor Storm: Briefe (in zwei Bänden), hrsg. von Peter Goldammer. Berlin und Weimar 1972. Band I, S. 294.

3 Textquellen: Theodor Storm: Sämtliche Werke. Neue Ausgabe in drei Bänden. Braunschweig 1918, S. 518 (Weihnachtslied), S. 557/558 (Weihnachtsabend).

Begriffe gleichsetzen wollen, die Verse 3, 7, 8, 15 werden zur Klärung der Frage besonders herangezogen, dazu das Reimschema, der Satzbau etc. (vgl. o.: Zur Sachanalyse).

3. Lernziel: Ausführlich sollte die Aussage des Gedichtes, das Schuldgeständnis des Mannes bzw. Vaters, der für den Hilferuf der Notleidenden nicht mehr erreichbar ist, besprochen werden. Die Heranwachsenden werden sich darum bemühen, vergleichbare Beispiele aus ihrem persönlichen Erlebnisbereich heranzuziehen. Somit kann diese Gedichtbehandlung einen kleinen Beitrag zur Stärkung des Verantwortungsbewusstseins der Jugendlichen leisten.

4. Lernziel: Während der Diskussion ergibt sich evtl. die Möglichkeit, auf die in der Sachanalyse schon erwähnte Verbindung von Text und persönlichem Erleben des Autors einzugehen und so zwanglos das direkte persönliche Betroffensein des Autors als ein Charakteristikum der Lyrik Storms herauszuarbeiten (vgl. Goethe: Dichtungen als Bruchstücke einer großen Konfession)[4].

5. Lernziel: Die Schülerinnen und Schüler setzen ihre theoretischen Erkenntnisse in eine sprecherische Gestaltung des Textes um. In der Diskussion um die Erarbeitung des Vortrages wird von der Lehrkraft besonders auf die produktive, mehr auf Rat und Hilfeleistung denn auf Mängelrüge gerichtete Schüler-Schüler-Interaktion geachtet.

6. Lernziel: In Anbetracht der großen Bedeutung, die Storm selbst seinem lyrischen Schaffen beimisst, lässt es sich vertreten, in einer folgenden Unterrichtsstunde noch ein unbeschwertes, frohes Weihnachtsgedicht des Dichters, sein etwas früher entstandenes „Weihnachtslied“, vorzustellen. Die Schülerinnen und Schüler finden in selbstständiger Gruppenarbeit heraus, welche Unterschiede zwischen beiden Weihnachtsgedichten bestehen im Hinblick auf Form, Geschehen, Grundstimmung, Aussage und Wirkung.

3. Erste Einheit: „Weihnachtsabend“

3.1 Phase der Einführung des Textes

Zielangabe mit Tafelanschrieb (Name des Dichters, Geburts- und Sterbejahr, Titel des Gedichtes), kurze Hinweise auf das Leben, die politischen und beruflichen Probleme des Husumers, evtl. Verweis auf Storms Gedicht „Die Stadt“, falls dieses der Klasse bekannt ist.

3.2 Phase der Begegnung mit dem Text

Die Schülerinnen und Schüler lesen den Text still durch (Arbeitsblatt). Die Lehrkraft sammelt erste spontane Schüler-Äußerungen zum Gedicht. Die Schülerinnen und Schüler lesen das Gedicht nochmals durch, nachdem Aufgaben (evtl. an einzelne Gruppen) gestellt worden sind: inhaltlicher Verlauf, Reimschema, Versfüllung, Satzbau (Verhältnis von Satz und Vers), Grundstimmungen.

3.3 Phase der Textanalyse im Dienste der Sprechgestaltung

Gemeinsame Analyse des Textes von Strophe zu Strophe. Von den Schülerbeiträgen zu den in 3.2 genannten Aufgaben ausgehend, werden durch Lehrerfragen bzw. Arbeitsaufträge die Aussage des Gedichtes, die das Gedicht charakterisierende Stimmung (Grundstimmung, Teilstimmungen), schließlich der dem Text innewohnende Rhythmus besprochen. Hierbei wird der eine oder andere Teil des Textes von mehreren Jugendlichen auch gestaltend gesprochen (Stimmung! Rhythmus!), wobei verschiedene Gestaltungsversuche gegenübergestellt werden.

3.4 Phase der zusammenfassenden Anwendung des Erarbeiteten

Zunächst könnte eine Tafelanschrift erstellt werden. Dann lesen zwei oder drei Schülerinnen und Schüler abschließend das gesamte Weihnachtsgedicht gestaltend vor.

Tafelanschrift:

Weihnachtsabend (Theodor Storm, 1817–1888)

Aufbau	Geschehen	Gefühle
Strophe 1:	Stadtrundgang Kinderjubel Weihnachtsmarkt	fremd nachdenklich sorgenvoll
Strophe 2:	Menschenstrom heiseres Stimmlein mageres Händchen Spielzeug	gleichgültig stumpf
Strophe 3:	Laternenschein bleiches Kinderangesicht unkenntlich	erschrocken düster beklemmend
Strophe 4:	Treppenstein mühsamer Ruf ungehört	wie taub wie gelähmt
Strophe 5:	Bettelkind Stimmlein verweht	beschämt schuldig
Strophe 6:	allein Angst, es sei das eigene Kind	betroffen verzweifelt reuevoll

Botschaft: Der Dichter bekennt sein Versagen, einem Not leidenden Kind nicht geholfen zu haben.

Wirkung: Es stellt sich die Frage „Und ich?“

3.5 Phase der Analyse der Aussage des Gedichtes

Die Jugendlichen diskutieren die Wirkung des Gedichtes auf sie als Leser bzw. Sprecher und Hörer (vgl. das

4 Johann Wolfgang Goethe: Dichtung und Wahrheit, Zweiter Teil, 7. Buch (e. 1811), vgl. Goethes Werke, Hamburger Ausgabe, hrsg. von Erich Trunz, Bd. 9. München, 8. Aufl. 1978, S. 283.

3. Lernziel) in der heutigen Zeit in Anbetracht der gesellschaftlich-politischen Verhältnisse in Deutschland und in der ganzen Welt. In diesem Zusammenhang könnte zur Vertiefung das Märchen „Das kleine Mädchen mit den Schwefelhölzchen“ (von Hans Christian Andersen) betrachtet werden.[5]

4. Zweite Einheit: „Weihnachtslied“

Im scharfen Gegensatz zu „Weihnachtsabend“ vermittelt das lyrische Ich im **„Weihnachtslied“** keine zutiefst traurige, verzweifelte, angstvolle, letztlich negative, ja chaotische Weihnachtsstimmung, sondern eine herzliche, fromme, kindliche, märchenhafte, ja idyllisch anmutende Weihnachtsfreude.
Diese positive Grundstimmung erzeugt der Dichter durch einen fließenden Rhythmus (mit wechselnden weichen und stumpfen Kadenzen), durch die Reimbildung (Schema a b a a b) und durch die stimmungsvollen Metaphern z. B.: „Stern“, „Tannenwald“, „Düfte“, „kerzenhelle Nacht“, „Herz“, „Weihnachtszeit“, „Kirchenglocken“, „Zauber“, „Kindertraum“ und „Wunder“.

Lernziele: Die Schülerinnen und Schüler sollen

1. die positive Grundstimmung nacherleben,
2. die sprachlichen Mittel hierfür erfassen,
3. eine produktionsorientierte Textumgangsart frei auswählen und selbstständig ausführen,
4. die beiden stormschen Weihnachtsgedichte miteinander vergleichen.

4.1 Initialphase

Vortrag der als Hausaufgabe erarbeiteten Sprechgestaltung des Gedichtes „Weihnachtsabend“, freie (und gelenkte) Aussprache über Grundstimmung, Botschaft und Wirkung (siehe Tafelanschrift). Zielangabe: „Heute lernen wir ein ganz anderes Weihnachtsgedicht von Theodor Storm kennen.“

4.2 Rezeptionsphase

Stilles Lesen des „Weihnachtsliedes“ (Kopiervorlage), farbiges Markieren der sinntragenden Wörter (Hauptwörter als Signalwörter grün, Eigenschaftswörter als Schlüsselwörter gelb), lautes Vorlesen von zwei oder drei Schülerinnen und Schülern.

4.3 Reflexionsphase

1. Teilziel: freie Aussprache über Eindrücke, Meinungen, Vergleiche im Hinblick auf Grundstimmungen, Aussagen, Wirkungen …

2. Teilziel: gelenktes Unterrichtsgespräch (mit Textlesen) über Geschehen und Gefühle im „Weihnachtslied“ mit dem Ziel der in etwa folgenden Tafelanschrift:

Weihnachtslied (Theodor Storm, 1817–1888)

Aufbau	**Geschehen**	**Gefühle**
Strophe 1:	Himmel, Stern	mild
	Tannenwald	duftig
	Winter, Nacht	hell
Strophe 2:	Weihnachtszeit	froh, lieb
	Kirchenglocken	„märchenstill“
	Heimat	herrlich
Strophe 3:	Zauber	fromm
	Kindertraum	staunend
	Weihnachtswunder	wundersam

Botschaft: Der Dichter fühlt eine innige Weihnachtsfreude.

Wirkung: Es stellt sich an uns die Frage: „Und wir?“

4.4 Produktionsphase

Im Planungsgespräch anhand der Liste „produktionsorientierte Gruppenarbeiten“ wählen die Schülerinnen und Schüler ein Thema aus, das sie am Text „Weihnachtslied“ behandeln.
Folgende Gruppenthemen könnten bearbeitet werden:

1. Die Beobachter-Gruppe:
Sie untersucht, wie im Text alle Sinne angesprochen werden. Erwartetes Ergebnis:
Wir sehen: Himmel, Stern, Tannenwald, helle Nacht
Wir hören: Winterlüfte, Kirchenglocken
Wir riechen: Tannen-Düfte
Wir fühlen: Freude („froh“ in Vers 6), Heimat („heimatlich“ in Vers 9), Herzlichkeit, Herrlichkeit, Frömmigkeit („fromm“ in Vers 11), Staunen („staunend“ in Vers 12), Erinnerung („Kindertraum“), Wunder

2. Die Vortrags-Gruppe:
Ziel ist ein sinn- und klanggestaltender Gedichtvortrag, der sowohl dem Thema als auch der Grundstimmung angemessen ist, jedoch frei ist von Sentimentalität und Pathos. In diesem Sinne könnte das Sprechen auch mit einer dezenten Hintergrundmusik (Windhauch, Kirchenglocken, Weihnachtsmelodie) unterlegt werden.

3. Die Musik-Gruppe:
Sie widmet sich der musikalischen Gestaltung des Weihnachtsliedes, indem sie die Melodie[6] (siehe Kopiervorlage) einstudiert und den Gesang mit Flöte, Melodika (o. Ä.) und Orff-Instrumenten begleitet.

---

5 Oswald Watzke (Hrsg.): Märchen in Stundenbildern, 3./4. Jahrgangsstufe. Donauwörth, 3. Aufl. 2004, S. 85–90.
Oswald Watzke (Hrsg.): Märchen in Stundenbildern, 5./6. Jahrgangsstufe, Donauwörth, 2. Aufl. 2005, S. 77–81.

6 Nordische Volksweise aus: Evangelisches Kirchengesangbuch. Ausgabe für die evangelisch-luterischen Landeskirchen Schleswig-Holstein-Lauenburg, Hamburg, Lübeck und Eutin. Hamburg, 38. Aufl. 1974, Nr. 4, S. 4 f. („Adventslied: Es steht ein Regenbogen“ bzw. „Weihnachtslied: Es kommt ein Schiff geladen“).

4. Die Zeichner- und Bastler-Gruppe:
Für das geplante Schattenspiel übernimmt diese Gruppe das Zeichnen und Herstellen von Scherenschnittbildern (Erzähler als Mann und als Kind, Stern, Tannenwald, Kirchturm mit Glocken, Weihnachtsbaum, Krippe).

5. Die Spiel-Gruppe:
Die Inszenierung des Weihnachtsgedichtes als Schattenspiel, das a priori eine faszinierende Wirkung auf Zuschauerinnen und Zuschauer ausübt, bietet sich hier in besonderer Weise an. Aufbau der Schattenspiel-Anlage, Drehbuch, Requisiten (siehe Gruppe 4) und Ablauf (entweder als Pantomime oder als Spielszene mit Ton und Musik) sollten für eine öffentliche Aufführung sorgfältig vorbereitet werden.

6. Die Sammler-Gruppe:
Die Sammler suchen weitere Weihnachtsgedichte im Lesebuch, in einer Jugendzeitschrift, in einer Anthologie aus der Schulbücherei und stellen geeignete Beispiele vor. Diese Vorstellung erfolgt anhand geschriebener oder gedruckter Textblätter oder anhand von Ablichtungen oder Computerausdrucken, wobei die Autorinnen und Autoren mit ihren spezifischen Aussagen und Grundstimmungen kurz bekannt gegeben werden.

4.5 Präsentationsphase

Die ersten Ergebnisse der Gruppenarbeiten (auch Allein- oder Partnerarbeiten) werden hörbar und sichtbar präsentiert, erläutert und (wohlwollend) diskutiert. Ein Planungsgespräch über die Fortführung der Freiarbeit schließt die Fragen über einen evtl. Wechsel der Gruppenmitglieder und nach einer Veröffentlichung aller Produkte mit ein.

5. Dritte Einheit: Gedichtvergleich

Im Mittelpunkt dieses Gedichtvergleiches steht vor allem der Unterschied in der Grundstimmung des lyrischen Ichs, das am „Weihnachtsabend“ Sorgen, Scham, Schuld über Ungeschick und Flucht vor Mitleid und Barmherzigkeit, und Reue empfindet, im „Weihnachtslied“ jedoch mild, froh, fromm und kindlich gestimmt ist. Formal unterscheiden sich beide Weihnachtsgedichte durch die Länge (sechs Strophen / drei Strophen), den Strophenaufbau (vier Verse / fünf Verse), das Reimschema (abab / abaab) und durch das Versmaß (fünffüßige Jamben/vierfüßige Jamben mit wechselnden weichen und stumpfen Kadenzen), wodurch das „Weihnachtslied“ stärker melodiös klingt und leichter singbar wird.

5.1 Initialphase

Weiter Wortimpuls (TA): „Advent – Weihnachten – Erwartungen“, Brainstorming, enger Wortimpuls (TA): „Wir kennen einige Weihnachtsgedichte, eines hat dir besonders gut gefallen.“ Freie Aussprache mit kurzer Begründung des Lieblingsgedichtes.
Zielangabe (TA): „Wir vergleichen zwei Gedichte!“

5.2 Rezeptionsphase

1. Teilziel: Gedichtvorträge
Schülerinnen und Schüler bringen den Vortrag des Gedichtes „Weihnachtsabend“ und „Weihnachtslied“ zu Gehör.

2. Teilziel: Textmontage
Sie lesen still die Textmontage (siehe Kopiervorlage), in welcher beide Gedichte verflochten sind.

5.3 Reflexionsphase

1. Teilziel: freie Aussprache, Deutungs- und Trennungsversuche.

2. Teilziel: Entflechten der beiden Texte (durch farblich unterschiedliche Markierungen, durch Ausschneiden und Aufkleben der Textteile oder durch Computerausdrucke).

3. Teilziel: Gegenüberstellung der Tafelanschriften (S. 82 und S. 83), Vergleichen insbesondere der Grundstimmungen, der Botschaften und Wirkungen.

4. Teilziel: Ergebnis (TA):

> Theodor Storm vermittelt uns zum einen eine chaotische, zum anderen eine idyllische Weihnachtsstimmung.
> Wir fragen uns: „Wie verhalten *wir* uns?“

5.4 Produktionsphase

Die sechs Gruppen der 2. Einheit – womöglich mit wechselnden Mitgliedern – beschäftigen sich nun in gleicher oder ähnlicher Weise mit dem Text „Weihnachtslied“ und mit einem anderen Weihnachtsgedicht, das die Sammler-Gruppe bereitgestellt hat.

5.5 Präsentationsphase

Vorstellung, Diskussion und konstruktive Kritik der ersten Produkte.

6. Zur Weiterführung

- Eintrag der Tafelanschrift und Dichterkunde,
- Verfeinern der Eigenprodukte,
- Kassettenaufnahme des Gedicht- und Liedvortrages,
- Videoaufnahme des Schattenspiels,
- das soziale Verantwortungsbewusstsein (siehe Lernziel 3!) fördern durch Teilnahme an Hilfsaktionen,
- Einbringen der Eigenproduktionen in eine öffentliche Weihnachtsausstellung bzw. Weihnachtsfeier.

Gedichtmontage: Weihnachten

Die fremde Stadt durchschritt ich sorgenvoll,
der Kinder denkend, die ich ließ zu Haus.
Weihnachten wars, durch alle Gassen scholl
der Kinderjubel und des Markts Gebraus.
Vom Himmel in die tiefsten Klüfte
ein milder Stern herniederlacht.

Und wie der Menschenstrom mich fortgespült,
drang mir ein heiser' Stimmlein in das Ohr,
„Kauft, lieber Herr!" Ein magres Händchen hielt
feilbietend mir ein ärmlich' Spielzeug vor.
Vom Tannenwalde steigen Düfte
und hauchen durch die Winterlüfte
und kerzenhelle wird die Nacht.

Ich schrak empor und beim Laternenschein
sah ich ein bleiches Kinderangesicht,
wes Alters und Geschlechts es mochte sein,
erkannt ich im Vorübertreiben nicht.
Mir ist das Herz so froh erschrocken,
das ist die liebe Weihnachtszeit!

Nur von dem Treppenstein, darauf es saß,
noch immer hört ich, mühsam, wie es schien:
„Kauft, lieber Herr!", den Ruf ohn Unterlass,
doch hat wohl keiner ihm Gehör verliehn.
Ich höre fernher Kirchenglocken
mich lieblich heimatlich verlocken
in märchenstille Herrlichkeit.

Und ich? – Wars Ungeschick, war es die Scham,
am Weg zu handeln mit dem Bettelkind?
Eh meine Hand zu meiner Börse kam,
verscholl das Stimmlein hinter mir im Wind.
Ein frommer Zauber hält mich wieder,
anbetend, staunend muss ich stehn.

Doch als ich endlich war mit mir allein,
erfasste mich die Angst im Herzen so,
als säß mein eigen Kind auf jenem Stein
und schrie nach Brot, indessen ich entfloh.
Es sinkt auf meine Augenlieder
ein goldner Kindertraum hernieder.
Ich fühls, ein Wunder ist geschehn.

1. *Du stellst fest, dass zwei Weihnachtsgedichte von Theodor Storm ineinander verflochten sind.*
2. *Kannst du beide Texte „Weihnachtsabend" und „Weihnachtslied" entflechten?*
3. *Welche Unterschiede zwischen beiden Gedichten kannst du entdecken?*

Theodor Storm

Weihnachtsabend

Die fremde Stadt durchschritt ich sorgenvoll,
der Kinder denkend, die ich ließ zu Haus.
Weihachten wars, durch alle Gassen scholl
der Kinderjubel und des Markts Gebraus.

Und wie der Menschenstrom mich fortgespült,
drang mir ein heiser' Stimmlein in das Ohr,
„Kauft, lieber Herr!" Ein magres Händchen hielt
feilbietend mir ein ärmlich' Spielzeug vor.

Ich schrak empor und beim Laternenschein
sah ich ein bleiches Kinderangesicht,
wes Alters und Geschlechts es mochte sein,
erkannt ich im Vorübertreiben nicht.

Nur von dem Treppenstein, darauf es saß,
noch immer hört ich, mühsam, wie es schien:
„Kauft, lieber Herr!", den Ruf ohn Unterlass,
doch hat wohl keiner ihm Gehör verliehn.

Und ich? – Wars Ungeschick, war es die Scham,
am Weg zu handeln mit dem Bettelkind?
Eh meine Hand zu meiner Börse kam,
verscholl das Stimmlein hinter mir im Wind.

Doch als ich endlich war mit mir allein,
erfasste mich die Angst im Herzen so,
als säß mein eigen Kind auf jenem Stein
und schrie nach Brot, indessen ich entfloh.

Meine Illustration:

Theodor Strom

Weihnachtslied

Vom Himmel in die tiefsten Klüfte
ein milder Stern herniederlacht.
Vom Tannenwalde steigen Düfte
und hauchen durch die Winterlüfte
und kerzenhelle wird die Nacht.

Mir ist das Herz so froh erschrocken,
das ist die liebe Weihnachtszeit!
Ich höre fernher Kirchenglocken
mich lieblich heimatlich verlocken
in märchenstille Herrlichkeit.

Ein frommer Zauber hält mich wieder,
anbetend, staunend muss ich stehn.
Es sinkt auf meine Augenlider
ein goldner Kindertraum hernieder.
Ich fühls, ein Wunder ist geschehn.

Weihnachtslied

Text: Theodor Strom

Melodie: Volksweise
(nach: „Am Weihnachtsbaum die Lichter brennen")

Hilde Domin: „Nur eine Rose als Stütze"/„Mit leichtem Gepäck"

1. Zur Sachanalyse

Hilde Domin[1], eine der bedeutendsten Lyrikerinnen des 20. Jahrhunderts, offenbart in diesem Gedicht ihre Gefühls- und Seelenlage.

Zum Inhalt: Wenn es mir als dem Leser und Interpreten des Textes gelingt, mich frei zu machen vom Wissen um das Alter und das Lebensschicksal der Autorin, wirken Form und Aussage des Textes ungemein jung, lebensfroh und – bis auf die letzte Strophe – nahezu schwerelos.

Vom Einrichten seines Zimmers berichtet das lyrische Ich in Strophe 1: Origineller geht es wohl kaum. Ausgerechnet auf der dünnsten, allen Winden ausgesetzten äußersten Spitze eines Zweiges wird das Zimmer des lyrischen lchs eingerichet, „unter den Akrobaten", den Tänzern und Trapezkünstlern im Varieté, wie in einem Vogelnest, und dazu „auf dem Trapez des Gefühls". Hier bleibt jeder Leserin, jedem Leser ein Freiraum für seine eigene Interpretation.

Strophe 2 (Verse 6 bis 10) ist im ersten Überschauen konkreter zu fassen. Die „zarteste Wolle" der „sanft gescheitelten Schafe" liefert dem müden lyrischen Ich eine Schlafdecke, die Leserin, der Leser assoziiert „schimmernde" Schäfchenwolken, die – Vers 10 – „über die feste Erde ziehn."

Strophe 3, auch sie beginnt mit dem lyrischen Ich, ist inhaltlich eng mit Strophe 2 verbunden: Die Wolle der „verlässlichen Tiere" (Vers 12) hüllt das schlafbereite lyrische Ich ein, wiegt es in Sicherheit. Die Verse 13 bis 15 konkretisieren die erwünschte Sicherheit: Der unter den Hufen zu spürende Sand, das hörbare „Klicken" des Riegels der Stalltür beruhigen die beinahe Schlafende.

Strophe 4 setzt ernüchternd ein. In Wirklichkeit ist die konkrete Situation mehr als unsicher. Die Lage des Zimmers des jungen Mädchens – „hoch ins Leere gewiegt" – verhindert das Einschlafen: „Mir schwindelt" (Vers 17). Jeder Mensch, jung oder alt, Frau oder Mann, greift in einer solchen – geträumten oder konkreten – Situation „nach einem Halt" (Vers 19). Dieser sollte wohl ein möglichst fester, zuverlässiger Halt, eine auffangende tragende „Stütze" (Vers 20) sein. Das lyrische Ich findet als einzige Stütze „eine Rose", „nur eine Rose" … An dieser Stelle wird sich die Leserin, der Leser, die Lehrerin, der Lehrer eine möglichst freie Stellungnahme überlegen, wird jeder Teilnehmer in die Diskussion eingreifen, auch gegensätzliche Meinungen anhören.

Zur Botschaft: Im Text steht *„nur"*, als die Hand des lyrischen Ichs nach einem „Halt" sucht und „nur eine Rose als Stütze" (Vers 20) findet. Der Titel und der Schlussvers des Gedichtes sind identisch. Relativiert das einschränkende Wort „nur" die Symbolik einer Rose, das Symbol der Liebe, das nicht nur strahlend schön und lieblich duftend über Zeiten und Welten seinen Wert hat? Die Rose ist Stütze für Menschen in Ungewissheit, in Unsicherheit, sie ist Symbol von Zuneigung, aber auch – „no rose without a thorn" – Symbol von Wehrhaftigkeit, Zuverlässigkeit.

Wenn die Rose unser lyrisches Ich „hoch ins Leere gewiegt hat (Vers 16), ist sie wohl sicher ein stützender Halt (vgl. Verse 19 und 20) und – uneingeschränkt – voller Symbolkraft.

Zur Form: Das Gedicht besteht aus vier fünfzeiligen Strophen. Die Dichterin verzichtet auf eine gleichmäßige Versfüllung und auf Reime. Insofern ist das lyrische Kunstwerk strukturell sehr frei: ein Gedicht aus dem 20. Jahrhundert, das auch inhaltlich Ausdruck der schrankenlosen Gefühlslage der Dichterin ist.

2. Zur didaktischen Analyse

Form, Inhalt und Gehalt dieses „Abendgedichtes", das geprägt ist von besonderer Sprachschönheit und Tiefsinnigkeit, spricht die meisten Jugendlichen zunächst nicht sehr stark an. Einige Schülerinnen und Schüler hatten zudem ihre Schwerigkeiten mit den Begriffen „Stütze", „Trapez des Gefühls", „Vlies", „ins Leere gewiegt" einerseits und andererseits mit den Bildern und Gefühlen.

Diese realistische Skepsis wurde zunächst stehen gelassen – getreu dem didaktischen Motto Ute Andresens[3], wonach kein schnelles, vollständiges und mit dem lyrischen Ich übereinstimmendes Gedichtverständnis angestrebt werden kann und soll.

Gefragt war – wieder einmal – die Motivationskunst der Lehrkraft. So wurde versucht, gerade diese Schülergruppe durch die Beteiligung am Planungsgespräch, an der Gruppenbildung und Methodenwahl, durch eine einfache Text-Analyse und durch die Freiheit in der Auswahl der Umgangsarten und der Eigenproduktionen – auch mit anderen oder sogar konträren „Botschaften" – zu motivieren, vielleicht sogar zu begeistern.

Lernziele: Die Jugendlichen sollen

1. eine bedeutende Lyrikerin des 20. Jahrhunderts kennenlernen,
2. ihre Botschaften allmählich verstehen und würdigen,
3. durch textadäquate Umgangsformen und literarische Eigenproduktionen die Botschaften des lyrischen Ichs anwenden, vertiefen und variieren,
4. für die Freude an der Sprachschönheit und am eigenen persönlich-kreativen Schreiben sensibilisiert werden.

1 Hilde Domin: Biografie siehe S. 68.
Werke u. a.: „Herbstzeitlose" (1955), „Das zweite Paradies" (1968), „Der Baum blüht trotzdem" (1999), „Haus ohne Fenster" (2000).

2 **Quelle:** Hilde Domin: Hier. Gedichte. Frankfurt am Main 1964.

3 Ute Andresen: Versteh mich nicht so schnell – Gedichte lesen mit Kindern. Weinheim 1961.

3. Zur Verlaufsplanung

3.1 Initialphase

Musikmeditation: Sphärenmusik (1. Teil) auf Kassette oder CD (z.B.: „Adiemus", Electrola 3.48); Wortmeditation: Frauenstimme auf Kassette: Sprechvortrag des Gedichtes; Sphärenmusik (2. Teil); beredtes Schweigen; freie Aussprache …
Überleitung: „In diesen Text von Hilde Domin (TA) wollen wir uns vertiefen."

3.2 Rezeptionsphase

Austeilen des Gedichtblattes, stilles Lesen, Überlegungen für den Hinweis „Raum für eine Collage aus verschiedenem Bildmaterial", lautes Vorlesen durch zwei oder drei Schülerinnen und Schüler.

3.3 Reflexionsphase

1. Teilziel: Aussprache und Planungsgespräch
Nach der spontanen und freien Aussprache über Inhalt und Form, über Schreibintention der Autorin und Wirkung auf die Leserin/den Leser erfolgt das Planungsgespräch über den möglichen Gedichtumgang.

2. Teilziel: Umgangsarten und Erstergebnisse
Folgende Umgangsarten könnten in Gruppen durchgeführt werden:
- Die Sprechergruppe bereitet den Gedichtvortrag, evtl. mit Musikuntermalung, vor (Interpretation durch Sprechgestaltung).
- Die Zeichnergruppe illustriert einzelne Strophen bzw. das gesamte Gedicht (Interpretation durch Illustration).
- Die Montagegruppe entwirft eine Collage aus Text und Fotos bzw. Bildern (Interpretation durch Visualisierung).
- Die Schreibergruppe gestaltet das Gedicht in Schön-, Druck- oder Kunstschrift, evtl. auch in der ideogrammatischen Schreibweise (Interpretation durch Schriftgestaltung).

Präsentation und Diskussion der ersten Ergebnisse!

3. Teilziel: Erschließung von Inhalt und Form
Um die geistige Durchdringung des lyrischen Textes noch stärker im Hinblick auf Sinnentnahme und Leseverständnis anzubahnen, sind darüber hinaus noch folgende methodische Wege empfohlen:
- Alleinarbeit (in zwei Abteilungen zur Auswahl): „Unterstreiche (markiere, rahme ein oder schneide aus dem Computerausdruck aus)
  a) die Signalwörter des Inhalts (die Bilder),
  b) die Signalwörter der Gefühlswelt (die Gefühle),
- gelenktes Unterrichtsgespräch über Form, Botschaft, Wirkung und Meinung,
- Berichte, Diskussion und Zusammenfassung als Tafelanschrift:

„Nur eine Rose als Stütze" (Hilde Domin)

Aufbau (Gliederung)	**Inhalte** (Bilder)	**Gefühle** (Aussagen)
Strophe 1	Zimmer, Bett in luftiger Höhe Nest im Wind	Freiheit Hochgefühl Wagemut
Strophe 2	Wolldecke Mondlicht Schäfchenwolken	Zärtlichkeit Sanftheit Romantik
Strophe 3	Vlies (Fell) Sand, Riegel Stalltür	Wärme Sicherheit Geborgenheit
Strophe 4	Vogelfeldern Leere, Schwindel Hand, Halt „Rose als Stütze"	Schlaflosigkeit Vertrauen auf die Symbol- kraft der Rose

Form:
Versmaß: keine gleichmäßige Versfüllung
Reimbildung: keine Reime, also reimlos
Stil: Prosastil; Prosagedicht
Schlüsselwörter:"siehe Bilder (Metaphern)!
Gedichtart: gedankenlyrisches „Abendgedicht"
Botschaft: „Strebt große Gefühle an und vertraut dabei auf die Symbolkraft der Rose!"

Wirkung auf mich:	Meine Meinung:
____________	____________
____________	____________
____________	____________
____________	____________

3.4 Produktionsphase

Nach der Fortführung der Gruppenarbeiten (wobei auch gewechselt werden kann) und dem Eintrag der Tafelanschrift wird die Phase der literarischen Produktion gemeinsam begonnen:
- Aufbereitung der Gefühlswelt durch Erfahrungsorientierung mithilfe der Clusterbildung (Kopiervorlage auf S. 14, in welche „Motiv" ‚Abend' bzw. ‚Rose' noch eingetragen werden müsste),
- Sprach- und Formbetrachtung zur Produktionsorientierung mithilfe der Tafelanschrift (sprachliche Bilder im Text und eigene; „abendliche" Gefühle im Text und eigene; Prosastil),
- Eigenproduktion eines Kurz- oder Prosagedichtes mit Hilfe der Kopiervorlage S. 18 (Elfchen, Haiku usw.).

4. Zur Weiterführung

- Eintrag der Kurzbiografie „Hilde Domin",
- Ausfeilen der Ergebnisse der Textumgangsarten (der sprecherischen, bildlichen, schreibtechnischen und literarischen Gestaltung),
- Versuche mit anderen Formen von Kurzgedichten, Herstellen eines Gedichtbändchens mit den Eigenproduktionen unter dem Motto „Motiv Abend"

und/oder „Das Symbol der Rose“ als Freiarbeit in der Schulwerkstatt (Kunstschriften, -drucke, verschiedenes Bildmaterial: Zeichnungen, Fotos, Prospektausschnitte, Scheren-, Holz-, Linolschnitte, farbig, schwarz-weiß usw.),

- Lektüre zur Vertiefung (Motiv: „Rose“): **„Mit leichtem Gepäck“**, (Gedicht von Hilde Domin[4]), „Der kleine Prinz“ (von Antoine de Saint Exupéry).

Anlage

Von der Bedeutung der Rose spricht Hilde Domin auch in ihrem Gedicht „Mit leichtem Gepäck“ (1962).

1. Lies dieses Gedicht wiederholt durch!
2. Was denkst du beim Lesen und Hören, was fühlst und meinst du?
3. Welche Grundstimmung drückt die Autorin aus?
4. In welcher Gruppe (Gedichtvortrag, Textanalyse, Textillustration, usw.) möchtest du mitarbeiten?

Hilde Domin

Mit leichtem Gepäck

Gewöhn dich nicht.
Du darfst dich nicht gewöhnen.
Eine Rose ist eine Rose.
Aber ein Heim
ist kein Heim.

Sag den Schoßhund Gegenstand ab,
der dich anwedelt
aus den Schaufenstern.
Er irrt. Du
riechst nicht nach Bleiben.

Ein Löffel ist besser als zwei.
Häng ihn dir um den Hals,
du darfst einen haben,
denn mit der Hand
schöpft sich das Heiße zu schwer.

Es liefe der Zucker dir durch die Finger,
wie der Trost,
wie der Wunsch,
an dem Tag
da er dein wird.

Du darfst einen Löffel haben,
eine Rose,
vielleicht ein Herz
und, vielleicht,
ein Grab.

4 Hilde Domin: „Mit leichtem Gepäck“. Frankfurt a. M. 1962. Siehe Anlage (rechts)! *Hinweis:* Zur Textanalyse siehe Kopiervorlage S. 15.

Hilde Domin

Nur eine Rose als Stütze

Ich richte mir ein Zimmer ein in der Luft
unter den Akrobaten und Vögeln:
mein Bett auf dem Trapez des Gefühls
wie ein Nest im Wind
auf der äußersten Spitze des Zweigs.

Ich kaufe mir eine Decke aus der zartesten Wolle
der sanft gescheitelten Schafe, die
im Mondlicht
wie schimmernde Wolken
über die feste Erde ziehn.

Ich schließe die Augen und hülle mich ein
in das Vlies der verlässlichen Tiere.
Ich will den Sand unter den kleinen Hufen spüren
und das Klicken des Riegels hören,
der die Stalltür am Abend schließt.

Aber ich liege in Vogelfedern, hoch ins Leere gewiegt.
Mir schwindelt. Ich schlafe nicht ein.
Meine Hand
greift nach einem Halt und findet
nur eine Rose als Stütze.

Raum für eine Collage aus verschiedenem Bildmaterial:

Mein Kürzestgedicht „Abend“ bzw. „Rose“

____

____

____

____

____

____

____

____

____

____

4. Balladen

Unbekannter Verfasser: „Lied auf eine Mordtat"

1. Zur Sachanalyse

Diese Volksballade, speziell ein Lied auf eine Mordtat, eine sogenannte Moritat[1], geht zurück auf eine wahre Begebenheit im 19. Jahrhundert. Adolph Risau, 1793 in Stuttgart geboren, mit 20 Jahren Hauslehrer, dann Inhaber eines Schulinstitutes, von 1825 an Textilhändler, geriet in immer größere wirtschaftliche Not und verfiel deshalb in Schwermut. Der Chronist berichtet: „Am 24. Mai 1827, früh um 4 Uhr, war der Bösewicht von seinem Lager aufgestanden, nahm ein Rasiermesser und brachte damit seine Frau ums Leben, hierauf begab er sich in das Schlafzimmer seiner fünf Kinder und mordete auch diese in ihrem sanften Schlafe."[2] Das Todesurteil wurde am 3. März 1828, „früh um 6 Uhr, begleitet von Militär, mit Trommeln und Pfeifen und einer unzähligen Volksmenge, in der Form des Räderns, mit vierundzwanzig Stößen"[3] vollstreckt.
An diesem Beispiel lassen sich alle sechs Elemente eines Bänkelsangs nachweisen[4]:

1. *Der „triviale" Stoff:* Es handelt sich um eine Familientragödie, eine grausige Mordgeschichte, um einen „Weib- und Kindermörder".
2. *Der Handzettel:* Diese „Beschreibung des verrufenen Weib- und Kindermörders" wurde in Verse gesetzt und auf einen Zettel gedruckt, der dem Publikum feilgeboten wurde.[5]
3. *Die Melodie und die Leierkastenmusik:* Die einfache Melodie, begleitet vom Leierkasten, versetzt das Publikum in eine gefühlvolle und mitunter rührselige Stimmung, wobei es den Refrain, jeweils die letzten zwei Verse jeder Strophe, vielleicht mitgesungen hat.[6] Siehe Kopiervorlage 2.
4. *Die Bildtafel:* Die Bildtafel vermittelt den optischen Eindruck der Schauergeschichte und vertieft dadurch die Wirkung. Da sie ebenfalls nicht mehr ausfindig gemacht werden konnte, wurde sie eigens gezeichnet.[7] Siehe Kopiervorlage 1.
5. *Die Inszenierung:* Der Bänkelsänger, erhöht stehend auf einer kleinen Bank (Bänkel), trägt als Volkskünstler auf dem Jahrmarkt den Text als Lied singend vor, unterstützt durch lebhafte Mimik und Gestik, wobei er mit dem Zeigestock die Handlung auf der Bildtafel verfolgt.
6. *Die belehrende und moralisierende Tendenz:* Die Lehre aus der Schauergeschichte wird dem Volke mitgeteilt: Derjenige, der „sich auf des Lasters Bahn" bewegt, der „auf Mord und würgen sinnt", den wird „alles Glück verlassen", den wird „sein Gewissen" quälen, der wird „sein Leben oben auf dem Blutgerüst" büßen müssen. Einerseits erfährt der Verbrecher seine gerechte Bestrafung, erleidet den Sühnetod, andererseits sind Recht und Ordnung wiederhergestellt. Das Publikum, das von einem abschreckenden Beispiel gehört hat, identifiziert sich mit dem Bänkelsänger, der diese Lehre vertritt, und wird ein womöglich „tugendhaftes Leben" führen.

2. Zur didaktischen Analyse

Rechtsauffassung und Rechtsprechung des 19. Jahrhunderts sind uns Menschen im 21. Jahrhundert fremd geworden, besonders nach der Abschaffung der Todesstrafe. Den Schülerinnen und Schülern muss deshalb das geschichtliche Datum ganz deutlich bewusst werden. Es handelt sich hier um ein historisches Literaturgut, das ein Spiegelbild seiner Zeit liefert und keinesfalls die Rechtsauffassung der Gegenwart beeinflussen sollte, was die Todesstrafe betrifft. Seine Aussage, dass Mord ein verabscheuungswürdiges und strafbares Verbrechen ist, muss freilich als zeitlos gültig und wahr betrachtet werden.
In gelenkten und freien Textumgangsformen (siehe S. 9) beschäftigen sich die Jugendlichen mit Form und Inhalt der Moritat, um diese – wie früher auf dem Jahrmarkt – aufführen zu können. Voraussetzung dafür sind eine selbst hergestellte Bildtafel, ein ausgeliehener Leierkasten (Drehorgel), Jugendliche als Schauspielerinnen und Schauspieler, die als Sänger und Publikum auftreten.

Lernziele: Die Schülerinnen und Schüler sollen

1. den Bänkelsang als ein historisches Literatur- und Liedgut kennenlernen,
2. die Merkmale des Bänkelsangs erfassen und benennen können,

---

1 Anonymer Einzelblattdruck o. O. u. o. J. In: In des Gartens dunkler Laube. Moritaten und Bänkelsang aus vier Jahrhunderten, hrsg. von Gunnar Müller-Waldeck. Düsseldorf: Claassen 1977, S. 148/149. Originaltitel: „Beschreibung des verrufenen Weib- und Kindermörders Adolph Risau, welcher am 3. März 1828 bei Stuttgart von unten auf gerädert wurde".
2 Müller-Waldeck, a. a. O., S. 146.
3 Müller-Waldeck, a. a. O., S. 147.
4 Johann Bauer (Hrsg.): Lyrik interpretiert. Hannover und Bühl/Baden: Schroedel und Konkordia 1972, vgl. S. 32–35 und 151–152. Siehe Kopiervorlage S. 94.
5 Die Wiedergabe ist eine verkleinerte Ablichtung des Originals.
6 Da die originale Melodie nicht gefunden werden konnte, wurde dem Text die Melodie der Moritat „Der Mord an einem Schneidergesellen" unterlegt. Quelle: Schwarz auf weiß. Gedichte, hrsg. von Fritz Nothardt u. a., Hannover u. Bühl/Baden: Schroedel/Konkordia [4]1974, S. 10.
7 Von Fachoberlehrer für Kunsterziehung Peter Seuffert, Ochsenfurt.

3. über Absicht und Wirkung der Moritat reflektieren können,
4. die spezielle Vortragskunst des Bänkelsangs nachzugestalten versuchen,
5. die Volksballade (Moritat) (und evtl. andere Beispiele) in Szene setzen können.

3. Zur Verlaufsplanung

3.1 Initialphase

Die Lehrkraft zeigt auf dem Tageslichtprojektor die Radierung von C. W. E. Dietrich (Kopiervorlage S. 94). Die Schülerinnen und Schüler beschreiben dieses Bild, die Lehrkraft gibt weitere Erläuterungen über die Bänkelsänger und weckt die Neugier: „Möchtet ihr einmal hören, was dieser Mann auf dem Jahrmarkt vorgetragen hat?“

3.2 Darbietungsphase

Je nach den Voraussetzungen können gewählt werden: Lehrer- oder Schülervortrag, Kassetten- oder CD-aufnahme (evtl. mit Leierkastenmusik).
Ideal wäre Folgendes:
Die Lehrkraft (oder eine Schülergruppe) schlüpft in die Rolle eines Bänkelsängers und trägt die Moritat vor, wobei sie auf der sichtbar gemachten Bildtafel (Kopiervorlage) die Handlung mit einem Zeigestab verfolgt.

3.3 Bild- und Textanalyse

1. Teilziel: Textanalyse
Nach einer freien Aussprache über den Eindruck folgen das strophenweise Lesen des Textes und das Betrachten der Bildtafel (der Erzähler/Sänger steht auf einer kleinen Bank, einem „Bänkel“).
Im gelenkten Unterrichtsgespräch wird danach über Absicht und Wirkung des Bänkelsängers gesprochen, über die Rechtspflege des 19. Jahrhunderts diskutiert, werden Aufbau, Reimschema und Elemente des Bänkelsangs festgestellt, wobei die relevanten Textstellen zitiert werden.

2. Teilziel: Zusammenfassung (Tafelanschrift)

Die Moritat, ein altes Kulturgut

1. Neue Begriffe:
Moritat, Bänkelsang, Bänkelsänger, Bildtafel, Handzettel

2. Aufbau und Absicht:
1. sechs Strophen, je vier Kreuzreime
2. Zeit, Ort, Personen (Überschrift)
3. Ankündigung der Lehre (Strophe 1/2)
4. Aufzählung der Untaten (Strophe 3/4)
5. Bericht über Strafe (Strophe 5/6)

3. Die besondere Wirkung:
1. Befriedigung der Sensationslust
2. Erzeugung gefühlvoller Stimmung
3. Abschreckung und moralische Belehrung

3.4 Einübung der Vortragsweise

Einzelne Gruppen üben die Moritat ein, wobei sie in ihrer Rezitierung und Inszenierung (Liedvortrag, Mimik, Gestik, Zeigestab, Bildtafel, Publikum) möglichst unbeeinflusst bleiben sollen.
Spieler: Bänkelsänger, Leierkastenmann, „Zeiger“, Publikum, das mit Gefühlsäußerungen reagiert und von Gruppenmitgliedern oder auch der ganzen Klasse dargestellt wird und eventuell den Refrain mitsingt. Vorführung eines gelungenen Vortrages als Abschluss der Balladenstunde.

4. Zur Weiterführung

- Bearbeiten der Kopiervorlagen 1 und 2,
- Bildtafeln im Großformat selbst herstellen (Kunsterziehung),
- Liedvortrag einüben und eventuell in ein Schulfest einbringen,
- weitere Moritaten kennenlernen und untersuchen auf Zeit, Ort, Personen, historischen Hintergrund, Inhalt, Absicht und Wirkung, auf ihre Inszenierung[8].

---

8 siehe hierzu: Wolfgang Menzel (Hrsg.): Balladen in Text, Musik und szenischem Spiel (mit CD). Praxis Deutsch Heft 169. Velber/Seelze 2001.
Wertvolle Anregungen zu: „Johanna Sebus“ und „Erlkönig“ (Johann Wolfgang Goethe), „Das Pflaumenhuhn“ und „Der sterbende Sänger“ (Peter Hacks), „Der Knabe im Moor“ (Annette von Droste-Hülshoff), „Von des Cortez Leuten“ (Bertolt Brecht), „Lützows wilde Jagd“ (Theodor Körner).

Unbekannter Verfasser

Lied auf eine Mordtat

Menschheit! Was wir jetzt dir schildern,
Nimm ein warnend Beispiel dran,
Nichts kann dessen Unglück mildern,
Der sich auf des Lasters Bahn,
Auf der Sünde breitem Pfade,
Ohne Rückkehr wagt zu gehn;
Der wird fern von Gottes Gnade
Und verlassen müssen stehn.

Alles Glück geht dem verloren,
Der auf Mord und Würgen sinnt,
Für den Richtplatz nur geboren
Und an Geist und Herzen blind,
Geht der Mörder seine Wege,
Auf der schnöden Mordlust Bahn,
Und auf seinem blut'gen Stege
Sieht er sich dem Henker nahn.

Seiner Gattin, seinen Kindern
Brachte Risau selbst den Tod;
Nichts kann seine Reue mindern,
Seine Angst und Seelennot;
Und die kummervollen Tage,
In die er sich 'neingestürzt,
Selbst auch seines Lebens Tage
hat er sich durch Mord verkürzt.

Ach! Sie ruhen wohl, sie schlafen,
Die der Mörder umgebracht.
Nach vollzognen schweren Strafen
Sinkt er in des Todes Nacht.
Finster wars um ihn im Leben,
Finster wirds im Tode sein.
Lasst euch dies ein Beispiel geben,
Menschen, prägt dies tief euch ein.

Den hat alles Glück verlassen,
Der sein Herz mit Mord befleckt,
Dass ihn edle Menschen hassen,
Dass er so in Unruh steckt;
Dass ihn sein Gewissen quält,
Dass er so mit Ungeduld
Tag und Stunden endlich zählt,
Daran ist seine Bosheit schuld.

Seines Todesurteils Kunde
Hört er, ängstlich klopft sein Herz,
Und ihn trifft die Todesstunde.
Unter Reu und bittrem Schmerz
Büßt der Mörder nun sein Leben
Oben auf dem Blutgerüst,
Schreck und Grausen wird durchbeben
Den, der Mensch und fühlend ist.

Der Bänkelsänger.
Radierung von
C. W. E. Dietrich
(1712–1774).

Kopiervorlage 1: Trage die Bildunterschriften ein!

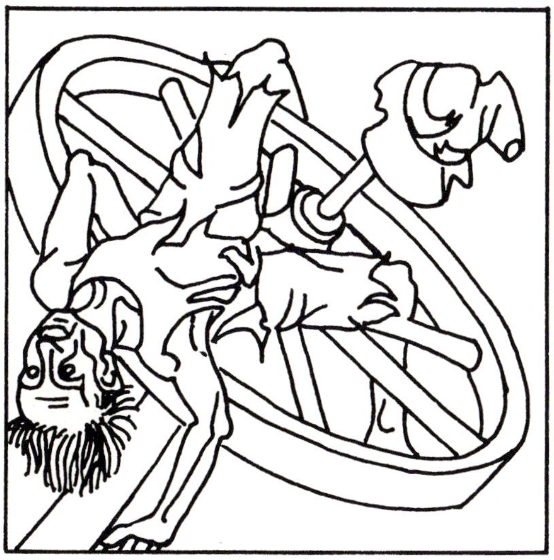

Titel der Moritat: ______________________________

Lied auf eine Mordtat des Mörders Adolph Risau (1828)

1. Fülle die Zeilen aus!

   Neue Begriffe: ______________________________

   ____

   Aufbau und Absicht:

   1. ______________________________
   2. ______________________________
   3. ______________________________
   4. ______________________________
   5. ______________________________

   Die besondere Wirkung:

   1. ______________________________
   2. ______________________________
   3. ______________________________

2. Suche eine weitere Moritat und führe sie als Bänkelsang auf!

3. Hinweise für die Freiarbeit: Kreuze an!

   ☐ Gedichtvortrag vorbereiten ☐ Liedvortrag vorbereiten ☐ Bildtafel herstellen
   ☐ Bänkelsang einüben ☐ Drehorgel besorgen und bedienen
   ☐ weitere Moritaten sammeln und vorstellen

Adelbert von Chamisso: „Der rechte Barbier“

1. Zur Sachanalyse

Adalbert von Chamisso (1781–1838) veröffentlichte 1831 diese Ballade vom Sieg eines verwegenen Barbierjungen über einen großmäuligen Landsknecht, dem ein Menschenleben nicht viel bedeutet. Sie ist die kunstvolle Versifikation der Kalendergeschichte „Der Barbierjunge von Segringen“ von Johann Peter Hebel (1760–1826).[1]

Während Hebels Kalendergeschichte aus den „Erzählungen des Rheinischen Hausfreundes“ (1811) eindeutig eine lehrhafte Absicht verfolgt – der berichtende und kommentierende Erzähler dominiert das dramatische Geschehen –, beherrscht in der Chamisso-Ballade das dramatisch gestaltete Geschehen den Text: Spieler und Gegenspieler charakterisieren einander selbst, die Handlung entwickelt sich aus den Dialogen zum inhaltlichen (Strophe 8) und zum gehaltlichen Höhepunkt (Strophen 10 und 11) hin. Der sich schnell anbahnende dramatische Konflikt wird durch komische Überzeichnungen vor allem der Figur des Landsknechts wie auch durch Komik in den sprachlichen Fügungen neutralisiert, die Katastrophe wird durch eine in gleicher Weise unerwartete wie komische und – angesichts der ursprünglich vermuteten Machtverhältnisse – gewissermaßen versöhnliche Lösung des Konflikts verhindert.

Der überlegene Landsknecht wird durch den unterlegenen Barbierjungen schließlich besiegt und eines Besseren belehrt. Diese Umkehr der Machtverhältnisse und die angenommene Belehrung („Ich wills mir aber merken.“) begründen das Schwankmotiv, das zum einen lyrisch, zum anderen episch gestaltet ist.

Zur Form der Ballade: Das dramatische Geschehen wird in elf Strophen geschildert mit je zwei Kreuzreimen (Verse 1/3, 2/4), einem Paarreim (Verse 5/6) und einem frei stehenden Reim (Vers 7, der auch als Vers 8 wiederholt werden und damit ein Reimpaar bilden könnte). Der Rhythmus, bestimmt durch den Wechsel zwischen einem drei- und vierfüßigen Jambus (◡ —), ist streng und durchgehend eingehalten, sodass die Schwank-Ballade als ein volkstümliches Spottgedicht leicht singbar wird.

2. Zur didaktischen Analyse

Im Mittelpunkt des Textumgangs könnte deshalb die sprecherische und musikalische Gestaltung der Ballade stehen, auch in Form eines Bänkelsanges, falls dieser schon bekannt ist.

Nicht ganz sollte darauf verzichtet werden, die Schülerinnen und Schüler mit den wesentlichen Gestaltungsmitteln der Ballade als der lyrisch-episch-dramatischen Gattung eigener Art bekannt zu machen, ohne sie durch die Hintergründigkeit und Symbolhaftigkeit der echten Ballade zu überfordern.

Lebenspraktisch gesehen könnte auf folgende Einsicht und Warnung hingewiesen werden: Aus der Arbeit an der Realisation der Lernziele 1 und 2 entwickelt sich in einer Reflexionsphase der Stunde die Einsicht der Jugendlichen in die Bedeutung der Fähigkeit, schwierige, ja gefährliche Situationen ohne Panik einzuschätzen, den Verstand nicht durch Furcht verdrängen zu lassen, um so einen Ausweg aus der Konfrontation auch mit anscheinend stark Überlegenen zu finden. Gleicherweise wird aber auch vor der Verführbarkeit gerade junger Menschen durch den Kitzel des Abenteuers und die Verlockung des Geldes (Strophe 8) zu warnen sein.

Lernziele: Die Schülerinnen und Schüler sollen

1. mit Freude und Vergnügen die witzige und zupackende Art analysieren, mit der der Autor die Niederlage des bramarbasierenden Landesknechts und die Überlegenheit des geistesgegenwärtigen und wagemutigen Friseurlehrlings gestaltet,
2. dieses Vergnügen durch eine sprechgestaltende Interpretation[2] der Ballade und durch eine musikalische Inszenierung aktivieren und zum Ausdruck bringen,
3. über die Bedeutung des Inhaltes und der Lehre der Ballade für das eigene Leben nachdenken,
4. durch eine Analyse von Sprache und Form der Ballade und durch einen Vergleich mit dem Schwank die künstlerischen Mittel feststellen, mit denen der Dichter die besondere Wirkung seiner kunstvollen Ballade auf die Adressaten erzielt.

3. Zur Verlaufsplanung

3.1 Phase der Texthinführung

Um die Spontaneität der Jugendlichen nach der Phase der Textbegegnung nicht durch die Klärung reiner Sachfragen zu lähmen, wird hier eine kurze Erklärung der Begriffe gegeben, die zu Verständnisschwierigkeiten führen könnten. An der Tafel erscheinen die Begriffe, für die gemeinsam (und mithilfe eines etymologischen Wörterbuches) eine Erklärung gesucht wird:

1 Quellen: Adelbert von Chamisso: Sämtliche Werke in vier Bänden. Hrsg. von Adolf Bartels, Leipzig o. J., Band I, S. 136–138. Melodie hinzugefügt: oberbayerische Volksweise. Aus: Auer Lesebuch 6, hrsg. von Oswald Watzke. Donauwörth 1986, S. 104.
Johann Peter Hebel: Werke in einem Band. Ausgewählt und eingeleitet von Dieter Pilling. Berlin und Weimar, 3. Aufl. 1978, S. 131–133.

2 Vgl. W. Höffe: Sprechgestaltende Interpretation von Dichtung in der Schule. Ratingen 1967.
K. C. Haase: Versdichtung im Unterricht. In: E. Wolfrum (Hrsg.): Taschenbuch des Deutschunterrichtes. Baltmannsweiler, 3. Aufl. 1980, S. 618–647.
K. C. Haase: Zum Vortrag der Ballade im Deutschunterricht von Haupt- und Realschule. In: I. Braak (Hrsg.): Schule und Hochschule, Bd. I, Kiel 1969, S. 127–137.

Philister	–	Nachbarvolk der Israeliten, „Spießbürger"
frommen	–	nutzen, nützen, gut bekommen
Barbier(er)	–	Haar- und Bartpfleger (lat.: barba = Bart), Friseur
Batzen	–	Münze, schweiz.: 1 Zehnrappenstück (100 Rappen = 1 Schweizer Franken)
Wams	–	Jacke, eng anliegend
Troddel	–	kleine Quaste
Molch	–	Wassertier, Lurch

Sodann gibt die Lehrkraft das Ziel der Stunde an (TA: Name des Dichters, Überschrift der Ballade).

3.2 Phase der Textbegegnung

1. Möglichkeit: Die Lehrkraft trägt die Ballade gestaltend vor, keine bzw. keiner liest den Text mit, die Begegnung geschieht ausschließlich über den Gehörseindruck.

2. Möglichkeit: Die Lehrkraft spielt eine Kassette mit einem Gedichtvortrag, eventuell auch mit einem Liedvortrag ab, den eine Schülergruppe gestaltet hat.

3.3 Phase der Rezeption und Reproduktion des Textes

Die Lehrkraft wartet Spontanäußerungen der Jugendlichen ab, teilt dann die Textblätter aus und stellt den Gesamtarbeitsauftrag: Die Jugendlichen erarbeiten gemeinsam einen gestaltenden Vortrag der Ballade.
Dabei wird strophenweise vorgegangen und stets die Schüler-Schüler-Interaktion intensiviert. Reflexion – Gestaltung – Diskussion der Gestaltung – neue Gestaltung folgen einander.
Wichtig ist, dass möglichst die Jugendlichen selbst beurteilen, ob und wie die Gestaltung der handelnden Personen in der bestimmten Situation gelungen ist. Während der Erarbeitungsphase kann die Ballade in einzelne Rollen zerlegt werden, verschiedene Schülerinnen und Schüler proben die sprecherische Gestaltung der einzelnen Figuren.

3.4 Phase der Reflexion und der Zusammenfassung der Ergebnisse

Zwei Ergebnisse sollten erreichbar sein: Die sprecherische Gestaltung der gesamten Ballade durch eine Schülerin oder einen Schüler (auch durch zwei, falls die Zeit vorhanden ist; zunächst kein Lesen mit verteilten Rollen).
Sodann sollte sich aus der Diskussion der konkreten Schülerleistung eine Reflexion über das Wesen der Ballade und über die künstlerischen Mittel ergeben, mit deren Hilfe der Dichter[3] seiner Ballade ihre Wirkung verleiht.

Adelbert von Chamisso (1781–1838)
Ballade „Der rechte Barbier" (1831)

Erklärungen veralteter Wörter:

Barbier:	Haar- und Bartpfleger, Friseur
Philister:	Nachbarvolk der Israeliten, heute: „Spießbürger"
frommen:	nutzen, nützen, gut bekommen
Batzen:	schweizerische Münze: 1 Zehnrappenstück (100 Rappen = 1 Schweizer Franken)

Wesen der Ballade:
Erzählgedicht mit Strophen, Reimen und Rhythmus
dramatische Mittel: Monolog, Dialog
dramatisches Geschehen: Konflikt und (beinahe) Katastrophe
Lösung des Konflikts: Wagemut und Einsicht
unterhaltende und belehrenden Absicht

Künstlerische Mittel:
Charakterisierung von Spieler und Gegenspieler durch dramatische Wechselreden:
Landsknecht – (Wirt), (Meister) – Geselle – Lehrling,
Scheitern des um seinen Bart trauernden, machtbesessenen Landknechts,
erfolgreiches Lösungsverhalten des verwegenen Lehrlings (Strophe 10),
versöhnliche Konfliktlösung (Strophe 11),
Umkehrung des Überlegenheits- und Unterlegenheitsverhältnisses.

3.5 Phase des Ausklangs

Zum Abschluss kann das Lesen der Tafelanschrift und der Sprechvortrag der Ballade dienen.

4. Phase des Textvergleichs

Die Hausaufgabe schließt an die Reflexion in 3.4 an, sie verlangt den Jugendlichen die Fähigkeit ab, am Balladentext Erlebtes und Erarbeitetes zu übertragen auf den Prosatext, der Chamisso als Vorlage gedient hat: Die Kalendergeschichte „Der Barbierjunge von Segringen" von Johann Peter Hebel[4] (siehe Kopiervorlage 1). Dabei sollten zuvor folgende veraltete Begriffe geklärt bzw. erarbeitet werden:

Spätjahr	–	später Herbst / früher Winter
Wirtshaus	–	Gasthaus, Kneipe
Barbier(er)	–	Haar- und Bartschneider
Kronentaler	–	Taler i. W. einer Krone, ehemalige Münze (Währungseinheit)

3 Adelbert von Chamisso, geb. 1781 auf Schloss Boncourt (Champagne), gest. 1838 in Berlin, Page, Offizier, Naturforscher, Dichter. Werke u. a.: „Bemerkungen und Ansichten auf einer Entdeckungsreise" (1821), „Peter Schlemihls wundersame Geschichte" (1814), „Frauenliebe und -leben" (Liederkreis, vertont von R. Schumann), „Sämtliche Werke in 2 Bänden" (1982).

4 Johann Peter Hebel, geb. 1760 in Basel, gest. 1826 in Schwetzingen. Erzähler, Lyriker.
Werke u. a. „Alemannische Gedichte" (1803), „Schatzkästlein des rheinischen Hausfreundes" (1811), „Biblische Geschichten für die Jugend" (1822).

geratet es – gelingt es
Schnepper – Armbrust
Sechser – Fünfpfennigstück
Zunder – Zündmittel
Gurgel – Hals

Die schulische Aufgabe besteht in einem Vergleich der beiden Texte, wobei die Lehrkraft je nach Situation der Klasse noch kurze Hinweise auf spezielle Zielvorstellungen geben kann (z. B. Frage des Aufbaus der Spannung, einer belehrenden Absicht der Autoren, des Handlungsverlaufs etc.).[5]
In Gruppen könnten (nach gemeinsamem Lesen) folgende Teilaspekte erarbeitet werden:

1. Schlage im Literaturlexikon die Dichter nach!
2. Um welche Textarten handelt es sich?
3 Vergleiche Personen und Handlungsabläufe in beiden Texten!
4. Welche Absichten verfolgen beide Dichter?
5. Welche Wirkung üben beide Texte auf dich aus?

Die Ergebnisse dieser Gruppenarbeiten werden vorgestellt, diskutiert und kurz festgehalten.

Tafelanschrift:

Textvergleich

Dichter:	Adelbert von Chamisso (1781–1838) Dichter von Balladen	Johann Peter Hebel (1760–1826) Erzähler von Schwänken
Textart:	Ballade: Lyrik (Strophen, Reime, Rhythmus)	Schwank: Epik (Sätze aller Art)
Personen:	Reiterknecht, Wirt, Barbier, Geselle, Junge	Fremder (von der Armee), Wirt, Barbier, Geselle, Lehrjunge
Geschehen:	Bart abschneiden Belohnung: 100 Batzen Drohung: Dolch ins Herz Meister gibt auf Geselle gibt auf Junge rasiert … „… die Kehle abzuschneiden …“	Bart abnehmen Belohnung: 4 Kronentaler Drohung: totstechen Meister gibt auf Geselle gibt auf Lehrjunge rasiert … „… hätte die Gurgel durchschnitten …“
Absicht:	unterhalten belehren	unterhalten belehren
Wirkung auf mich:	____________ ____________ ____________ ____________	____________ ____________ ____________ ____________

5. Zur Weiterführung

- Eintrag der Tafelanschriften und der Kurzbiografien der Dichter,
- Bearbeiten des Arbeitsblattes,
- Einstudierung des Gedicht- und Liedvortrages,
- Aufführung als Bänkelsang (Bildtafel herstellen, volkstümliche Melodie übernehmen oder erfinden),
- Schwank als Drehbuch umschreiben und als Spielszene darstellen,
- Schwank zur Ballade umformen (entsprechend der Strophen, Reime und des Versmaßes),
- Diskussion über „Morddrohung, -planung“.

---

5 Siehe hierzu auch: Oswald Watzke (Hrsg.): Schwänke in Stundenbildern, 5./6. Jahrgangsstufe. Donauwörth 2001.
Schlussbemerkung: Zeichnung auf Text- und Kopierblatt: Peter Seuffert (aus: Gedichte in Stundenbildern, 6. Jahrgangsstufe, hrsg. von Oswald Watzke. Donauwörth, 3. Aufl. 1999, S. 47).

Der rechte Barbier (von Adelbert von Chamisso)

1 „Und soll ich nach Philisterart
Mir Kinn und Wange putzen,
So will ich meinen langen Bart
Den letzten Tag noch nutzen.
Ja, ärgerlich, wie ich nun bin,
Vor meinem Groll, vor meinem Kinn
Soll mancher noch erzittern!“

2 „Holla! Herr Wirt, mein Pferd! macht fort!
Ihm wird der Hafer frommen.
Habt Ihr Barbierer hier im Ort?
Lasst gleich den rechten kommen.
Waldaus, waldein, verfluchtes Land!
Ich ritt die Kreuz und Quer und fand
Doch nirgends noch den rechten.“

3 „Tritt her, Bartputzer, aufgeschaut!
Du sollst den Bart mir kratzen,
Doch kitzlig sehr ist meine Haut,
Ich biete hundert Batzen,
Nur, machst du nicht die Sache gut,
Und fließt ein einzges Tröpfchen Blut, –
Fährt dir mein Dolch ins Herze.“

4 Das spitze, kalte Eisen sah
Man auf dem Tische blitzen,
Und dem verwünschten Ding gar nah
Auf seinem Schemel sitzen
Den grimmigen, schwarz behaarten Mann
Im schwarzen, kurzen Wams, woran
Noch schwärzre Troddeln hingen.

5 Dem Meister wirds zu grausig fast,
Er will die Messer wetzen,
Er sieht den Dolch, er sieht den Gast,
Es packt ihn das Entsetzen,
Er zittert wie das Espenlaub,
Er macht sich plötzlich aus dem Staub
Und sendet den Gesellen.

6 „Einhundert Batzen, mein Gebot,
Falls du die Kunst besitzest,
Doch, merk es dir, dich stech ich tot,
So du die Haut mir ritzest.“
Und der Gesell: „Den Teufel auch!
Das ist des Landes nicht der Brauch.“
Er läuft und schickt den Jungen.

7 „Bist du der Rechte, kleiner Molch?
Frisch auf! fang an zu schaben,
Hier ist das Geld, hier ist der Dolch,
Das beides ist zu haben!
Und schneidest, ritztest du mich bloß,
So geb ich dir den Gnadenstoß,
Du wärest nicht der Erste.“

8 Der Junge denkt der Batzen, druckst
Nicht lang und ruft verwegen:
„Nur still gesessen! nicht gemuckst!
Gott geb Euch seinen Segen!“
Er seift ihn ein ganz unverdutzt,
Er wetzt, er stutzt, er kratzt, er putzt:
„Gottlob, – nun seid ihr fertig.“

9 „Nimm, kleiner Knirps, dein Geld nur hin,
Du bist ein wahrer Teufel
Kein andrer mochte den Gewinn,
Du hegtest keinen Zweifel,
Es kam das Zittern dich nicht an,
Und wenn ein Tröpflein Blutes rann,
So stach ich dich doch nieder.“

10 „Ei!! guter Herr, so stand es nicht,
Ich hielt Euch an der Kehle,
Verzucktet ihr nur das Gesicht
Und ging der Schnitt mir fehle,
So ließ ich Euch dazu nicht Zeit,
Entschlossen war ich und bereit,
Die Kehl Euch abzuschneiden.“

11 „So, so! ein ganz verwünschter Spaß!“
Dem Herrn wards unbehaglich,
Er wurd auf einmal leichenblass
Und zitterte nachträglich:
„So, so! das hat ich nicht bedacht,
Doch hat es Gott noch gut gemacht,
Ich wills mir aber merken.“

Der Barbierjunge von Segringen

Im vorigen Spätjahr kam in dem Wirtshause zu Segringen ein Fremder von der Armee an, der einen starken Bart hatte und fast wunderlich aussah, also dass ihm nicht recht zu trauen war. Der sagt zum Wirt, ehe er etwas zu essen und zu trinken fordert: „Habt Ihr keinen Barbier im Ort, der mich rasieren kann?“ Der Wirt sagt ja und holt den Barbier. Zu dem sagt der Fremde: „Ihr sollt mir den Bart abnehmen, aber ich habe eine kitzlige Haut. Wenn Ihr mich nicht ins Gesicht schneidet, so zahle ich Euch vier Kronentaler. Wenn Ihr mich aber schneidet, so stech ich Euch tot. Ihr wäret nicht der Erste.“ Wie der erschrockene Mann das hörte und das spitzige, kalte Eisen lag auf dem Tisch, so springt er fort und schickt den Gesellen. Zu dem sagt der Herr das Nämliche. Wie der Gesell das hört, springt er ebenfalls fort und schickt den Lehrjungen. Der Lehrjunge lässt sich blenden von dem Geld und denkt: „Ich wags. Geratet es und ich schneide ihn nicht, so kann ich mir für vier Kronentaler einen neuen Rock auf die Kirchweih kaufen und einen Schnepper. Geratets nicht, so weiß ich, was ich tue“, und rasiert den Herrn. Der Herr hält ruhig still, weiß nicht, in welcher entsetzlichen Todesgefahr er ist, und der verwegene Lehrjunge spaziert ihm auch ganz kaltblütig mit dem Messer im Gesicht und um die Nase herum, als wenns nur um einen Sechser oder im Fall eines Schnittes um ein Stücklein Zunder oder Fließpapier darauf zu tun wäre und nicht um vier Kronentaler und um ein Leben, und bringt ihm glücklich den Bart aus dem Gesicht ohne Schnitt und Blut und dachte doch, als er fertig war: „Gottlob!“ Als aber der Herr aufgestanden war und sich im Spiegel beschaut und abgetrocknet hatte und gibt dem Jungen die vier Kronentaler, sagt er zum ihm: „Aber junger Mensch, wer hat dir den Mut gegeben, mich zu rasieren, so doch dein Herr und der Gesell sind fortgesprungen? Denn wenn du mich geschnitten hättest, so hätt ich dich erstochen.“ Der Lehrjunge aber bedankte sich lächelnd für das schöne Stück Geld und sagte: „Gnädiger Herr, Ihr hättet mich nicht erstochen, sondern wenn Ihr gezuckt hättet und ich hätt Euch ins Gesicht geschnitten, so wär ich Euch zuvorgekommen, hätt Euch augenblicklich die Gurgel durchgehauen und wäre auf und davon gesprungen.“ Als aber der fremde Herr das hörte und an die Gefahr dachte, in der er gesessen war, ward er erst blass vor Schrecken und Todesangst, schenkte dem Burschen noch einen Kronentaler extra und hat seitdem zu keinem Barbier mehr gesagt: „Ich steche dich tot, wenn du mich schneidest.“

Johann Peter Hebel

Kopiervorlage 2

Der rechte Barbier (Adelbert von Chamisso)

1. Lest die Strophe 1 (mit Melodie) und diskutiert darüber!

Bänkelsang:
Der rechte Barbier

Text: Adelbert von Chamisso
Melodie: Oberbayerische Volksweise

2. Notiert hier die wichtigsten Wesensmerkmale einer Ballade:

Erzählgedicht: ______________________________

dramatische Mittel: ______________________________

dramatisches Geschehen: ______________________________

Lösung: ______________________________

Absicht: ______________________________

Wirkung: ______________________________

3. Notiert die wichtigsten Unterschiede zum Schwank!

Dichter:		
Textart:		
Personen:		
Handlung:		

4. Hinweise zur Freiarbeit: Kreuze an!

☐ Gedichtvortrag ☐ Liedvortrag ☐ Bildtafel/Bänkelsang
☐ Drehbuch/Spielszene ☐ Schattenspiel ☐ Personenspiel
☐ Sammlung/Vorstellung weiterer Volksballaden

Johann Wolfgang Goethe: „Der Zauberlehrling“

1. Zur Sachanalyse

Die Ballade **„Der Zauberlehrling“**[1] verfasst **J. W. Goethe (1749–1832)** in der ersten Hälfte des Juli 1797 in Weimar, sie entsteht unmittelbar nach den Balladen „Der Schatzgräber“ (21./22. Mai), „Legende“ (Anfang Mai–Anfang Juni), „Die Braut von Korinth“ (4.–6. Juni), „Der Gott und die Bajadere“ (6.–9. Juni 1797) und erscheint wie diese im „Musenalmanach für das Jahr 1798“, dem sogenannten Balladen-Almanach, in dem auch Friedrich Schillers (1759–1805) Balladen „Der Ring des Polykrates“, „Der Handschuh“, „Ritter Toggenburg“, „Der Taucher“, „Die Kraniche des Ibykus“ und „Der Gang nach dem Eisenhammer“ erstmalig gedruckt werden.

Goethes „Zauberlehrling“, dessen Stoff auf eine griechische Quelle zurückgeht, auf den von Wieland ins Deutsche übertragenen „Lügenfreund“ des Lukian, ist eine Monologballade – der Monolog eines sich in größte Not bringenden Lehrlings, dem am Ende der rettende Zauberspruch des Meisters gegenübergestellt wird. Der Held des Geschehens tritt somit selbst als Sprecher auf, der im unmittelbaren Präsens nicht den Vorgang des Geschehens, sondern in den Hauptstrophen dessen starke Wirkung auf seine eigene Gemütslage und in seinen zunächst erwartungsfrohen, später von Angst erfüllten Zwischenreden seine persönliche Betroffenheit wiedergibt.

Wenngleich Reimschema und trochäisches Versmaß sich in allen Strophen der stark dramatisch bestimmten Ballade gleichen, Unterschiede bestehen formal nur in der Länge der Verse, wechselt die Gemütsverfassung des Titelhelden von Strophe zu Strophe in starkem Maße: Freude über die Abwesenheit des Meisters und triumphierender Vorausblick auf die nun endlich zu beweisenden eigenen Fähigkeiten als Zauberkünstler bestimmen Strophe 1, die Beschwörungsformel – Strophe 1 a – wird mit verhaltener Erwartung des Erfolges formuliert. Befehlend – junger Herr kontra Knecht – Strophe 2, offener und drängender die mit 1 a identische Strophe 2 a. Triumph des Erfolges (Seht …, Wahrlich! …) trägt Strophe 3, in 3 a erfolgt der abrupte Wechsel von Befehlston zu jähem Erschrecken (Ach, …! Wehe! wehe!) und dem Eingeständnis des Mangels an Sachkompetenz, das hinüberführt zu Strophe 4, in der die gerufenen Wassermassen zu einer persönlichen Gefahr für den Geisterrufer, der personifizierten Besen sogar – in 4 a – zum drohenden Widersacher wird (Vers 56). Aktion des Besens und nutzlose Gegenaktion des Lehrlings (Strophe 5 und 5 a) steigern sich in eine chaotische Hektik, nur für eine kurze Sekunde scheint der Junge wieder Herr der Lage zu sein (Vers 78 in Strophe 6). Auch der verzweifelte Ruf um Hilfe an die „hohen Mächte“ (Vers 84 in 6 a) verhallt ungehört. Erst das Eingeständnis seines schuldhaften Versagens gegenüber dem endlich herbeigerufenen Zaubermeister (Verse 91/92 in Strophe 7)

> „Die ich rief, die Geister,
> Werd ich nun nicht los“

bringt mit dem Sichbesinnen des Lehrlings auf seine Nichtigkeit die Erlösung von der Macht der entfesselten Zauberkräfte: Mit einer knappen, beruhigenden Zauberformel verweist der Meister die Geister in ihre Grenzen, der Mensch wird wieder Herr der Situation. Als Sinnbild einer gereiften, ausgeglichenen Persönlichkeit stellt er die durch jugendliche Selbstüberschätzung gefährdete Ordnung wieder her.

2. Zur didaktischen Analyse

„Der Zauberlehrling“, entstanden also im freundschaftlichen Wettstreit mit Schiller im sogenannten Balladenjahr 1797/98, ist eine der bekanntesten Balladen überhaupt. Im Mittelpunkt steht der Lehrling, vertretungsweise für den Menschen an sich, der als kleiner Prometheus anmaßend, verwegen und kühn, voller Hybris, seine Macht versucht und an die Grenzen seiner Fähigkeit gelangt. Ein Urthema der Menschheit!

Den Jugendlichen wird die Situation des jungen, unerfahrenen Menschen, der sich und seine Fähigkeiten maßlos überschätzt und meint, sich großen Ansprüchen aussetzen zu können, nicht lebensfremd erscheinen.

Ein Transfer auf ihr gegenwärtiges und zukünftiges Leben ist mühelos in Beziehung zum Text und zu dessen mahnender Aussage zu bringen a) hinsichtlich der besonderen Verführbarkeit der Jugend (Geschwindigkeitsrausch mit frisiertem Moped, Mannbarkeitsbeweis im Alkohol- und Nikotingenuss, Versuch sportlicher Höchstleistungen ohne Training und richtige Ausrüstung z. B. beim Skilaufen oder Segeln usw.), b) aber auch angesichts der Bereitschaft der Erwachsenen zu Taten, deren Folgen sie nicht bedenken wollen und die somit Unternehmungen der Hybris sind (z. B. gewagte finanzielle Transaktionen, politische Risikounternehmen, Umweltgefährdungen, Versuche im Bereich der Medizin, der Vererbungsforschung, der Weltraumeroberung).

So sollen die Schülerinnen und Schüler in einer ersten Einheit des Textumgangs vor allem die sprechgestaltende Interpretation und den Transfer der Aussage der Ballade in Angriff nehmen.

In einer zweiten Einheit analysieren sie (möglichst selbstständig) die Einheit von Inhalt und Form des sprachlichen Kunstwerkes und halten seine Struktur und sein Wesen anhand einer Tafelanschrift fest.

Eine dritte Einheit könnte – fächerübergreifend – der kulturellen Bereicherung der Jugendlichen gewidmet

1 Aus: Goethes Werke. Hamburger Ausgabe in 14 Bänden, hrsg. von Erich Trunz. München, Band 1, 13. Aufl. 1982, S. 276–280.

werden, wenn die Lehrkraft z. B. folgende Medien einsetzt: Sprechplatte: Caston 588, Zeichentrickfilm: Peti und der Roboter FT 271, Sinfonische Dichtungen von Paul Dukas: Der Zauberlehrling (Scherzo für 11 Minuten).
Höhe- und Schlusspunkt könnte ein möglichst künstlerischer Vortrag der Monologballade sein, den besonders sprechbegabte Schülerinnen und Schüler gestalten – bei Untermalung dem Scherzo „Der Zauberlehrling" von Paul Dukas.

Lernziele: Die Schülerinnen und Schüler sollen

1. eine klassische Ballade der deutschen Literaturgeschichte kennenlernen,
2. den Stimmungsgehalt der Ballade erfassen und nacherleben können,
3. die Entwicklung des dramatischen Aufbaus und seines Höhepunktes erkennen,
4. die Struktur- und Wesensmerkmale der Ballade feststellen können,
5. den Wesensgehalt der Ballade erkennen, würdigen und auf die heutigen Verhältnisse übertragen,
6. zu einer angemessenen sprecherischen Gestaltung der Ballade befähigt werden.

3. Zur Verlaufsplanung: 1. Einheit

3.1 Zielangabe

Tafelanschrieb: J. W. Goethe (1749–1832) Ballade „Der Zauberlehrling", entstanden im „Balladenjahr (1797)" Goethes und Schillers (1759–1805).

3.2 Begegnung mit dem Text

1. Teilziel: Lehrervortrag, die Klasse hört zu, ohne den Text mitlesen zu können.

2. Teilziel: Nach Spontanäußerungen zum Handlungsgeschehen und zur Stimmung der Ballade werden Textblätter ausgeteilt. Die Schülerinnen und Schüler lesen still den Text durch.

3.3 Analyse des Textes

Diese geschieht von Strophe zu Strophe bei gleichzeitigem sprecherischen Gestalten der analysierten Textabschnitte (mehrere Schüler üben sich im Ausdrücken der jeweiligen seelischen Verfassung des Zauberlehrlings).

3.4 Zusammenfassung

Die Textanalyse erfolgt in der Form einer gestalteten Lesung des gesamten Textes.

3.5 Transferphase

Die Diskussion der Aussage der Ballade wird übergeleitet in ihren Transfer auf aktuelle Verhältnisse. Durch Brainstorming und/oder Clusterbildung könnten folgende Beispiele gefunden werden:

Der Mensch von heute ruft „Geister". Wird er sie wieder los?

„Lehrlinge" sind z. B.	„Zauberbesen" sind z. B.	Konflikte, Folgen, Gefahren sind z. B.
Jugendlicher Techniker Militarist Rennfahrer Arzt Genforscher Wissenschaftler usw.	Motorrad Atomkraft Weltraumraketen Auto Labor & Forschung usw.	Unfall Katastrophe Weltuntergang Tod Missgeburten Monster Chaos usw.

3.6 Hausaufgabe (alternativ):

a) Gestaltender Vortrag der Ballade vom Textblatt,
b) Kurzaufsatz über die Aussage der Ballade zum Problem: „Die ich rief, die Geister, werd ich nun nicht los."

3.7 Zur Weiterführung

Je nach Situation der Klasse, d. h. nach Zahl und Art der in den Klassen 5, 6 und 7 behandelten Balladen und nach dem Grad der Motivation durch die gerade behandelte Ballade, kann der Versuch unternommen werden, die Gattung Ballade zu definieren, wobei evtl. von der Definition Goethes (Ballade als „Ur-Ei" der Dichtung) ausgegangen werden könnte.[2]
Bei dieser Gelegenheit sollte auch wieder daran erinnert oder erstmalig darauf hingewiesen werden, dass eine Ballade von ihrem Wesen her trotz aller dramatischen Elemente nicht mit verteilten Rollen gelesen werden soll. (Die Aufteilung in Rollen, z. B. beim „Erlkönig" oder beim „Zauberlehrling" Goethes, ist allenfalls während der Übungsphasen bei der Erarbeitung des Balladenvortrags durch den Klassenverband oder durch eine Arbeitsgruppe zulässig.)[3]

Aus: J. W. Goethe:
Ballade, Betrachtung und Auslegung (1821)

Die Ballade hat etwas Mysterioses, ohne mystisch zu sein, diese letzte Eigenschaft eines Gedichts liegt im Stoff, jene in der Behandlung. Das Geheimnisvolle der Ballade entspringt aus der Vortragsweise. Der Sänger nämlich hat seinen prägnanten Gegenstand, seine Figuren, deren Taten und Bewegung so tief im Sinne, dass er nicht weiß, wie er ihn ans Tageslicht fördern will. Er be-

2 Johann Wolfgang Goethe: a. a. O., S. 400.
3 K. C. Haase: Die Ballade im Deutschunterricht der Sekundarstufe. In: E. Wolfrum (Hrsg.): Taschenbuch des Deutschunterrichts. Esslingen 1972, vgl. S. 352–361.

dient sich daher aller drei Grundarten der Poesie, um zunächst auszudrücken, was die Einbildungskraft erregen, den Geist beschäftigen soll, er kann lyrisch, episch, dramatisch beginnen und, nach Belieben die Formen wechselnd, fortfahren, zum Ende hineilen oder es weit hinausschieben. Der Refrain, das Wiederkehren eben desselben Schlussklanges, gibt dieser Dichtart den entscheidenden lyrischen Charakter.
Hat man sich mit ihr vollkommen befreundet, wie es bei uns Deutschen wohl der Fall ist, so sind die Balladen aller Völker verständlich, weil die Geister in gewissen Zeitaltern, entweder kontemporan oder sukzessiv, bei gleichem Geschäft immer gleichartig verfahren. Übrigens ließe sich an einer Auswahl solcher Gedichte die ganze Poetik gar wohl vortragen, weil hier die Elemente noch nicht getrennt, sondern wie in einem lebendigen Ur-Ei zusammen sind, das nur bebrütet werden darf, um als herrlichstes Phänomen auf Goldflügeln in die Lüfte zu steigen.

4. Zur Verlaufsplanung: 2. Einheit

4.1 Initialphase

Bildimpulse: Porträts von Goethe und Schiller, Kurzbericht aus der Literaturgeschichte[4] bzw. der letzten Unterrichtsstunde.

4.2 Rezeptionsphase

Eindrucksvoller Lehrer- bzw. Schülervortrag oder Vorspielen einer Sprechplatte.

4.3 Reflexionsphase

1. Teilziel: Freie und gelenkte Aussprache
über das Geschehen, die Personen, die düstere Grundstimmung, den Konfliktfall, über eigene Meinungen und Gefühle …

2. Teilziel: Arbeitsteilige Gruppenarbeit:
1. Untersuche Aufbau und Geschehen der Ballade!
2. Schreibe heraus, welche Wortwahl der Dichter für „Meister", „Besen" und „Wasser" gebraucht!
3. Stelle fest, welche Gefühle der Lehrling durchlebt!

3. Teilziel: Auswertung der Ergebnisse
Konkurrierende Gruppenarbeit in drei Abteilungen, Zusammenschau und Tafelanschrift[5]:

Strophe	I/II	III	IV	V	VI	VII
Geschehen	Lehrling spielt Meister, will wie **er** sein.	Lehrling ist **Herr** über den Besen (Geist).	„Geist" gerät außer Kontrolle.	Gefahr wird größer, Lehrling plant Selbsthilfe.	Vernichtung des Besens, **doppelte** Wiedergeburt.	Katastrophe, Rettung durch den **Meister.**
Wortwahl	Hexenmeister Wasser Bad alter Besen Knecht	Guss Schwall walle Walle wehe Wehe	Güsse Flüsse alter Besen	Wasserströme Ausgeburt der Hölle verruchter Besen	Kobold Knecht	Herr und Meister entsetzliche Gewässer Geister Besen
Gefühlslage	anmaßend hochmütig stolz	sicher dünkelhaft unsicher	erschrocken ängstlich	Angst Wut	Hoffnung Entsetzen	verzweifelt demütig
„Die ich rief, die Geister, werd ich nun nicht los."						

Das dramatische Geschehen spielt sich in sieben zweiteiligen Strophen ab. Das sprachliche Kunstwerk zeichnet sich besonders dadurch aus, dass äußeres Geschehen (Handlungsablauf) und inneres Geschehen (Gefühlslagen) durch eine treffende Sprache (Wortwahl, Satzarten, Stabreime, Wiederholungen, Rhythmik, Metrik …) wiedergegeben werden.

4 Zur Biografie Goethes: geb. am 28. 8. 1749 in Frankfurt/Main, gest. am 22. 3. 1832 in Weimar, Sohn eines Kaiserlichen Rats und Enkel des Stadtschultheißen, studierte 1765/68 die Rechte in Leipzig, starke Beeinflussung durch die Rokokoliteratur. Abschluss des Jura-Studiums mit der Promotion zum Lizentiaten der Rechte in Straßburg. Nach kurzer Tätigkeit als Jurist in Wetzlar und Frankfurt 1775 nach Weimar, dort in kürzester Zeit Übernahme wichtigster Staatsämter als Freund des Herzogs Karl August. 1780 Geheimer Rat, 1782 Kammerpräsident, Erhebung in den Adelsstand. 1786/88 Bildungsreise nach Italien. 1794 bis 1805 immer enger werdendes Bündnis mit Friedrich von Schiller in Fragen der Ästhetik, der Philosophie und bei der Leitung des Hoftheaters: klassische Epoche des Weimarer Theaters. Weimar Zentrum der klassischen deutschen Literatur, das es über den Tod Schillers und Goethes hinaus bleibt. – Goethe ist als Lyriker, Dramatiker, Epiker, als sich der Geschichtsforschung und den Naturwissenschaften intensiv zuwendender Denker zur zentralen Gestalt deutschen Geisteslebens geworden.
Werke u. a.: 1773 „Götz von Berlichingen" (Dr.), 1774 „Die Leiden des jungen Werthers" (R.), 1795/96 „Wilhelm Meisters Lehrjahre" (R.), 1787 „Iphigenie auf Tauris" (Dr., Versfassung), 1788 „Egmont" (Dr.), 1808 „Faust. Der Tragödie erster Teil" (Dr.), 1829 „Wilhelm Meisters Wanderjahre oder Die Entsagenden" (R., vollst. Fassung), 1832 „Faust II. Teil" (Dr.).
Zur Biografie Schillers siehe S. 157.
Anmerkungen zur Klassik:
Die **Weimarer Klassik** (ca. 1787–1805), von **Goethe und Schiller** geprägt, wird als die Reife- und Blütezeit der deutschen Literatur der Neuzeit betrachtet. Zur so genannten Vorklassik werden G. E. **Lessings** „Nathan der Weise" (1779) und **Goethes** Prosafassung von „Iphigenie auf Tauris" (1779) (U. A. 6. April 1779) gezählt. Johann Joachim **Winckelmann** (1717 bis 1768) bringt diese Epoche bereits auf die Formel „edle Einfalt und stille Größe", die sich bewusst an griechisch-römischen Vorbildern orientiert.
Die deutsche Hochklassik (Goethe, Schiller) ist weniger eine Epoche als eine **Stil-Richtung**, deren Leitideen sind Harmonie und Humanität, z.B. Dramen: Goethe: „Iphigenie auf Tauris" (1779 und 1786), „Torquato Tasso" (1790). Schiller: „Die Braut von Messina" (1803), „Wilhelm Tell" (1804). Epik: Goethe: „Hermann und Dorothea" (1797). Schillers Abhandlung „Über Anmut und Würde" (1793).
Die Grundlegung des deutschen Idealismus leistete der Philosoph Immanuel **Kant** (1724–1804) mit seinen Werken: „Kritik der reinen Vernunft" (1781, erweiterte Fassung 1787), „Kritik der praktischen Vernunft" (1788), „Kritik der Urteilskraft" (1790).

5 Ergänzte und veränderte Übersicht aus: Lauterwasser, Walter: Johann Wolfgang von Goethe: Der Zauberlehrling. In: Lernziele, Kurse, Analysen 7, hrsg. von Johann Bauer. Hannover 1974, S. 221–226, vgl. S. 224–225.

Tafelbild

Johann Wolfgang von Goethe

Der Zauberlehrling

Bild von Schiller — Ballade 1798 ← Bild von Goethe

Merkmale der Ballade:
- erzählendes Gedicht mit Reim
- spannende Handlung
- Zauberlehrling steht mit seinem Schicksal im Mittelpunkt des Geschehens
- düstere und tragische Grundstimmung

Form der Ballade
- Aufbau: sieben überschaubare Strophen zerfallen in zwei deutlich geschiedene Teile.
- Sprache: Ichform als Erzählform. Lehrling als Erzählender und Handelnder.
- Zeitform: Präsens

Ordnung	Unordnung	Ordnung
I. Lehrling – Meister	II. Lehrling – Geist	III. Lehrling – Meister
1. Der Lehrling will den Meister spielen.	2. Der Lehrling ruft den Geist. 3. Der Geist arbeitet für den Lehrling. 4. Der Lehrling hat „das Wort" vergessen. 5. Der Lehrling greift zur Selbsthilfe. 6. Das Unheil wird immer größer.	7. Der herbeigerufene Meister schafft wieder Ordnung.

„Die ich rief, die Geister, werd ich nun nicht los."

- Grunderfahrung: Es werden Vorgänge ausgelöst, deren Verlauf der Kontrolle entgleitet.
- Grunderkenntnis: Jedem Menschen sind Grenzen gesetzt. Man überschreitet nicht ungestraft die Grenzen seiner Fähigkeiten.

4. Teilziel: Struktur und Wesen der Ballade
Zusammenfassung, Vertiefung (und zugleich Lernzielkontrolle) anhand der Vorlage (bzw. Erarbeitung) einer Strukturskizze[6].

4.4 Zur Weiterführung

- Eintrag der Tafelanschriften und Dichterkunde,
- Vorstellung weiterer Balladen aus dem Balladenjahr 1797/98,
- Eintrag der (auch modifizierten) Strukturskizze,
- Verfeinern des Balladenvortrags mit musikalischer Untermalung,
- Bearbeiten der Kopiervorlage,
- Verfeinern des Balladenvortrags mit Aufführung eines Schattenspiels[7] (siehe S. 107),
- Verbindung mit Musikunterricht[8].

6 Leicht gekürzte Übernahme aus: Kräupl, Gerhard: Ballade von J.W. v.Goethe „Der Zauberlehrling" (Deutsch, 7. Jgst.). In: Pädagogische Welt, Heft 3/1981, S. 159–162, vgl. S. 162.

7 Rainer Patzelt/Heinrich Riechers: Themenplan Ballade. Donauwörth 1999, S. 43–50 (Zitate des Schattenbildes und der Zeichnung mit Beschreibung von S. 49 f.).

8 Z.B.: Paul Dukas (1865–1935): „Der Zauberlehrling" (CD der Deutschen Grammophon, LC 0173, ein Orchesterstück).

Schattenspiel

Für ein Schattenspiel braucht ihr Figuren (Figurenschattenspiel) oder euch selbst als Personen (Personenschattenspiel) und diese (selbst gebastelte) Vorrichtung:

Was ihr braucht:

1 Lichtquelle(n) (z. B. Diaprojektor, Tageslichtprojektor …)
2 Leinwand
3 Schattenfigur, Spielstab
4 Spieler, evtl. mehrere Personen (für Zuschauer unsichtbar)
5 Sprecher (mehrere Personen, wenn Text auf verschiedene Sprechrollen verteilt)
6 Zuschauer

Dann müsst ihr

- Figuren aus schwarzer Pappe oder dünnem Sperrholz herstellen
- Kulissen und Requisiten anfertigen
- eine Bühne mit Lichtquelle und Leinwand vorbereiten
- einen Spielplan entwickeln
- Sprechrollen einüben
- Musik und Lichteffekte hinzufügen

Viel Spaß und Erfolg!

Johann Wolfgang Goethe

Der Zauberlehrling

1

Hat der alte Hexenmeister
Sich doch einmal wegbegeben!
Und nun sollen seine Geister
Auch nach meinem Willen leben!
Seine Wort und Werke
Merkt ich und den Brauch,
Und mit Geistesstärke
Tu ich Wunder auch.

Walle! walle
Manche Strecke,
Dass zum Zwecke
Wasser fließe,
Und mit reichem, vollem Schwalle
Zu dem Bade sich ergieße!

2

Und nun komm, du alter Besen!
Nimm die schlechten Lumpenhüllen!
Bist schon lange Knecht gewesen;
Nun erfülle meinen Willen!
Auf zwei Beinen stehe,
Oben sei ein Kopf,
Eile nun und gehe
Mit dem Wassertopf!

Walle! walle
Manche Strecke,
Dass zum Zwecke
Wasser fließe,
Und mit reichem, vollem Schwalle
Zu dem Bade sich ergieße!

3

Seht, er läuft zum Ufer nieder;
Wahrlich! ist schon an dem Flusse,
Und mit Blitzesschnelle wieder
Ist er hier mit raschem Gusse.
Schon zum zweiten Male!
Wie das Becken schwillt!
Wie sich jede Schale
Voll mit Wasser füllt!

Stehe! stehe!
Denn wir haben
Deiner Gaben
Vollgemessen! –
Ach, ich merk es! Wehe! wehe!
Hab ich doch das Wort vergessen!

4

Ach, das Wort, worauf am Ende
Er das wird, was er gewesen.
Ach, er läuft und bringt behände
Wärst du doch der alte Besen!
Immer neue Güsse
Bringt er schnell herein,
Ach! und hundert Flüsse
Stürzen auf mich ein.

Nein, nicht länger
Kann ichs lassen;
Will ihn fassen.
Das ist Tücke!
Ach! nun wird mir immer bänger!
Welche Miene! welche Blicke!

5

O, du Ausgeburt der Hölle!
Soll das ganze Haus ersaufen?
Seh ich über jede Schwelle
Doch schon Wasserströme laufen.
Ein verruchter Besen,
Der nicht hören will!
Stock, der du gewesen,
Steh doch wieder still!

Willsts am Ende
Gar nicht lassen?
Will dich fassen,
Will dich halten,
Und das alte Holz behände
Mit dem scharfen Beile spalten.

6

Seht, da kommt er schleppend wieder!
Wie ich mich nun auf dich werfe,
Gleich, o Kobold, liegst du nieder;
Krachend trifft die glatte Schärfe!
Wahrlich, brav getroffen!
Seht, er ist entzwei!
Und nun kann ich hoffen,
Und ich atme frei!

Wehe! wehe!
Beide Teile
Stehn in Eile
Schon als Knechte
Völlig fertig in die Höhe!
Helft mir, ach! ihr hohen Mächte!

7

Und sie laufen! Nass und nässer
Wirds im Saal und auf den Stufen.
Welch entsetzliches Gewässer!
Herr und Meister! hör mich rufen! –
Ach, da kommt der Meister!
Herr, die Not ist groß!
Die ich rief, die Geister,
Werd ich nun nicht los.

„In die Ecke,
Besen! Besen!
Seids gewesen!
Denn als Geister
Ruft euch nur zu seinem Zwecke
Erst hervor der alte Meister.“

Der Zauberlehrling (Johann Wolfgang von Goethe, 1749–1832)

1. Das dramatische Geschehen der Monologballade:

Strophe 1: ______________________________

Strophe 2: ______________________________

Strophe 3: ______________________________

Strophe 4: ______________________________

Strophe 5: ______________________________

Strophe 6: ______________________________

Strophe 7: ______________________________

2. Die Gefühle des Zauberlehrlings:

Strophe 1: ______________________

Strophe 2: ______________________

Strophe 3: ______________________

Strophe 4: ______________________

Strophe 5: ______________________

Strophe 6: ______________________

Strophe 7: ______________________

3. Die „Lehre“ des Dichters:

Vers 91: ______________________________

Vers 92: ______________________________

4. Der Transfer dieser Botschaft auf unsere Gegenwart und Zukunft:

____

____

____

5. Hinweise zur Freiarbeit:

☐ Balladenvortrag (mit Musik) ☐ Balladenvortrag (mit Schattenspiel)
☐ Collage zum Thema (aus Fotos, Statistiken, Grafiken, eigene Zeichnungen)
☐ Beispiele aus dem Balladenjahr 1797/98

5. Konkrete Poesie

Vorbemerkungen

Den Begriff „konkrete Poesie" hat Eugen Gomringer 1953, im Erscheinungsjahr seiner „33 Konstellationen", in die Lyrikdiskussion eingeführt. Doch schon im frühen Mittelalter wurden Texte in Bildform, entweder als Textfigur oder Figurentext, als Bild- oder Sehgedicht geschrieben, angeordnet oder gemalt. In der ersten Hälfte unseres Jahrhunderts begannen die Dadaisten vor allem mit auditiven Formen (als Sprech-, Klang- oder Lautgedichte), in denen das Lautliche der Sprache verselbstständigt wird, in der zweiten Hälfte pflegten die Konkreten vor allem die visuellen Formen (vor allem als Ideogramm, Konstellation, Piktogramm), in denen das Grafische der Sprache eine „Poesie der Fläche" (Franz Mon) bildet.

Konkrete Poesie ist ursprünglich Protestdichtung gegen die „vom Journalismus verdorbene und unmöglich gewordene Sprache" und gegen den „Ramschausverkauf der entgötterten Philosophie". Sie ist der „immer wieder positivistisch vorgetragene Versuch, Gegenwart unmittelbar sprachlich festzustellen", „sprach- und gesellschaftskritisch", dabei „einfach, d. h. rätselhaft und poetisch" und heiter und bereit zum Spiel zu sein, wie es Eugen Gomringer 1972 formulierte.[1]

Konkrete Poesie kann daher in besonderer Weise als Kommunikationsmittel unserer Zeit der sprachlichen und gesellschaftlich-politischen Sensibilisierung der Heranwachsenden dienlich werden.

Die (mindestens fünf) Unterschiedsmerkmale zwischen der konkreten Poesie und der traditionellen Lyrik stellen wir auf S. 118 vor.

---

1 Vgl. hierzu: Hugo Ball: Die Flucht aus der Zeit. Luzern 1946, S. 98 f. Eugen Gomringer (Hrsg.): Konkrete Poesie. Stuttgart 1991 (1972).

Hugo Ball: „Seepferdchen und Flugfische"/„Karawane"

1. Zur Sachanalyse

Das Lautgedicht lebt und entsteht mit und durch die Lautmalerei, die eine originale und mitunter komisch wirkende Erweiterung der Sprache erzeugt. Zu den Unterarten dieser Klanglyrik zählten Hermann Helmers[2] abstrakte und konkrete (besser: reale) Lautgedichte, Lautspiele und sonstige Sprachspiele.

Abstrakten Lautgedichten fehlt zwar die semantische Schicht, sie lassen jedoch durch ihre Klangmalerei, Klangmusikalität oder Klangsymbolik eine Bedeutung erkennen.

In der Interpretation des ersten Lautgedichtes[3] **„Seepferdchen und Flugfische"** finden wir heraus, dass drei Gruppen von Phonemsequenzen das erste Lautgedicht, das eine semantisch intakte Überschrift hat, aufbauen. Der Phonemstamm „bam", der den Seepferdchen zugeordnet werden könnte, verzweigt sich und wird variiert in „bim" (mit „bi", „bisch", „fisch", „fasch", „fusch", „prusch", mit „bill", „ball", „basch", „bass", „betz", „tress"). Der Phonemstamm „zak", dessen harte Konsonanten und kurzer Vokal das die Ruhe der Seepferdchen Störende der Flugfische ausdrücken könnte, verzweigt sich in „zik" (mit „zick", „zitti", „hitti", „kitti", „kata") und „zopp". Die dritte Phonemsequenz „grügrü", „blau", „leila" und „viola" mag auf die wechselnden Farben des Wassers bezogen sein, das durch die Begegnung der Seepferdchen mit den Flugfischen in heftige Bewegung gerät. Das Ineinander dieser Phonemsequenzen und ihrer Verzweigungen schildert nun die Begegnung dieser beiden Tierarten. Der Höhepunkt wird in Strophe 3 im Lautgebilde „zakkabam" erreicht, das ausdrückt, dass hier Flugfische und Seepferdchen am aufgeregtesten durcheinanderschwimmen.

In diesem Zusammenhang weisen wir auch auf das anscheinend unsinnige und doch nicht sinnlose Lautgedicht **„Karawane"** hin, in dem im Gegensatz zu „Seepferdchen und Flugfische" dunkle Vokale vorherrschen, die den Karawanenzug und seine Atmosphäre hörbar werden lassen. Wir übernehmen die Interpretation von Hans-Jürgen Kliewer: „Auf verschiedenen Ebenen der Sinnhaftigkeit entsteht ein klangvolles Gestammel, das ausgehend vom Titel als dem einzigen Wegweiser zu einer Fülle von Deutungen und Vermutungen Anlass gibt. Dass es sich um eine Elefantenkarawane handelt, geht aus jenen drei Wörtern hervor, die wie Küchenlatein klingen: jolifanto, großiga, russula. Von diesem semantischen Feld aus enträtselt man ohne stichhaltigen Grund das ‚ü üü ü' als Trompeten der Tiere, die drei Stellen, an denen die sonst seltenen t und k zwischen zwei a stehen (hollaka/fataka/tatta) als Rufe der Treiber, viel-

---

2 Hermann Helmers: Lyrischer Humor. Stuttgart 1971, vgl. S. 37 f. und 42 ff.
Eine Mischform zwischen einem konkreten (realen) und einem abstrakten Lautgedicht stammt z. B. von Christian Morgenstern (aus: Jubiläumsausgabe in vier Bänden, hrsg. von Clemens Heselhaus. München 1979):

Gruselett
Der Flügelflagel gaustert
durchs Wirowaruwolz,
die rote Fingur plaustert,
und grausig gutzt der Golz

Syntax, Metrik und Groß- und Kleinschreibung sind hier noch nicht aufgehoben. Interpretation und Stundenbild: Klaus Joerg/Tamara Müller: „Gruselett." In: Schulmagazin 5 bis 10, Heft 11/1999, S. 13–18.

3 Textquelle: Hans Arp und Hugo Ball: Gedichte. Zürich 1957.
Zur Biografie: Hugo Ball, geb. am 22. 2. 1886 in Pirmasens, gest. am 14. 9. 1927 in St. Abbondio im Tessin, Zeitkritiker, Pazifist, Mitbegründer des Dadaismus (Zürich 1916). Werke u. a.: „Die Flucht aus der Zeit" (Tagebuch 1914–1921), „Zur Kritik der deutschen Intelligenz" (1919), „Byzantinisches Christentum" (1923).

leicht nur, weil man auf der Sinnsuche, die jeden Leser leitet, auf die benachbarten Interjektionen ‚hollala' und ‚hej' stößt; schließlich stellen sich Assoziationen des Stampfens ein."[4]

2. Zur didaktischen Analyse

Das Lautgedicht gewährt der jugendlichen Fantasie einen freien Lauf. Darüber hinaus regt es an bzw. zwingt es zu einem bewussten Hören, das bei konkreten und „verständlichen" Texten nicht immer recht gefördert wird. Dieses bewusste Hineinhorchen in Klang und Rhythmus des Lautgedichtes lässt auch die Leistung dieser Gestaltungsmittel erkennen[5].

Diese Gestaltungsmittel sind den Schülerinnen und Schülern der Sekundarstufe bereits aus der Grundschule bekannt, in der sie mit dem Kinderreim und dem Kindergedicht vertraut wurden. Auch hier war die Aufgabe zu bewältigen, die Musikalität des Gedichtes aufzunehmen und darzustellen.

In der Sekundarstufe betrachten wir darüber hinaus auch die subsemantische Schicht, die Zuordnung und die Ausdeutung der Phoneme.

Die Jugendlichen sollten auch über Zeit und Grund der Entstehung der abstrakten Lautgedichte **Hugo Balls** informiert werden. Ball, der Mitbegründer der Dada-Bewegung, nennt seine Lautgedichte selbst „Vers ohne Worte", mit denen er „in Bausch und Bogen auf die durch den Journalismus verdorbene und unmöglich gewordene Sprache" verzichten wollte[6]. Er wollte mit ihnen aber auch gegen die politischen Verhältnisse, insbesondere gegen den Ersten Weltkrieg, protestieren. So schrieb er von Zürich aus, wohin er 1915 emigriert war, seiner Schwester:

„Diese ungeheure Brutalität, mit der alle Humanität, alle Menschlichkeit, alle Bildung und Kultur heute wider besseres Wissen unterdrückt werden, wird sich rächen."[7]

Diesen gesellschaftlich-historisch-politischen Hintergrund werden wir mit aufleuchten lassen, um die abstrakten Lautgedichte Hugo Balls beurteilen zu können.

Lernziele: Die Schülerinnen und Schüler sollen

1. dadaistische Gedichte, deren gesellschaftlich-politischen Hintergrund und die Autorenintention kennenlernen,
2. durch die sprecherische Gestaltung von Klang und Rhythmus Assoziationen zur Sinndeutung bilden,
3. Sprachmaterial und Bauplan der Lautgedichte feststellen und als Grundmuster für Eigenproduktionen verwenden.

4 Hans-Jürgen Kliewer: Elemente und Formen der Lyrik. Hohengehren 1974, S. 76f.

5 Ulrich Thiergard: Die Arbeit mit dem Lesebuch im fünften und sechsten Schuljahr. Schroedel 1970, S. 42f.
Ivo Braak: Poetik in Stichworten. Kiel ^{2}1966, S. 33ff. (Klangfiguren) und S. 36ff. (Onomatopöie).

6 Ball, a. a. O., vgl. S. 98f.

7 Helmers, a. a. O., S. 45 (Zitatübernahme).

Damit wäre auch der Erfordernis Rechnung getragen, die Schülerinnen und Schüler nicht nur zur rationalen Auseinandersetzung mit Texten anzuleiten, sondern sie auch zum kreativen Umgang mit der Sprache, zum „Selberschreiben" zu befähigen.

3. Hinweise für die Praxis

Wir begnügen uns hier mit allgemeinen Hinweisen, da das vorliegende Gedicht kein differenziertes Stundenbild zulässt. Die einzelnen Schritte, die sich an der theoretischen Analyse orientieren, ergeben sich aus dem Unterrichtsgeschehen selbst.

Es empfiehlt sich, eine von der Lehrkraft besprochene Kassette ablaufen zu lassen. Das Anhören wird die Klasse in Staunen und Stutzen versetzen, vielleicht auch zu Gelächter veranlassen. Die Schülerinnen und Schüler werden in der freien Aussprache vermuten, es handle sich um irgend eine orientalische Fremdsprache.

Das zweite Anhören der Kassette sollte durch das Mitlesen unterstützt werden. Anschließende eigene Leseversuche werden Heiterkeit erregen, sind jedoch für den weiteren Stundenverlauf willkommen und notwendig.

Sie sollten variabel durchgeführt werden: Lesen und Sprechen mit gleichbleibender und/oder mit unterschiedlicher Lautstärke, Tonhöhe und Geschwindigkeit (entsprechend der Phonemstämme bzw. der Drucktypen) im Wechsel von Solisten und Chor.[8]

Mit diesen Sprechgestaltungsversuchen nehmen wir zugleich auch eine Sinndeutung vor. Wir versuchen, die Schülerinnen und Schüler die Zugehörigkeit der Phonemstämme zu „vermuteten" „Sinnträgern" herausfinden zu lassen. Dazu müssen sie zunächst die Phonemstämme, die das Sprachmaterial sind, selbst erkennen. Dieses Zuordnen und Ausdeuten der klanglich-rhythmischen Phoneme sollte an der Wandtafel festgehalten werden, sodass die Gruppen und die Begegnung dieser Gruppen sichtbar werden. Auf diese Weise erhalten wir ein Schema des Gedichtaufbaus, des Bauplans des abstrakten Lautgedichtes.

Die Frage nach dem Sinn dieses Gedichts, die sicherlich gestellt wird, führt uns in das Gespräch über den oben angedeuteten gesellschaftlich-historisch-politischen Hintergrund und über die Autorenintention Hugo Balls.

Die Stunde kann abgeschlossen werden mit dem „sinngestaltenden" Lesen dieses Lautgedichtes oder auch mit dem Erfinden eigener Phonemstämme oder eines eigenen Lautgedichtes, an dem die Schülerinnen und Schüler viel Spaß haben.

In ähnlicher Weise könnten Begegnung, Sprechgestaltung, Erschließung und Nach- bzw. Eigengestaltung des zweiten Lautgedichtes „Karawane" ablaufen; es sei denn, die Lehrkraft übergibt die Kopiervorlage, die hier als Gedicht- *und* Arbeitsblatt konzipiert ist, in die selbstständige Allein- oder Partnerarbeit der Schülerinnen und Schüler.

8 Franz-Josef Payrhuber: Gedichte im Unterricht – einmal anders. München ^{4}1999, vgl. S. 130.

Hugo Ball

Seepferdchen und Flugfische

tressli bessli nebogen leila
flusch kata
ballubasch
zack hitti zopp

zack hitti zopp
hitti betzli betzli
prusch kata
ballubasch
fasch kitti bimm

zitti kitillabi billabi billabi
zikko di zakkobam
fisch kitti bisch

bumbalo bumbalo bumbalo bambo
zitti kitillabi
zack hitti zopp

tressli bessli nebogen grügrü
blaulala violabimini bisch
violabimini bimini bimini
fusch kata
ballubasch
zick hitti zopp

Meine Fantasiezeichnung (zur Sinndeutung):

Mein Thema: ______________________________

Mein Sprachmaterial: ______________________________

____

____

Mein Bauplan: ______________________________

____

____

Mein Lautgedicht:

Meine Zeichnung:

Hugo Ball

KARAWANE

jolifanto bambla o falli bambla
großgiga m'pfa habla horem
egiga goramen
higo bloiko russula huju
hollaka hollala
anlogo bung
blago bung blago bung
bosso fataka
u uu u
schampa wulla wussa olobo
hej tatta gorem
eschige zunbada
wulubu ssubudu uluwu ssubudu
tumba ba- umf
kusa gauma
ba - umf

Meine Fantasiezeichnung (zur Sinndeutung):

Mein Thema: ______________________

Mein Sprachmaterial: ______________________

____

____

Mein Bauplan: ______________________

____

____

Mein Lautgedicht:

Meine Zeichnung:

Timm Ulrichs: „ordnung – unordnung“

1. Zur Sachanalyse

Unser zweites Beispiel der konkreten Poesie ist eine Konstellation, die Eugen Gomringer, der Schöpfer dieses Begriffes, wie folgt definiert[1]:

„konstellationen

konstellationen zählen wie die ideogramme, mit denen sie oft mischformen bilden, zu den charakteristischen gestaltungen der konkreten poesie. im gegensatz zu den ideogrammen sind konstellationen nicht unbedingt geschlossene gebilde, was durch die anwendung von techniken wie kombination und permutation oft verhindert wird. wesentliches merkmal ist sowohl bei buchstaben- wie bei wort- und satzkonstellationen der einbezug des raumes als zwischen- und umgebungsraum, der einzelne elemente nicht nur trennt, sondern auch verbindet und dabei assoziationsmöglichkeiten schafft. konstellationen benötigen deshalb meist keine verbalen bindemittel. ein besonderes merkmal ist die dadurch ermöglichte inversion der elemente, deren semantische auswirkungen miteinbezogen werden. konstellationen sind in mehrfacher hinsicht bausteine internationaler kommunikation. in den besten fällen sind konstellationen aber auch weise spiele.“

Timm Ulrichs gestaltet den Gegensatz von **„ordnung – unordnung“**[2] in der Weise, dass er das Wort „Ordnung“ elfmal in einem linken Block untereinander aufreiht und in einem rechten Block, genau in der Mitte des fest gefügten Blockes „Ordnung“, das Gegenteil signalisiert. Diese signalhafte Wirkung erzielt er dadurch, dass er den Baustein „ordnung“ zersprengt, indem er die Bestandteile „un“ aus der zweiten Silbe als Vorsilbe einsetzt und aus dem Block hervorspringen lässt. Auf diese Weise veranschaulicht er optisch und semantisch sehr deutlich, dass die Elemente der Sprache, hier eines einzigen Lexems, verschieden aneinandergereiht auch Verschiedenes, sogar Gegensätzliches, bedeuten können.
Wir stellen die fünf Merkmale der konkreten Poesie fest: Verzicht auf streng lyrische Formen, Reduktion der Sprache auf Elemente, Sprache als Experimentierobjekt, gegenständlich-bildhafte Anordnung (hier zwei Säulen) und Aufforderungscharakter zur Deutung, Auseinandersetzung und Eigenproduktion.

1 Eugen Gomringer (Hrsg.): Konkrete Poesie. Reclam jun.: Stuttgart 1991, vgl. S. 155–166; Zitat S. 165.

2 Timm Ulrichs: Ordnung – Unordnung. In: Klartexte. Timm Ulrichs Selbstverlag: Hannover 1966, S. 119. Auch abgedruckt in: Auer Lesebuch 6, hrsg. von Oswald Watzke. Auer: Donauwörth 1986, S. 126.
Zur Biografie: Timm Ulrichs, geb. 1940 in Berlin. Architekturstudium, freischaffender Künstler, seit 1972 Professor an der Kunstakademie Düsseldorf Abt. Münster. Werke u.a.: „fragment“ (1964), „lesarten und schreibweisen“ (1968), „permutation“ (1971), „lektionen“ (1979), „totalkunst“ (1984).

2. Zur didaktischen Analyse

Die Betrachterin oder der Betrachter, auch wenn sie oder er die konkrete Poesie bisher noch nicht kennengelernt hat, wird das Signalwort „unordnung“, das die Monotonie der Reihung abrupt unterbricht, sofort entdecken. Vielleicht sieht sie oder er sich veranlasst, die Ordnung wiederherzustellen, indem sie oder er die Vorsilbe „un“ wieder in die Lücke „einordnet“. Damit könnte aber auch angeregt werden, den Gegensatz noch stärker, noch gegenständlich-wirksamer (konkreter) zum Ausdruck zu bringen, indem die vorgegebene Konstellation variiert, verändert oder sogar neu entwickelt wird.
In diesem kreativ-emanzipatorischen Umgang liegt der erziehliche Wert. Es gilt, den sichtbaren Konflikt zwischen Ordnung und Unordnung sichtbar, erkennbar zu machen *und* ihn zu lösen. Dieses Bestreben kann auch auf andere Gegensatzpaare, z.B. auf „Friede – Unfriede“, „Sinn – Unsinn“, „Freiheit“ – „Unfreiheit“ ausgedehnt werden, wobei allerdings festgehalten werden muss, dass das Element „un“ diesmal nicht im Grundwort enthalten ist.

Folgende Lernziele könnten angestrebt werden:
Die Schülerinnen und Schüler sollen

1. eine Konstellation als Beispiel der visuellen Poesie kennenlernen,
2. sich Form (Bauplan) und Inhalt (Autorenintention) möglichst selbstständig erschließen,
3. an diesem Beispiel „Sprache als Sprache bewusst“[3] als machbar, veränderbar, manipulierbar erleben und erkennen,
4. den Bauplan dieser Konstellation anwenden, verändern und einen neuen erfinden können.

3. Zur Verlaufsplanung

3.1 Initialphase

Die Lehrkraft kündigt ein Gedicht zum Thema „Ordnung“ (Tafelanschrift) an. Die Schülerinnen und Schüler vermuten, um welchen Inhalt, um welche Gedichtart (Ballade, Hymne, Naturlyrik, Lehrgedicht…) und um welche Autorin oder um welchen Autor es sich eventuell handeln könnte.

3.2 Rezeptionsphase

1. Teilziel: Darbietung
Die Lehrkraft deckt im OHP die Konstellation (siehe Gedichtblatt) sukzessive auf, zuerst die Überschrift,

3 Anneliese Senger: Konkrete Poesie und Literaturdidaktik. In: Konkrete Kunst – konkrete Poesie, hrsg. von Hans Brög u.a., Henn: Kastellaun 1977, S. 9–33; Zitat S. 31 f.

dann die Zeilen der linken Säule, dann die der rechten, wobei sich die Jugendlichen frei aussprechen sollen.

2. Teilziel: Sinndeutung
Die Schülerinnen und Schüler überlegen im Partnergespräch die Aussage der Konstellation, tragen ihre Deutungen der Klasse vor, diese diskutiert darüber, dass das Gegensatzpaar „Ordnung – Unordnung" dargestellt ist.

3. Teilziel: Bauplan
Im gelenkten Unterrichtsgespräch sollen die Rezipienten Folgendes entdecken, wobei sie das Folienbild betrachten und an ihm zeigen: Kleinschreibung, Reihung eines Wortes, Anordnung in Blöcken oder Säulen, Unterbrechung in der Mitte der rechen Säule, Veränderung der Buchstabenreihe, Vorsprung der Vorsilbe „un".

3.3 Produktionsphase

1. Teilziel: Imitationen, Variationen
Impuls: „Wir überlegen und probieren aus, wie man den Gegensatz von ‚Ordnung – Unordnung' noch stärker, noch konkreter, noch anschaulicher darstellen könnte."
Schülerbeispiele und -interpretationen (siehe Kopiervorlage):
Konstellation 1 (K. 1): „Ordnung" und „Unordnung" sind gleich, deshalb habe ich zwei Blöcke gegenübergestellt.
K. 2: „Unordnung" ist übergewichtig, deshalb wird sie, umgekehrt wie bei Ulrichs, nur einmal durch „ordnung" unterbrochen.
K. 3 (Anlehnung an das früher besprochene „schweigen" von Eugen Gomringer): Das „un" in der leeren Fläche in der Mitte bewirkt, dass alles „unordentlich" werden kann, weil es zu jedem Wort „Ordnung" gesetzt werden kann.
K. 4: Die Buchstaben des Wortes „Ordnung" geraten durcheinander, finden dann aber wieder zur „Ordnung" zusammen, die wiederhergestellt wird (4 a und 4 b).

2. Teilziel: Neuschöpfungen
Impuls: „Wir überlegen und probieren aus, ob wir auch andere Gegensatzpaare in dieser Form darstellen können."
Schülerbeispiele und -interpretationen:
K. 5: „Friede – Unfriede" nach dem Schema Ulrichs in zwei Blöcken mit einer Unterbrechung durch die Vorsilbe „un" dargestellt.
K. 6 (Anlehnung an das früher behandelte Piktogramm „Taube" von Klaus Bremer): Das Bild der Friedenstaube besteht aus dem Wort „Friede"; einige Male habe ich ein „un" versteckt, weil heute der Friede so unsicher ist.
K. 7: Wenn der Friede außer Kontrolle gerät wie die einzelnen Buchstaben, dann entsteht „Unfriede" und sehr leicht „Krieg". Deshalb habe ich die Buchstaben K, R, I, E und G hineingemischt. Ich hoffe, es wird bald wieder Friede daraus.
K. 8: „freiheit – unfreiheit": Ich habe rechts und links je einen starken Block aus „freiheit" getippt. In der Mitte habe ich die Buchstaben von „unfreiheit" auseinandergezogen, damit diese wie „Gitterstäbe" aussehen. Da ist nämlich „Unfreiheit", siehe 8 b.

4. Zur Weiterführung

- Diskussion der Kopiervorlage „Schülerbeispiele" (Originalbeiträge aus Schulversuchen),
- Bearbeiten des Gedichtblattes,
- Sammeln und Besprechen weiterer Konstellationen, z. B. von Friedrich Achleitner, Claus Bremer, Eugen Gomringer, Ernst Jandl oder Franz Mon (Quelle siehe Anm. 1),
- Herstellen weiterer Eigenproduktionen (für ein Gedichtbändchen oder eine Ausstellung).

Timm Ulrichs

ordnung – unordnung

ordnung ordnung
ordnung ordnung
ordnung ordnung
ordnung ordnung
ordnung ordnung
ordnung unordn g
ordnung ordnung
ordnung ordnung
ordnung ordnung
ordnung ordnung
ordnung ordnung

1. *Betrachtet diese Konstellation und diskutiert darüber!*
2. *Welchen Bauplan und welche Absicht legte der Autor seinem „Gedicht“ zugrunde?*
3. *Überlegt und gestaltet andere Baupläne, um den Gegensatz von „Ordnung – Unordnung“ („Friede – Unfriede“, „Freiheit – Unfreiheit“ usw.) auszudrücken!*

Meine Konstellationen:

Schülerbeispiele

ordnung - unordnung

ordnung unordnung
ordnung unordnung
ordnung unordnung
ordnung unordnung
ordnung unordnung
ordnung unordnung
ordnung unordnung
ordnung unordnung
ordnung unordnung
ordnung unordnung
ordnung unordnung
ordnung unordnung

K. 1

ordnung - unordnung

unordnung unordnung
unordnung unordnung
unordnung unordnung
unordnung o r d n u n g
unordnung unordnung
unordnung unordnung
unordnung unordnung

K. 2

ordnung - unordnung

ordnung ordnung ordnung
ordnung ordnung
ordnung un ordnung
ordnung ordnung
ordnung ordnung ordnung

K. 3

ordnung - unordnung

ordnung
n d
u r o
n
u
n g
ordnung

K. 4a

ordnung - unordnung

ordnung

ordnung

K. 4 b

FRIEDE - UNFRIEDE

FRIEDE FRIEDE
FRIEDE FRIEDE
FRIEDE FRIEDE
FRIEDE FRIEDE
FRIEDE FRIEDE
FRIEDE FRIEDE
FRIEDE UNFRIEDE
FRIEDE FRIEDE
FRIEDE FRIEDE
FRIEDE FRIEDE
FRIEDE FRIEDE
FRIEDE FRIEDE

K. 5

FRIEDE - UNFRIEDE

K. 6

Friede - Unfriede

F r i e d e

U N R I
E F E
R D K
I G
E

F R I E D E

K. 7

Freiheit - Unfreiheit

Freiheit Freiheit
Freiheit Freiheit
Freiheit Freiheit
Freiheit Freiheit
Freiheit Freiheit
Freiheit Unfreiheit
Freiheit Freiheit
Freiheit Freiheit
Freiheit Freiheit
Freiheit Freiheit
Freiheit Freiheit

K. 8a

freiheit - unfreiheit

freiheit u n f r e i h e i t freiheit
freiheit u n f r e i h e i t freiheit
freiheit u n f r e i h e i t freiheit
freiheit u n f r e i h e i t freiheit
freiheit u n f r e i h e i t freiheit
freiheit u n f r e i h e i t freiheit
freiheit u n f r e i h e i t freiheit
freiheit u n f r e i h e i t freiheit
freiheit u n f r e i h e i t freiheit
freiheit u n f r e i h e i t freiheit

K. 8 b

Claus Bremer: „Soldat“ und „Taube“ / Gabriele (14 Jahre): „Kreuze“

1. Zur Sachanalyse

Konkrete Poesie unterscheidet sich mindestens in fünf Punkten von der traditionellen Lyrik, wie wir sie üblicherweise kennen.

1. Konkrete Poesie verzichtet auf die vertrauten äußeren Formen wie Reime, Versmaß und das streng Liedhafte.
2. Konkrete Poesie besteht aus den Elementen der Sprache, aus einzelnen Buchstaben oder Wörtern, die wiederholt und oft nicht linear und oft nicht in Sätzen zusammengefügt werden.
3. Diese reduzierte und bildhaft angeordnete Sprache ist Objekt, mit dem experimentiert wird.
4. Das elementarisierte Sprachmaterial wird in denjenigen Formen bzw. Umrissen angeordnet, denen die eigene Bedeutung entspricht. Diese gegenständliche Anordnung kann zum benutzten Vokabular eine tautologische, einheitliche, unterschiedliche oder auch konträre Aussage vermitteln.
5. Konkrete Poesie besitzt in ihren vielfältigen Formen (Ideogramme, Piktogramme, Konstellationen, Typogramme, Anagramme ...) einen stärkeren kreativ-emanzipatorischen Aufforderungscharakter zur Interpretation, Auseinandersetzung und Eigenproduktion als die herkömmliche Lyrik, die oft elitär erscheint.

Eugen Gomringer, der Schöpfer dieses Begriffs, stellt ihre gesellschaftlich-politische Bedeutung heraus, wenn er wie folgt formuliert. Sie ist der „immer wieder positivistisch vorgetragene Versuch, Gegenwart unmittelbar sprachlich festzustellen“, „sprach- und gesellschaftskritisch“, dabei „einfach, d. h. rätselhaft und poetisch“ und „heiter und bereit zum Spiel zu sein“.[1]

Zur Interpretation der Piktogramme „Soldat“ und „Taube“[2]:

Die Betrachterin oder der Betrachter des Bildes **„Soldat“** (Abb. 1) entdeckt unschwer einen angreifenden Soldaten mit Stahlhelm, Gasmaske und Gewehr mit aufgepflanztem Bajonett, insgesamt ein Symbol des Krieges. Sie oder er kann sich des Eindrucks der drohenden Gefahr, der tödlichen Vernichtung kaum erwehren. Der waagerecht geschriebene, aber von oben nach unten zu entziffernde Text beinhaltet genau das Gegenteil, nämlich die christliche Friedensbotschaft.

„Das Gebot gebe ich euch, dass ihr einander liebt. Dass wie ich euch geliebt habe, auch ihr einander liebt. Alle sollen daran erkennen, dass ihr meine Jünger seid, wenn ihr Liebe zueinander habt. Ja, das gebiete ich euch, dass ihr einander liebt! Nicht sollst du töten, nicht sollst du stehlen, nicht sollst du als falscher Zeuge aussagen. Liebe deinen Nächsten wie dich selbst!“

Diese Zitate aus den Abschiedsreden Jesu an seine Jünger aus dem Johannes- und dem Matthäus-Evangelium sind ein bedeutsames Vermächtnis der Friedenslehre an die Menschheit. Was aber hat diese daraus gemacht? Das tragische Missverhältnis, der krasse Gegensatz zwischen Lehre und Wirklichkeit, zwischen Krieg und Frieden, ist offensichtlich.

Im Piktogramm **„Taube“** (Abb. 2) kehrt **Claus Bremer** die konträren Aussagen von Text und Bild um. Die Motive „Krieg“ und „Tod“ sind diesmal im Textmaterial, die Motive „Frieden“ und „Leben“ im Druckbild enthalten. Zwischen beiden besteht wiederum der krasse Widerspruch zwischen den Kriegsparolen und dem Friedenssymbol, der Taube. Der Text, der aus einer Kriegspropaganda stammt, lautet:

„Alles riskieren. Es verdienen, am Schluss alles zu erreichen. Alles aufs Spiel setzen. Alle Brücken hinter sich abbrechen. Sich durch die Parole ‚Krieg auf Leben und Tod‘ jeden möglichen Rückzug abschneiden. Einen Krieg führen, der keinen Waffenstillstand, kein Zurückweichen und keinen Ausgleich mehr zulässt. Siegen heißt, prinzipiell zu akzeptieren, dass das Leben nicht das höchste Gut ist.“

Diesmal will der Autor[3] alle Kriegshetze dadurch entschärfen, dass er den Propagandatext, der wiederum mit einem sich wiederholenden Wort oder Satzzeichen pro Zeile angeordnet und von oben nach unten zu lesen ist, durch die Figur der Friedenstaube begrenzt.

2. Zur didaktischen Analyse

Dass Form und Bauart eines Piktogramms für die Schülerinnen und Schüler mehr oder weniger leicht verstehbar und reproduzierbar sind, konnte in erfolgreichen Schulversuchen nachgewiesen werden. Die Inhalte „Krieg und Frieden“, „Tod und Leben“ besitzen auch schon für die Heranwachsenden eine immer währende Aktualität und Brisanz.

Diese sollen sie sich in einem kleine Projekt, das mindestens drei Einheiten umfasst, bewusst machen, wobei sie auch persönliche und schulische Problem- und Erlebnisfelder mit einbeziehen, um ihre eigenen Bildgedichte formal und inhaltlich aussagestark gestalten zu können. Auf diese Weise könnten sie auch einen Beitrag leisten zur

---

1 Eugen Gomringer (Hrsg.): Konkrete Poesie. Stuttgart 1972, vgl. S. 6 f.

2 Die beiden Piktogramme (bzw. Figurengedichte) von Claus Bremer stammen aus G. Rückert/R. Schuler: Konkrete Poesie im 5. bis 10. Schuljahr (Textheft). Dortmund, 2. Aufl. 1975, S. 34. © Anabas-Verlag, Frankfurt am Main 2003 (Erstausgabe 1968).

3 Claus Bremer, geb. 1924 in Hamburg, studierte Altphilologie, Philosophie, Literatur- und Kunstgeschichte, arbeitete als Schauspieler, Regisseur und Dramaturg an verschiedenen Theatern, lehrte an der Hochschule für Gestaltung in Ulm, lebt zur Zeit als freier Schriftsteller (Filme, Theaterstücke, Konkrete Poesie).

Darstellung und Lösung von Konflikten und Diskrepanzen im gegenwärtigen und zukünftigen Leben.

Lernziele: Die Schülerinnen und Schüler sollen

1. ein Piktogramm als Beispiel der visuellen konkreten Poesie kennenlernen,
2. den Widerspruch zwischen dem Geist des Textes und dem Umriss des Bildes als reales Abbild der Wirklichkeit entdecken,
4. zu eigener Produktion von Piktogrammen über reale Widersprüche im persönlichen und schulischen Leben und in der Gesellschaft angeregt werden,
5. das Piktogramm als Aussage- und Kommunikationsmedium gebrauchen lernen.

3. Zur Verlaufsplanung

3.1 Initial- und Rezeptionsphase

Nach einem kurzen Gespräch über den Herbstmonat November, in welchem wir besonders unserer Toten gedenken, zeigen wir unvermittelt im Tageslichtprojektor das Piktogramm „Soldat“, nach einer der stillen Bildbetrachtung angemessenen Pause das Gegenbild „Friedenstaube“. Die Schülerinnen und Schüler geben in einer freien Aussprache ihre Eindrücke, Gefühle und Meinungen wieder und äußern Vorschläge und Wünsche zum Textumgang.

3.2 Reflexionsphase

1. Teilziel: Bauform und Inhalt
In einer folgenden Partnerarbeit entschlüsseln die Schülerinnen und Schüler anhand der Bildvorlagen die Texte, schreiben diese auf und beantworten die Arbeitsaufträge:

1. Kennt ihr andere Bildgedichte (Figurentexte)? Welche?
2. Worin besteht der Unterschied zu diesen?
3. Welche politische Nachricht hat der Autor verschlüsselt?
4. Welche Technik hat er angewandt?

Die Auswertung dieser Partnerarbeit (oder auch arbeitsgleicher Gruppenarbeit) erfolgt im Bericht und im Gespräch der Klasse darüber. Die Anworten auf die Fragen werden in der Tafelanschrift festgehalten.

2. Teilziel: Wirkung und Meinung
Anschließend diskutieren wir über folgende Leitfragen, die z. T. in den Gruppenberichten aufgetaucht sind oder die von der Lehrkraft ergänzend ins Gespräch gebracht werden (Tafelanschrift):

1. Von wem und wann wurden diese Piktogramme geschaffen?
2. Für welchen Zweck und für wen hat sie der Autor geschrieben und gemalt?
3. Welche Wirkung geht von ihnen aus?
4. Was meinst du dazu?
5. Könntest du deine Meinung, dein Urteil über Widersprüche zwischen Krieg und Frieden, Tod und Leben auch in Piktogrammen ausdrücken?

Während der Diskussion, vor allem bei der Wirkungsfrage, sollten die Piktogramme wieder betrachtet werden, sollten Textstellen wieder gelesen, laut vorgetragen werden.

3. Teilziel: Zusammenfassung und Vertiefung
Die Ergebnisse des Gesprächs über die Leitfragen sollten in der Tafelanschrift festgehalten werden, die dann als Vorlage für das Ausfüllen des Arbeitsblattes dient, das jeder Schüler oder jede Schülergruppe für sich vornimmt. Dieses Arbeitsblatt (Abb. 3) kann dann in die Mappe „Umgang mit Texten“ eingeordnet werden:

Wir erkennen: Piktogramme bestehen aus einer Text-Bild-Kombination mit einer kongruenten oder inkongruenten Aussage beider Elemente. Textmaterial (Inhalt) und Druckbild (Form) haben in „Soldat“ und „Taube“ eine inkongruente (oder konträre) Aussage:

„Soldat“:	Inhalt: Aufruf zu Frieden und Leben Form: Kriegssymbol: Soldat
„Taube“:	Inhalt: Aufruf zu Krieg und Tod Form: Friedenssymbol: Taube

Die persönliche Nacharbeit könnte anhand des Arbeitsblattes (siehe Kopiervorlage 1) als Hausaufgabe, als Abschluss der Reflexionsphase oder auch als Einstieg zur Produktionsphase erfolgen.

3.3 Produktionsphase

1. Teilziel: Betrachtung des Schülerbeispiels „Kreuze“
Zur Anregung der Eigenproduktion könnte auch das Piktogramm **„Kreuze“** (Abb. 3) dienen, das von einer 14-jährigen Schülerin gestaltet wurde.
Die Betrachterin oder der Betrachter entdeckt unschwer den Widerspruch zwischen Textmaterial und Druckbild. Im Gegensatz zu Bildgedichten, die textlich und bildlich identisch, ja oft tautologisch sind, wird hier analog zu den bekannten Piktogrammen „Taube“ und „Soldat“ von Claus Bremer die in der Realität bestehende Diskrepanz zwischen dem § 1 der Straßenverkehrsordnung und dem Verkehrstod dargestellt.

Textmaterial: § 1 der Straßenverkehrsordnung
„Die Teilnahme am Straßenverkehr erfordert ständige Vorsicht und gegenseitige Rücksicht. Jeder Verkehrsteilnehmer hat sich so zu verhalten, dass kein anderer geschädigt, gefährdet oder mehr, als nach den Umständen unvermeidbar, behindert oder belästigt wird."

Bildsymbol: Kreuze
Der Text wird – ein Wort oder Satzzeichen pro Zeile – mit einer Schreibmaschine oder mit dem Computer getippt, mit oder ohne Zeilenabstand. Aus diesem beschriebenen oder ausgedruckten Blatt wird die gewählte Figur ausgeschnitten und auf einen weißen (oder farbigen) Hintergrund aufgeklebt. Das ist die verhältnismäßig einfache Herstellungstechnik eines Piktogramms.

Die Interpretation dieses Schülerbeispiels könnte im gemeinsamen Unterrichtsgespräch oder in Allein- bzw. Partnerarbeit anhand des Arbeitsblattes „Wir analysieren die Piktogramme ‚Soldat' und ‚Taube'" versucht werden. Dieses Arbeitsblatt (siehe Kopiervorlage 1) müsste nur noch auf das Bildgedicht „Kreuze" umgeschrieben werden (Nr. 1, 3, 4: „Kreuze").
Mithilfe des Impulses „Wir überlegen und probieren aus, wie wir den Gegensatz von ‚Verkehrsgesetz und Verkehrstod' noch stärker, noch konkreter, noch anschaulicher darstellen könnten" werden neue Texte und neue Bildumrisse gefunden und zur Diskussion gestellt.

2. Teilziel: Suche weiterer Themen
Im gelenkten bzw. freien Unterrichtsgespräch, im Brainstorming oder durch Clusterbildung greifen wir weitere Diskrepanzen in der Welt, in unserer Gesellschaft, im Schul- oder persönlichen Leben auf und gestalten sie als Piktogramme („Krieg und Friede", „Wahlversprechen und -halten", „Recht auf Arbeit – Jugendarbeitslosigkeit", „Gewalt an Schulen", „Schulordnung", „Beziehungskonflikt und -lösung", „Drogen" usw.). Die Schülerinnen und Schüler können sich auf diese Weise als Mahner, Kritiker, Ankläger oder Rufer verstehen und mitteilen.
Die fächerübergreifende Hausaufgabe mit dem Auftrag „Sammle Daten und Zahlen über Kriegsopfer und Verkehrsopfer" und mit der Frage „Könntest du deine Meinung, dein Urteil ... in Piktogrammen ausdrücken?" bereitet die Eigenproduktion vor.

3. Teilziel: Eigenproduktion
Nach der Festlegung auf ein bestimmtes Textmaterial (Thema) und Druckbild (Umriss) gestaltet jede Einzelne und jeder Einzelne ihr und sein Piktogramm, das entsprechend der Intention ein paralleles, konträres oder neues Bildgedicht werden kann.
Als Vorlage soll die Kopiervorlage 2 dienen, die auch als Computerausdruck angeboten werden könnte.

3.4 Präsentationsphase

Die in Freiarbeit hergestellten Eigenprodukte werden dem Klassenverband vorgestellt, nach Aussageabsicht und Machart erläutert, entsprechend ihrer Wirkung diskutiert und insgesamt wohlwollend gewürdigt.

4. Zur Weiterführung

- Verfeinern und Erweitern der Eigenprodukte,
- Ausstellung im Klassenzimmer oder Schulhaus,
- Verwendung dieser und anderer Formen der konkreten Poesie auf Einladungskarten, Plakaten, in Schülerzeitungen.

Zwei Piktogramme (Figurengedichte) von Claus Bremer (geb. 1924)

Soldat

Abb. 1

Taube

Abb. 2

Kopiervorlage 1

Wir analysieren die Piktogramme „Soldat“ und „Taube“ von Claus Bremer

1. Betrachte die Bilder! Woran denkst du?

„Soldat“	„Taube“

2. Entziffere die Texte! Schreibe sie auf!

____

____

____

____

____

3. Beantworte folgende Fragen!
   Kennst du andere „Bildgedichte“? Welche?

   ____

   ____

   ____

   Worin besteht der Unterschied zu diesen?

   ____

   ____

   ____

   Welche politische Nachricht vermittelt der Autor?

„Soldat“	„Taube“

   Welche Technik hat er benutzt?

   ____

   ____

   ____

   ____

4. **Wir erkennen:**
   Piktogramme bestehen aus einer ______________________
   Textmaterial (______________________) und Druckbild (______________________) haben in „Soldat“ und „Taube“ eine inkongruente (oder ______________________) Aussage:

„Soldat“:	Inhalt: ______________________ Form: Kriegssymbol ______________________
„Taube“:	Inhalt: ______________________ Form: Friedenssymbol ______________________

5. Wir diskutieren über die Absicht, die Parteinahme und über die Wirksamkeit dieser Bildgedichte:

   ____

   ____

   ____

6. Mein Piktogramm lautet: ______________________
   Es stellt das Missverhältnis (bzw. die Übereinstimmung) dar zwischen (mit)

   ____

   ____

Wir gestalten Bildgedichte (Piktogramme)

1. Ein Schülerbeispiel
(Gabriele, 14 Jahre)

Kreuze

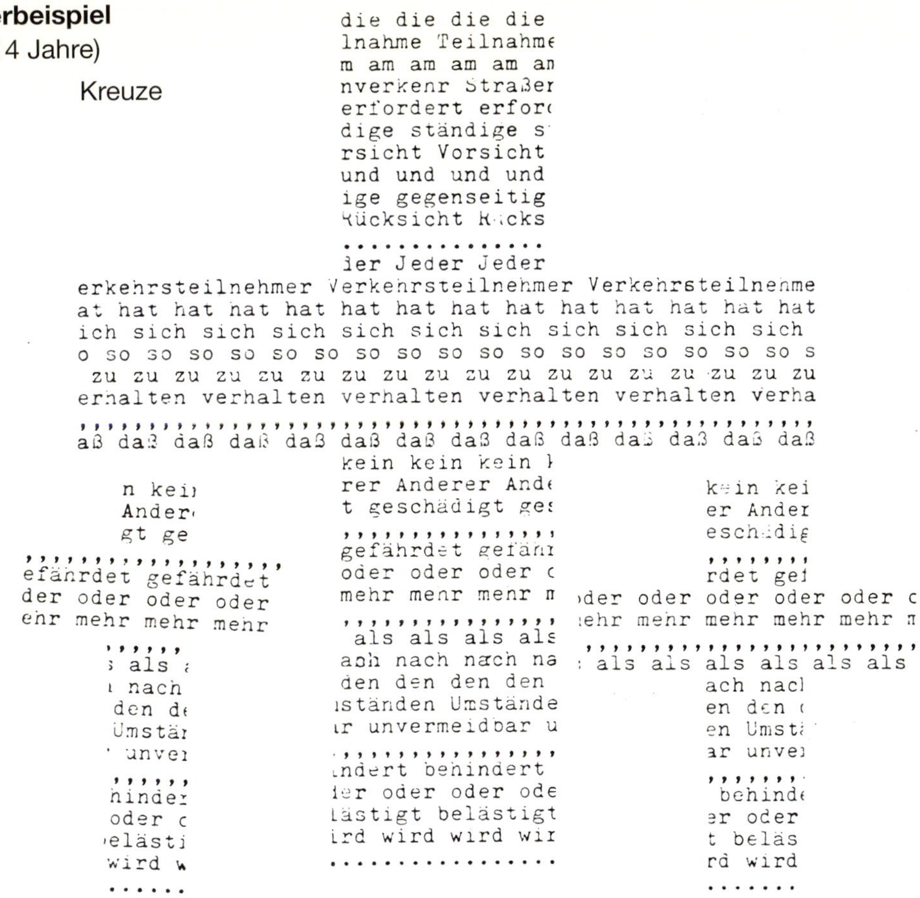

Abb. 3

2. Mein Bildgedicht

Thema (Text): ______________________________

Druckbild (Umriss): ______________________________

Ernst Jandl: „Schtzngrmm“

1. Zur Sachanalyse

Der Text[1] gehört zum lautlichen Bereich der konkreten Poesie. Grundelement ist das Wort „Schützengraben“, dem jedoch alle Vokale entzogen sind. Zudem wurden die Schlusskonsonanten „b(e)n“ mundartlich abgeschliffen zum „mm“. Dieses Konsonantengebilde „schtzngrmm“ wird nun zerstückelt, und zwar in

a) den einzelnen Konsonanten „t“ ,
b) die Konsonantenverbindungen „gr“, „scht“, „grm“, wobei einzelne Konsonanten vervielfacht werden,
c) die Gruppen „scht“, „schtzn“, „tzngrmm“ und
d) die Variante „ts“, „grt“.

Auf diese Weise entsteht nach Gerhard Rückert und Reinhard Schuler[2] eine eindringliche Wirkung dieses Lautgedichtes: „Die suggestiven Wirkungen dieser Klangvariationen sind erstaunlich. Man glaubt das Aufblitzen des Artilleriefeuers zu sehen, das stotternde Hämmern der Maschinengewehre zu hören, das Vorbeizischen von Geschossen, das Aufprallen und Krepieren von Granaten. Die Schlusszeile schließlich mit dem rasch abbrechenden Doppel-t lässt einen Einschlag und Volltreffer vermuten und weckt die Assoziation zu ‚tot‘. Die Schrecken des Krieges fahren dem Hörer in die Glieder und bewegen ihn zu einer unbewusst-gefühlsmäßigen Ablehnung des Krieges jenseits von propagandistischen Parolen und Beteuerungen.“
Die fünf wichtigsten Merkmale der konkreten Poesie lassen sich schnell feststellen:

1. Verzicht auf streng lyrische Formen (Reim, Strophe, Rhythmus …),
2. Reduktion der Sprache auf Elemente (Konsonanten),
3. Experimentieren mit Sprache (Eliminieren, Kombinieren, Variieren),
4. konkrete Lautung (Assoziation zum Kriegsgeschehen) und
5. Aufforderungscharakter zur Deutung, Auseinandersetzung und Eigenproduktion.

2. Zur didaktischen Analyse

Die Betrachterin oder der Betrachter, auch die- oder derjenige, die oder der die konkrete Poesie noch nicht gut kennt, wird das Signalwort „Schützengraben“, seine Kürzungen und Variationen unschwer erkennen und von der Dichte der Aussage betroffen sein. Die Verstümmelung der Sprache bedeutet die Vernichtung des Organischen, des Lebens schlechthin. Somit ist dieses Lautgedicht Spiegelbild einer typischen Kriegssituation, allgemein des Krieges, der Zerstörung und Tod bringt.
Die Schülerinnen und Schüler der 8. Klasse, die in Zeitgeschichte und in den Massenmedien vom Krieg im Allgemeinen und im Besonderen hören, werden die Intention Ernst Jandls schnell verstehen, nämlich

a) das Zerstörerische des Krieges sprachlich darzustellen,
b) den Krieg zu verneinen und zu verurteilen.

Damit sie sich mit Darstellungsart und Intention des Autors gründlich auseinander setzen, wird ihnen die produktiv-kreative Methode angeboten. Wortzerstückelung und reine Konsonantensprache in verschiedenen Kombinationen und Variationen sollen die Elemente sein, mit denen die Jugendlichen experimentieren. An einem Signalwort aus dem Erlebnisfeld „Krieg“ (oder „Schulhof“, „Gewalt im Klassenzimmer, „Straßenverkehr“ usw.) sollen sie in der Form eines konkreten Lautgedichtes ihre Assoziationen, Gefühle und Meinungen zum Ausdruck bringen.

Lernziele: Die Schülerinnen und Schüler sollen

1. ein Lautgedicht Ernst Jandls kennenlernen,
2. die fünf wichtigsten Merkmale der konkreten Poesie feststellen,
3. sich mit Darstellungsart und Intention des Autors auseinandersetzen,
4. die Antikriegshaltung Ernst Jandls würdigen und übernehmen,
5. Bauplan und Absicht dieses Antikriegsgedichtes an einem neuen Signalwort anwenden und ausdrücken,
6. eigene Lautgedichte – auch zu anderen Themen – gestatten.

3. Zur Verlaufsplanung

3.1 Initialphase

1. Möglichkeit: Ankündigung eines Gedichtes zum Thema „Krieg“, die Klasse antizipiert Inhalt und Form, z. B.: Ballade, Hymne, Lehrgedicht „nie wieder Krieg …“

2. Möglichkeit: Vorspielen eines Tonbandes mit „Kriegsgeräuschen“ (Aufnahme einer Szene aus einem Kriegsfilm), freie Aussprache.

3. Möglichkeit: Wir behandeln gerade den Zweiten Weltkrieg, wir sind erschüttert über die Grausamkeiten,

1 Ernst Jandl: Gesammelte Werke. Luchterhand: Darmstadt und Neuwied 1985.
Zur Biografie: Ernst Jandl, geb. 1. 8. 1925 in Wien, gest. am 9. 6. 2000 in Wien, Studium der Germanistik und Anglistik in Wien, Gymnasiallehrer, seit 1949 Gymnasialprofessor für Englisch in Wien, Gründungsmitglied der „Grazer Autorenversammlung“.
1973 Mitglied der Akademie der Künste Berlin
1971 Lehrauftrag an der Universität Texas
1972 Vortragsreise durch die USA mit Friederike Mayröcker
1974 Traki-Preis
1976 Preis der Stadt Wien
Schriftsteller; Werke u. a.: „Fünf Mann Menschen“(1968), Andere Augen“ (1956), „Sprechblasen“ (1968), Gesammelte Werke (1985).

2 Gerhard Rückert/Reinhard Schuler: Konkrete Poesie im 5.–10. Schuljahr. Text- und Ergänzungsheft. Dortmund 3. Aufl. 1981, S. 23 (Ergänzungsheft).

den millionenfachen Tod ..., darüber ein „eigenartiges“ Gedicht!

4. Möglichkeit: Anknüpfen an Tagesgeschehen/Tagesnachrichten (Fernsehen/Presse): Krieg im Kosovo, in Afrika, Krieg in ..., Not, Elend und Tod für viele Menschen, darüber ein „eigenartiges“ Gedicht!

3.2 Rezeptionsphase

1. Teilziel: Vorspielen des Gedichtes schtzngrmm“ von der Schallplatte (siehe unten) gesprochen von Ernst Jandl selbst,

2. Teilziel: stilles Nachlesen des Textes auf einem Arbeitsblatt (siehe Kopiervorlage),

3. Teilziel: lautes Vorlesen durch Lehrkraft oder Schülerin/Schüler, mehrere Versuche.

3.3 Reflexionsphase

1. Teilziel: freie Aussprache der Schülerinnen und Schüler ...

2. Teilziel: Betrachtung der Darstellungsart
Gelenktes Unterichtsgespräch über Kleinschreibung, Fehlen der Vokale, Signalwort „Schützengraben“, Zerstückelung dieses Wortes, Laute, Lautverbindungen, Konsonantensprache, Lautgedicht, die Kriegsgeräusche (Maschinengewehrfeuer, Zischen der Granaten ...) und über das grausame Ende („t“–“tt“: Assoziation zu „tot“).

3. Teilziel: Auseinandersetzung mit dem Inhalt
Impuls: „Der Dichter verfolgt eine bestimmte Absicht ...“. Gruppen- und Klassengespräch: gemeinsames Überlegen, Stellungnehmen ...
Freies (teils gelenktes) Unterrichtsgespräch über das Antikriegsgedicht („Krieg ist grausam“, „Krieg ist unmenschlich“, „Krieg bringt Zerstörung und Tod“), Würdigung der Absicht des Autors ...

4. Teilziel: Zusammenfassung und Vertiefung
Während der Betrachtung von Form und Inhalt oder als Teilzusammenfassung könnte folgende Tafelanschrift erarbeitet werden:

„Schtzngrmm“ von Ernst Jandl (1925–2000)

Zur Form: Lautgedicht
1. Strophe, Reim und Versmaß fehlen.
2. Die Sprache besteht nur aus Elementen, hier aus Konsonanten (Mitlauten).
3. Mit diesen Elementen wird experimentiert.
4. Diese Mitlaute imitieren ein Kriegsgeschehen.

Zum Inhalt: Antikriegsgedicht
1. Der Krieg zerstückelt die Sprache.
2. Der Krieg vernichtet die Kultur.
3. Der Krieg ist grausam und unmenschlich.
4. Der Krieg bringt den Tod.

Zur Wirkung: Nachdenken und Reagieren
Dieses Lautgedicht, das als Antikriegsgedicht aufgefasst werden kann, regt zu eigenen Produktionen an.

3.4 Produktionsphase

1. Teilziel: Sprechgestaltungsversuche
Das Druckbild des Lautgedichtes wird in ein Hörbild umgesetzt: Sprechsprache, Kassettenaufnahme (evtl. mit Hintergrundgeräuschen).

2. Teilziel: Sammeln von weiteren Signalwörtern
Brainstorming oder Clusterbildung dienen zur Gewinnung weiterer Signalwörter aus verschiedenen Erlebnisfeldern. Einige Beispiele:
„Luftangriff“: Konsonanten: l, f, t. n, g, r, f.
„Weltraumrakete“: Konsonanten: w, l, t, r, m, k.
„Gefangenschaft“: Konsonanten: g, f, n, sch, t.
„Gewalt an Schulen“: Konsonanten: g, w, l, t, n, sch.
„Straßenverkehr“: Konsonanten: s, t, r, ß, n, v, k, h.
„Alkohol am Steuer“: Konsonanten: l, k, h, m, s, t, r.

3. Teilziel: Freie Eigenproduktionen
In Allein- und/oder Partnerarbeit stellen die Jugendlichen nun ein Lautgedicht als Antikriegsgedicht oder als Protestgedicht gegen Verkehrsunfälle oder gegen „Gewalt an Schulen“ her, und zwar im Sinne von Parallelgedichten oder im Sinne von Gegengedichten zu „schtzngrmm“.
In Gegengedichten würde nicht der Krieg thematisiert, sondern der Friede. In das Experimentieren mit sprachlichen Elementen könnten hier auch die Vokale aufgenommen werden. Einige Beispiele:
„Friedensfeier“: Vokale: ie, e, ei, Silben: frie, dens, fei, er.
„Versöhnungsbereitschaft“: Vokale: e, ö, u, ei, a, Silben: ver, söh, nungs, be, reit, schaft.
„Friedenstaube“: Vokale: ie, e, au, Silben: frie, dens, tau, be.

3.5 Präsentationsphase

Bekanntgabe und Diskussion der Eigenproduktionen, Schriftgestaltung und Aushang im Klassenzimmer, Sprechgestaltungen und Tonbandaufnahmen von besonders aussagekräftigen Lautgedichten schließen diese unterrichtliche Einheit vorerst ab.

4. Zur Weiterführung

- Bearbeiten der Kopiervorlage,
- Verfeinern der Eigenproduktionen,
- Anhören und Besprechen der Schallplatte/CD.

In Fortführung des Umgangs mit konkreter Poesie im Dienste der Antikriegslyrik und damit der Friedenserziehung könnten zwei weitere Beispiele von Ernst Jandl, und zwar das Lautgedicht „falamaleikum“[3] und die Konstellation „markierung einer wende“ (Band 9/10, S. 99 ff.) behandelt werden. Siehe rechte Spalte (evtl. als Kopiervorlage)!

3 Ernst Jandl, Jürgen Spohn: falamaleikum. Gedichte und Bilder (Sammlung Luchterhand 488). Darmstadt und Neuwied 1985.

Lautgedicht von Ernst Jandl (1925–2000)

falamaleikum

falamaleitum

fainamaleutum

fallnamalsooovielleutum

wennabereinmalderkrieglanggenugausist

sindallewiederda.

oderfehlteiner?

1. Lest dieses Lautgedicht und diskutiert darüber!
2. Welches Sprachmaterial wird verwendet?
3. Notiert anhand der Tafelanschrift fünf Merkmale eines Lautgedichtes!

   1. ______________________
   2. ______________________
   3. ______________________
   4. ______________________
   5. ______________________

4. Versuche nun, selbst ein gleiches, ähnliches oder gegensätzliches Lautgedicht zu gestalten!

   Mein Erlebnisbereich: ______________

   Mein Thema: ______________

   Mein Sprachmaterial: ______________

   ____

   Mein Lautgedicht (Überschrift):

   ____

   ____

   ____

   ____

   ____

   ____

   ____

   ____

   ____

Ernst Jandl

Schtzngrmm

Meine Bildmontage (oder meine Zeichnung):

schtzngrmm
schtzngrmm
t–t–t–t
t–t–t–t
grrrmmmmm
t–t–t–t
s ——— c ——— h
tzngrmm
tzngrmm
tzgrmm
grrrmmmmm
schtzn
schtzn
t–t–t–t
t–t–t–t
schtzngrmm
schtzngrmm
tssssssssssssssssss
grrt
grrrrrt
grrrrrrrrt
scht
scht
t–t–t–t–t–t–t–t–t
scht
tzngrmm
tzngrmm
t–t–t–t–t–t–t–t–t
scht
scht
scht
scht
scht
grrrrrrrrrrrrrrrrrrrrrrrrrrr
t–tt

6. Scherzgedichte

Joachim Ringelnatz: „Die Ameisen“/„Bumerang“/„Gedicht in Bi-Sprache“ Christian Morgenstern: „Neue Bildungen, …“/„Das große Lalulā“ Friederike Kempner: „Verdruss“/„Der der, das das, die die“/„Ob auch“

1. Zur Sachanalyse

Drei Kurzgeschichten des Lyrikers **Joachim Ringelnatz** (wirklicher Name: Hans Bötticher, 1883–1934), Texte, die zum Kreis der von einem besonderen Einfall lebenden Scherz-, Humor- oder auch Nonsens-Dichtung gehören, sollen mehr vorgestellt als detailliert behandelt werden.

Fernweh und weise Einsicht in die Notwendigkeit des Sichbeschränkens sind wohl nie kürzer und in sich schlüssiger dargestellt worden als in den sechs Versen **„Die Ameisen“**. Die beiden aus der Riesenstadt Hamburg, dem Tor zur Welt, ins Traumland Australien aufbrechenden Ameisen, denen bereits in Altona („allzu nah“) von den ihnen bestimmten Realitäten die Grenzen gezeigt werden, beugen sich als Auswanderer deren Unüberwindlichkeit.

Während **„Die Ameisen“**, die 1912 in der Gedichtsammlung „Die Schnupftabaksdose“ (J. Ringelnatz mit R. J. M. Seewald) erschienen, durchaus erfolgreich auf ihre tiefsinnige Aussage hin abgeklopft werden können, lebt der Sechszeiler **„Bumerang“** aus den die deutschnationale Turnerbewegung geistvoll ironisierenden „Turngedichten“ von 1920 vornehmlich vom grotesken Einfall eines Konstruktionsfehlers an dem so besonderen, wehrhaften Sportgerät.

Das **„Gedicht in Bi-Sprache“**, 1928 in der Ringelnatz-Sammlung „Allerdings“ erstmalig publiziert, erhält seine besondere Wirkung von der im Grunde ganz einfachen Verkleidung eines rührselig-kitschigen Liebesgedichtes durch die in jedem Wort des Textes mindestens einmal an unterschiedliche Stelle eingefügte Silbe „bi“ – ein konsequent durchgehaltener Scherz, dessen Ergebnis ein wirklich exotisch anmutendes Lautgebilde ist, das sich aber – anders als „Das große Lalulā“ von Christian Morgenstern – nicht seiner Reduktion auf die ursprüngliche Banalität entzieht.

2. Zur didaktischen Analyse

Freude am Erfassen des hintergründigen Sinns einer zunächst unsinnig erscheinenden Konstellation, Spaß an der sprachlichen Fixierung eines grotesken Einfalls, schließlich Vergnügen am Enträtseln eines Textes in fremder Sprache mittels des in der Gedichtüberschrift bereitgestellten Schlüssels soll den Schülerinnen und Schülern mit Ringelnatz-Gedichten vermittelt werden. Gerade in einer Zeit der Beeinflussung Jugendlicher durch sehr massive optische und akustische Reize verschiedenster Medien erscheint es mir als sehr wichtig, das Sensorium junger Menschen für die Töne subtileren Humors – und sei dieser auch im Bereich der Nonsens-Dichtung angesiedelt – empfänglich zu machen bzw. diese Empfänglichkeit nicht durch schreiende Töne bzw. Farben verdecken zu lassen. Von daher hat gerade heute die Behandlung von Gedichten der hier vorgestellten Art – mehr oder weniger Verwandtes findet sich u. a. auch bei Wilhelm Busch, Christian Morgenstern, Erich Kästner, Kurt Tucholsky, Eugen Roth, Peter Hacks, selbst bei Friederike Kempner – einen hohen Stellenwert hinsichtlich der allseitigen Entwicklung intellektueller sprachlicher und emotionaler Anlagen Jugendlicher. Auf eine vergnügliche Eigenproduktion könnte vor allem der Umgang mit dem 3. Beispiel angelegt werden, wenn in neue, fremde und eigene Texte verschlüsselte Silben wie bi, ba, bu oder li, la, lu usw. eingefügt werden.

Diese „Geheimsprache“ wird gebildet durch das Einschieben der Silbe „bi“, und zwar nach jedem Vokal und Diphtong, sodass ein fremdländisch klingendes Gedicht mit zwei Strophen und je zwei Kreuzreimen entsteht. Kinder haben großen Spaß an Geheimsprachen, am De- und Encodieren. Sie werden deshalb sehr gerne dieses verfremdete Lautgedicht – in zunächst selbstständigen Versuchen – auf die Normalsprache zurückführen und danach fremde und eigene Texte in die „Bi-Sprache“ umsetzen. Auf diese Textproduktion – und deren Decodierung durch die Mitschülerinnen und Mitschüler – sollte, nachdem diese neue Spielregel erkannt wurde, der Schwerpunkt der Gedichtstunde gelegt werden.

Ich habe dich,
Lotte, so lieb.
Hast auch du mich
lieb? Nein, vergib!

Nah oder fern,
Gott sei dir gut!
Mein Herz hat gern
an dir geruht.

Lernziele: Die Schülerinnen und Schüler sollen

1. Nonsensgedichte von Joachim Ringelnatz (und anderen Autorinnen und Autoren) kennenlernen,
2. Vergnügen am Enträtseln und eigenem Verschlüsseln von Scherzgedichten und gereimten „geheimen Botschaften“ haben,
3. durch Gedichte der hier vorgestellten Art sprachlich, intellektuell, emotional und gesellschaftlich-politisch sensibilisiert werden.

3. Zur Verlaufsplanung

3.1 Einführung

Da in der Unterrichtsstunde drei sehr unterschiedliche Gedichte eines relativ unbekannten Autors vorgestellt werden sollen, gibt die Lehrkraft einige Hinweise auf das nicht sehr konventionell verlaufende Leben des Schriftstellersohnes Hans Bötticher = Joachim Ringelnatz aus Wurzen in Sachsen (Gymnasium, Buchhändlerlehre, heimlicher Aufbruch als Seemann, Marineoffizier im 1. Weltkrieg, Kabarettist in München [1909 „Hausdichter" im „Simpl", einer Künstlerkneipe] und Berlin [ab 1920 Kabarettautor an der Kleinkunstbühne „Schall und Rauch"], Verfasser des „Kuttel Daddeldu" [1920/23] u.a. Gedichtsammlungen, Schreibverbot mit Beginn der Nazi-Zeit, verarmt und vergessen verstorben im November 1934 in Berlin).

3.2 Begegnung mit dem ersten der drei Texte

Als erster Text wird „Die Ameisen" durch Lehrervortrag eingeführt. Im mittel- und süddeutschen Raum empfiehlt sich ein Hinweis auf die geringe Distanz zwischen Hamburg und Altona (evtl. mittels Karte, besser mittels Tafelskizze).

3.3 Texterarbeitung

In einem kurzen Rundgespräch wird über die Aussage und die Wirkung des Kurzgedichtes auf die Hörerinnen und Hörer gesprochen (vgl. Sachanalyse), eine Erörterung der Aussage des Sechszeilers mit eigenen Stellungnahmen schließt sich an.

3.4 Begegnung mit dem zweiten der drei Texte

Lehrervortrag des Gedichts „Bumerang", um der Erhaltung der Pointe willen wird die *Duden*-Definition von Bumerang erst nach der Erstbegegnung mit dem Text gegeben: „gekrümmtes Wurfholz, das beim Verfehlen des Zieles zum Werfer zurückkehrt".[1]

3.5 Textvergleich

Die Schülerinnen und Schüler erkennen Verwandtes (Einfall, Witz, Reimschema, Versfüllung) und Unterschiedliches (Grad der gehaltlichen Deutbarkeit) beider Ringelnatz-Gedichte. Die Intention des Dichters im Hinblick auf die Wirkung des Textes auf das Publikum wird diskutiert.

3.6 Begegnung mit dem dritten Text

Die Klasse erhält die Kopiervorlage 1.
Das Gedicht ist so abgedruckt, dass rechts neben dem Text noch genügend Platz frei ist, um den jeweils um die „bi"-Silben verkürzten Vers zu notieren. Die Schülerinnen und Schüler lesen sich den Text durch, die Lehrkraft enthält sich jeden Kommentars. Im Gespräch untereinander werden die Schülerinnen und Schüler schnell selbst den Schlüssel für die schriftlich zu fixierende „Kurzform" des Gedichts finden. Stellt sich nach der Entschlüsselung des zunächst so exotischen Textes eine Art Enttäuschung ob der Banalität (Klischee, Kitsch) bei den Jugendlichen ein, kann die Lehrkraft diese geschickt zu einem Kurzgespräch über die Bewertung eines literarischen Textes nutzen.

3.7 Zusammenfassung

Mittels des nun jeder Schülerin und jedem Schüler zur Verfügung gestellten Textblattes[2] werden die drei Gedichte von Joachim Ringelnatz verglichen. Dabei wird die augenfällige Besonderheit der Scherz-Gedichte des Autors herausgestellt.

3.8 Hausaufgabe

Sprecherische Gestaltung der beiden Texte (für einen freien Vortrag), Bearbeiten der Kopiervorlage 1, Eigenproduktion eines „Bi-Gedichtes" bzw. eines „La-Gedichtes" (freie Wahl der Verschlüsselungssilbe!)

4. Zur Weiterführung

Emotionale Gestimmtheit und rationales Interesse der Klasse können für die Lehrkraft Anlass sein, nach einem Abstand von drei bis vier Wochen nochmals eine Stunde dem tiefsinnigen literarischen Spaß zu widmen, insbesondere in Bezug auf die Eigenproduktion. Vorschlagen möchte ich dazu aus den heiter-grotesken Gedichten von **Christian Morgenstern** (1871–1914) **„Das große Lalulā"** und **„Neue Bildungen, der Natur vorgeschlagen"** (aus: Galgenlieder)[3] oder/und eine Auswahl aus den unfreiwillig und insofern fast tragisch komischen lyrischen Produktionen der Schriftstellerin **Friederike Kempner** (1836–1904), z. B. die Kurzgedichte **„Verdruss"**, **„Der der, das das, die die"** und **„Ob auch"**, die G.H. Mostar einem schmunzelnden Publikum wieder zugänglich gemacht hat.[4] Siehe Kopiervorlagen 2 und 3![5]

1 Der Große Duden 5, Fremdwörterbuch, Mannheim 1997, S. 133.

2 Joachim Ringelnatz: und auf einmal steht es neben dir. Gesammelte Gedichte. Berlin 1980 (S. 18/19: „Die Ameisen", S. 40: „Bumerang", S. 222/223: „Gedicht in Bi-Sprache").

3 Christian Morgenstern: Galgenlieder. Der Gingganz. München, 9. Aufl. 1971 (S. 20: „Das große Lalulā", S. 148: „Neue Bildungen ...").

4 Gerhart Herrmann Mostar: Friederike Kempner: Der schlesische Schwan. Das Genie der unfreiwilligen Komik. München 1965, S. 100, S. 102, S. 103, S. 118.

5 Siehe zum Textumgang mit „Neue Bildungen ...": Oswald Watzke (Hrsg.): Gedichte in Stundenbildern, 6. Jahrgangsstufe. Auer: Donauwörth, 3. Aufl. 1999, S. 44–47.
Siehe auch: Klaus Peter Dencker (Hrsg.): Deutsche Unsinnpoesie. Stutgart o. J. (Reclam Nr. 706 192).

Joachim Ringelnatz (1883-1934)

Die Ameisen

In Hamburg lebten zwei Ameisen,
Die wollten nach Australien reisen.
Bei Altona auf der Chaussee,
Da taten ihnen die Beine weh,
Und da verzichteten sie weise
Dann auf den letzten Teil der Reise.

Bumerang

War einmal ein Bumerang;
War ein Weniges zu lang.
Bumerang flog ein Stück,
Aber kam nicht mehr zurück.
Publikum – noch stundenlang –
Wartete auf Bumerang.

Gedicht in Bi-Sprache

Ibich habibebi dibich,
Lobittebi, sobi liebib.
Habist aubich dubi mibich
Liebib? Neibin, vebirgibib!

Nabih obidebir febirn,
Gobitt seibi dibir gubit!
Meibin Hebirz habit gebirn
Abin dibir gebirubiht.

Gedicht in Bi-Sprache (Joachim Ringelnatz, 1883–1934)

Ibich habibebi dibich, Lobittebi, sobi liebib. Habist aubich dubi mibich Liebib? Neibin, vebirgibib!	**Ich habe dich, Lotte, so lieb. Hast auch du mich lieb? Nein, vergib!**
Nabih obidebir febirn,	___________
Gobitt seibi dibir gubit!	___________
Meibin Hebirz habit gebirn	___________
Abin dibir gebirubiht.	___________

1. Lies die zwei linken Strophen und diskutiere darüber!
2. Übertrage diese „Geheimsprache“ der zweiten Strophe in die „Normalsprache“!

   Wie lautet die Verschlüsselungssilbe (der Code)? ___________
3. Wähle einen anderen Code, z. B. „ba“ oder „li“, und verschlüssele damit das kleine Liebesgedicht!

   Strophe 1: ___________

   Strophe 2: ___________
4. Wähle ein anderes kleines Liebesgedicht, vielleicht aus einem Poesiealbum, aus – oder verfasse selbst eines – und schreibe es in einer „Geheimsprache“ auf!
5. Ob es deine Mitschülerinnen und Mitschüler entschlüsseln können?

Kopiervorlage 2

Christian Morgenstern (1871–1914)

Neue Bildungen, der Natur vorgeschlagen

Der Ochsenspatz
die Kamelente
der Regenlöwe
die Turtelunke
die Schoßeule

der Walfischvogel
die Quallenwanze
der Gürtelstier
der Pfauenochs
der Werfuchs

die Tagtigall
der Sägeschwan
der Süßwassermops
der Weinpinscher
das Sturmspiel

der Eulenwurm
der Giraffenigel
das Rhinozepony
die Gänseschmalzblume
der Menschenbrotbaum

Neue Fabeltiere, von mir vorgeschlagen

____
____
____
____
____
____
____
____
____
____
____

1. Lies diese Namen! Entdeckst du die Spielregeln?
2. Schreibe die einzelnen Tiernamen auf Wortkärtchen!
3. Setze diese Wortkärtchen zu neuen „Fabeltieren“ zusammen!
4. Ihr könnt einen ganzen Zoo mit „Fabeltieren“ basteln oder im Computer entstehen lassen.
5. Mein Lieblings-Schnurpsentier:
   Name Zeichnung

   ____

Das große Lalulā

Kroklokwafzi? Sem̄em̄i!
Seiokronto – prafriplo:
Bifzi, bafzi; hulalem̄i:
quasti basti bo …
Lalu lalu lalu lalu la!

Hontraruru miromente
zasku zes rü rü?
Entepente, leiolente
klekwapufzi lü?
Lalu lalu lalu lalu la!

Simarar kos malzipempu
silzuzankunkrei (;)!
Marjomar dos: Quempu Lempu
Siri Suri Sei [ ]!
Lalu lalu lalu lalu la!

Mein großes ___________________

____
____
____
____
____
____
____
____
____
____
____
____
____
____

1. Kannst du dieses sinnlose Lautgedicht flüssig lesen?
2. Erkennst du die Kreuzreim-Paare und den Refrain-Vers?
3. Entdeckst du den Rhythmus, die regelmäßige Folge von Hebung und Senkung?
   —◡—◡—◡—◡
4. Kannst du durch Mischen der Silben ein anderes Lautgedicht schreiben?
5. Kannst du durch Erfinden neuer Silben ein eigenes Lautgedicht schaffen?

Friederike Kempner (1836–1904)

Verdruss

Täubchen, immer *froh*
Bist du, niemals *roh.*
Frag ich mich da still,
Obs der *Mensch* auch will?
Liebes *Täubchen* hold,
Du bist treu wie Gold.
Doch mir macht Verdruss,
Dass der *Mensch* oft muss!

Verdruss

1. Ersetze die kursiv gesetzten Wörter durch andere und schreibe das neue Scherzgedicht rechts daneben!

Der der, das das, die die

Wer, fragt ihr, wer
Tut dir *das Leid?*
Es ist der der,
Es ist der *Neid!*
Was, fragt ihr, was
Ist dir *vergällt?*
Es ist das das,
Es ist das *Geld!*
Wie, fragt ihr, wie?
Wer macht dich *frei?*
Es ist die die,
Die *Poesei!*

Der der, das das, die die

2. Ersetze die kursiv gesetzten (oder andere) Wörter durch neue und schreibe das eigene Fragegedicht rechts daneben!

Ob auch

Ob auch *Köter* bellen
Und mir *Fallen* stellen,
Ich *kümmre* mich drum nicht
Und mach ein *hübsch* Gedicht!

Ob auch

3. Ersetze die Signal- und Schlüssel-Wörter durch neue und schreibe den eigenen Vierzeiler rechts daneben!

4. Diskutiert über Sinn und Unsinn, über Form und Bauart, über Absicht und Wirkung dieser humorvollen Kurzgedichte und eurer eigenen Produktionen!

7. Songs

Jutta Richter: „Wir sind Kinder dieser Erde“
Rolf Zuckowski: „Kleine Europäer“

1. Zur Sachanalyse

Ganz im Gegensatz zu den üblichen sentimentalen Schlagern, die wir gerne als Schnulzen bezeichnen, handelt es sich hier um ernste Schlager, um Chansons, um Songs. Inhaltlich und formal heben sich diese Songs klar und deutlich vom massenhaften Marktangebot ab.

Jutta Richter[1] ergreift in ihrem Text, vertont von **Ludger Edelkötter**[2], leidenschaftlich Partei für den Frieden. Ähnlich wie Erich Kästner, der in seinem Kinderbuch „Die Konferenz der Tiere“ (1949) die Tiere anstelle der Erwachsenen mithilfe der Kinder als Friedensstifter wirken lässt, fordert sie einen „Kinderstaat“, in dem es keinen Krieg gibt.

Die besondere Eindringlichkeit ihrer Aussage, die einen überzeugenden und mitreißenden Friedensappell darstellt, erreicht sie durch folgende lyrische Mittel:

Aufbau: drei Hauptstrophen, jeweils umrahmt vom Kehrvers 1 (Refrain 1 oder Prolog) und vom Kehrvers 2 (Refrain 2 oder Epilog).

Wiederholung: starke Wirkung durch das Stilmittel der Wiederholung: Strophen 1, 4, 7, Strophen 3, 6, 9.

Metrum: Kehrvers 1: Vers 1 und 2: Daktylus, Vers 3 und 4: Trochäus
Hauptvers: 4- und 3-hebige Jamben
Kehrvers 2: Vers 1: Trochäus
Verse 2–4: 3- und 4-hebige Jamben

Reimbildung: Kehrvers 1: abcc (Verse 1/2: reimlos, Verse 3/4: Paarreime)
Hauptvers: abab (Kreuzreime)
Kehrvers 2: abab (Kreuzreime)

Rhythmus: Wechsel verschiedener Versfüße, Wechsel der Versanfänge (Auftakte: Hebung – Senkung), regelmäßig starke Vers-Enden (Hebung), (staccato – furioso – vivace – tremolando – piano)

In den Hauptstrophen 1 und 2 lässt sie die Kinder sprechen, welche die Sprüche und Politik der Erwachsenen satt haben (1), und Frieden – ohne Hungersnot und Bombenknall – fordern (2).

In Hauptstrophe 3, angeregt auch durch die Kehrverse 1 und 2 („Schluss mit dem Krieg“ und „Wir brauchen euren Mut“) antworten die Erwachsenen, treten sie in einen Dialog mit den Kindern ein und versprechen, diese mit ihrer Friedenskraft zu unterstützen, sie nicht allein zu lassen, im ständigen und leidenschaftlichen Bemühen um einen dauernden Frieden in der Welt.

Botschaft: Dies ist die doppelte Botschaft Jutta Richters:
„Schluss mit dem Krieg!“
und
„Denkt auch an uns!“
mit der überzeugenden Begründung
„Weil diese Welt zusammenfällt,
wenn man dafür nichts tut.“

Rolf Zuckowski[3] appelliert in Text und Melodie eindringlich an den Europagedanken der Heranwachsenden. Diese sollten sich als „kleine Europäer“ fühlen und auch als solche handeln: sich die Hand geben, die Grenzen überschreiten, entgegengehen und näher rücken, Land und Leute mit ihren verschiedenen Sprachen, Nationalgerichten und Liedern kennen- und schätzen lernen.

Der sehr erfolgreiche Liedermacher setzt dabei folgende lyrische Mittel wirkungsvoll ein:

Aufbau: Teil 1: Prolog 1 und 2 (Strophe 1 und 2), drei Hauptstrophen (3, 4, 5), Teil 2: Prolog 1 und 2 (Strophe 6 und 7), drei Hauptstrophen (8, 9, 10), Teil 3: Prolog 1 und 2 als Epilog 1 und 2 (Strophe 11 und 12).

Wiederholung: starke Wirkung durch das Stilmittel der Wiederholung: Strophen 1/2, 6/7, 11/12.

Metrum: jambisches Versmaß in Prolog 1 (Strophen 1, 6, 11), sonst durchgehend trochäischer Versfuß (mit Wechsel und Variationen in den Versen 4).

Reimbildung: durchgehend Paarreime (bis auf Strophe 5 und 10, in der jeweils Vers 3 mit Vers 4 der vorherigen Strophe einen Klammerreim bildet).

Rhythmus: fröhlich beschwingt – vivace – tänzerisch im 4/4-Takt.

Botschaft: Aufruf an Kinder und Jugendliche für Europa („Europa – Kinderland“) und Appell zum Handeln („wir geben uns die Hand“ – „ich und du“).

---

1 Jutta Richter, geb. 1955 in Burgsteinfurt, Studium der Germanistik, Theologie und Publizistik, freiberufliche Schriftstellerin, Funk- und Fernsehautorin, Kinderlyrikerin, Referentin.
Werke u. a.: „Der Sommer schmeckt wie Himbeereis“ (Liedheft, MC I u. II), „Annabella Klimperauge“ (Geschichten 1989), „Hexenwald und Zaubersocken“ (1993), „Herr Oskar und das Zirr“ (1995). Jutta Richter: „Wir sind die Kinder dieser Erde“.

2 Ludger Edelkötter, geb. 1940 in Bochum/Westfalen, bekannter Komponist und Musikverleger.

3 Rolf Zuckowski, geb. 1947 in Hamburg, Sänger, Gitarrist, Produzent, Texter, Komponist, bekannt als „Kinderlieder-Macher“ (Funk und Fernsehen), siehe Internet unter zuckowski.htm.
Werke u. a.: „Rolfs Vogelhochzeit“ (Singspiel für Kinder, 1972, 1990), „Rolfs Schulweg-Hitparade“ (1979), „... und ganz doll dich“ (1982 in „Wetten daß“), „... Lieder, die wie Brücken sind“ (1982), „Die Jahresuhr“ (1992), „Der kleine Tag“ (1999).

2. Zur didaktischen Analyse

Diese hehren Botschaften des Friedens- und des Europasongs dienen in hervorragender Weise der Friedens- und Europaerziehung.

Der Antikriegs- oder Friedenssong erinnert die Jugendlichen daran, dass das 20. Jahrhundert ein Jahrhundert der Kriege (1. Weltkrieg: 10 Millionen Opfer, 2. Weltkrieg: 55 Millionen Opfer, seit 1945 in aller Welt: 40 Millionen Opfer) gewesen ist, dass – via Fernsehen – auch das 21. Jahrhundert uns keinen Tag ohne Krieg bescheren wird.

So werden sie sich dem Friedensappell nicht verschließen können und wollen, und versuchen, in ihrem sozialen Umfeld für Gewaltlosigkeit, Friedfertigkeit, Friedensbereitschaft – eben den Frieden – einzutreten.

Der Europasong ruft zur europäischen Einigung auf der menschlichen Ebene auf, zum Kennenlernen von Sprache, Ländern, Liedern und bevorzugten Speisen und Getränken der Nachbarvölker. Er appelliert an den guten Willen, der im Alltag in ein zielgerichtetes Handeln umgesetzt werden soll, sodass alles Fremde nicht fremd bleibt, sondern bekannt und vertraut wird.

Mittelpunkt des Textumgangs könnte die frei gewählte Textumgangsart sein. Höhepunkt sollte die Inszenierung dieser Songs sein, die durch eigene Strophen erweitert werden sollten. Beide Songs könnten in zwei Abteilungen gleichzeitig oder mit der ganzen Klasse nacheinander behandelt werden.

Lernziele: Die Schülerinnen und Schüler sollen

1. anspruchsvolle Protestsongs kennenlernen,
2. feststellen, dass sich diese Songs in Inhalt, Form und Arrangement erheblich von Schlagerschnulzen unterscheiden,
3. Begründungen für den Frieden in der Welt und für die Vereinigung Europas herausarbeiten,
4. sich mit den Intentionen der Autorin und des Autors auseinandersetzen, diese würdigen und sich von ihnen begeistern lassen,
5. diese Songs sprechsprachlich, illustrativ, musikalisch und szenisch angemessen gestalten und evtl. literarisch erweitern können.

3. Zur Projektbeschreibung

3.1 Initialphase

Möglichkeiten (zur Auswahl):

- aktuelle Medienberichte über „Krieg und Frieden" und über „Europa",
- Clusterbildung (Kopiervorlage siehe S. 14) zu „Frieden" und „Europa",
- Bildimpulse z. B. zu folgenden Motiven „Kinder Europas", „Wahrzeichen Europas", „Trachten und Tänze", „Landschaften",
- Hörimpulse z. B. „Europahymne", „Nationalhymnen", „Schlagerfestival", unsere Songs.

3.2 Rezeptionsphase

1. Teilziel: Beispiel eines Schlagers, einer „Schnulze"
Abspielen einer beliebigen Schnulze, die gerade aktuell ist, gleichzeitig Ausfüllen des Fragebogens durch eine Beobachtergruppe:

**Fragebogen:
Wie hören deine Mitschülerinnen und Mitschüler zu?**

- ☐ Manche halten sich die Ohren zu.
- ☐ Manche winken mit der Hand ab.
- ☐ Einige fangen an laut zu schimpfen.
- ☐ Andere fangen an zu kichern.
- ☐ Andere singen mit und schunkeln.
- ☐ Andere klopfen den Takt dazu.
- ☐ Einige „dirigieren" zur Musik.
- ☐ Einige imitieren die Sängerin, den Sänger.
- ☐ Andere unterhalten sich.
- ☐ Andere rufen: „Aufhören, aufhören!"
- ☐ Andere rufen: „Schön, prima! Klasse!"
- ☐ Einige machen ein vergnügtes Gesicht.
- ☐ Einige machen ein trauriges Gesicht.
- ☐ Einige machen ein ärgerliches Gesicht.
- ☐ Manche hören ganz still zu.

Was beobachtest du sonst noch?

- ☐ ______________________________
- ☐ ______________________________
- ☐ ______________________________

2. Teilziel: Beispiel eines Songs
Abspielen eines (oder beider) Songs, erneute Beobachtung (siehe Fragebogen), freie Aussprache, Berichte der wechselnden Beobachtergruppen und Aussprache darüber.

3. Teilziel: Vergleich des Konsumverhaltens
Die Schülerinnen und Schüler vergleichen die Verhaltens- und Reaktionsweisen auf das Anhören der Schnulze und der Songs und diskutieren darüber.

4. Teilziel: stilles Lesen der Textblätter
Dem stillen Erlesen anhand der ausgeteilten Textblätter folgen erste Überlegungen der Gestaltung einer Collage.

3.3 Reflexionsphase

1. Teilziel: spontane und freie Aussprache, Meinungsäußerungen

2. Teilziel: Einbringen eigener Erfahrungen und Erlebnisse

3. Teilziel: gelenktes Unterrichtsgespräch über Inhalte der Songs, über Appelle der Autorin und des Autors und die Bedeutung für das persönliche Leben in Gegenwart und Zukunft

4. Teilziel: Planungsgespräch
Im Planungsgespräch treffen die Jugendlichen ihre eigenen Entscheidungen über die Auswahl der Songs, der auch aus ihrem Konsumverhalten stammen kann, und über die Umgangsart mit ihm in freier Gruppenarbeit. Siehe hierzu die Übersicht „Hinweise zur Freiarbeit: Textumgangsformen mit einem Gedicht" auf S. 9!

3.4 Produktionsphase

Das Planungsgespräch könnte sich schwerpunktmäßig auf folgende Umgangsarten in arbeitsteiligen Gruppen festlegen:

1. **Die Sprechergruppe** erarbeitet den Vortrag des Textes (Einzel-, Wechsel- und Chorsprechen) unter Einsatz von Begleit- bzw. Hintergrundgeräuschen. Interessant wäre auch ein Sprechgesang, der als Rap aufgeführt wird.
2. **Die Montagegruppe** gestaltet eine textillustrierende und -interpretierende Collage aus eigenen Zeichnungen, aus Fotos und Zeitungsabschnitten. In DIN-A4- oder Plakatgröße entstünden Text-, Text-Bild- oder Text-Foto-Collagen.
3. **Die Dichtergruppe** schreibt eine weitere Songstrophe, wobei sie den vorgegebenen Pro- und Epilog übernimmt. Voraussetzung hierfür ist die kognitive Betrachtung der lyrischen Mittel (siehe Sachanalyse).
4. **Die Spielgruppe** studiert den Liedvortrag (mit Instrumentenbegleitung) ein und erarbeitet über die musikalische Gestaltung hinaus eine dramaturgische Inszenierung als Tanz und Spiel.

3.5 Präsentationsphase

Die ersten Produktionsergebnisse werden vorgestellt und gewürdigt, die Weiterarbeit zu deren Verbesserung besprochen. Auftretende Wünsche nach einem Gruppenwechsel sollten berücksichtigt werden.

4. Zur weiteren Projektplanung

Für ein Projekt „Friedenstag" bzw. „Europatag" könnte z. B. Folgendes geplant werden:
- Gestalten einer Collage,
- Bearbeiten der Kopiervorlagen 1 und/oder 2,
- aktuelle Konflikte und Friedensbemühungen besprechen (Medienarbeit),
- Grußformeln der europäischen Länder zusammenstellen (Spracharbeit),
- Länder, ihre Fahnen und Hauptstädte benennen (Atlasarbeit),
- Europa- und Nationalhymnen kennenlernen (Musikunterricht),
- Nationalgerichte auswählen und ausprobieren (Hauswirtschaft),
- besondere Tänze, Feste und Bräuche,
- Plakat mit Fahnen (und Symbolen) der europäischen Staaten gestalten (Kunsterziehung),
- Urlaubserlebnisse und Briefkontakte verschriftlichen,
- Lektüre einiger Märchen, Sagen und Schwänke aus Europa,
- unser Friedenslied „Wir sind Kinder dieser Erde" und Europalied „Kleine Europäer" (mit Gesang, Tanz und Spiel) in ein Schulfest einbringen.

Jutta Richter

Wir sind Kinder dieser Erde

Raum für eine Collage
(aus unterschiedlichem Bildmaterial und mit verschiedenen Motiven, z. B.: „Globus“, „Weltkarte“, „Kinder aus allen Erdteilen“ usw.):

Schluss mit dem Krieg.
Denkt auch an uns.
Dies ist unsre Welt.
Dies ist unsre Welt.

Wir haben eure Sprüche satt
und eure Politik.
Wir bauen einen Kinderstaat.
Da gibt es keinen Krieg.

Wir brauchen die Kinder **einer** Welt –
wir brauchen euren Mut,
weil diese Welt zusammenfällt,
wenn man dafür nichts tut.

Schluss mit dem Krieg.
Denkt auch an uns.
Dies ist unsre Welt.
Dies ist unsre Welt.

Wir brauchen Wasser, Luft und Brot
und Frieden überall.
Wir wollen keine Hungersnot
und keinen Bombenknall.

Wir sind die Kinder **einer** Welt –
wir brauchen euren Mut,
weil diese Welt zusammenfällt,
wenn man dafür nichts tut.

Schluss mit dem Krieg.
Denkt auch an uns.
Dies ist unsre Welt.
Dies ist unsre Welt.

Ihr schafft es nicht aus eigner Kraft.
Ihr seid noch schwach und klein.
Jedoch mit unsrer Friedenskraft
seid ihr noch nicht allein.

Wir sind die Kinder **einer** Welt –
wir brauchen euren Mut,
weil diese Welt zusammenfällt,
wenn man dafür nichts tut.

Rolf Zuckowski:

Kleine Europäer

Europa – Kinderland,
wir geben uns die Hand.
Wozu sind Grenzen da
für Jill und Jack, für Jan und Julia?

Kleine Europäer
rücken immer näher,
immer näher aufeinander zu.
Wie ich und du.

Gehn auf ihren Wegen
sich ein Stück entgegen.
Grüezi! Come va? How do you do?
How do you do?

Fährst du nach Castilien,
oder nach Sizilien?
Sag mal, wo kommst du denn grade her,
so ungefähr?

So hört man sie reden,
bis hinauf nach Schweden
und sie tun, als ob das gar nichts wär.

Europa – Kinderland,
wir geben uns die Hand,
doch Kinder werden groß,
und ihre Träume werden grenzenlos.

Kleine Europäer
rücken immer näher,
immer näher aufeinander zu.
Wie ich und du.

Denken ohne Schranken,
frei sind die Gedanken.
Pronto? Qu'est-ce que c'est? Was sagst du nu?
Tiramisu.

Trinken oder speisen,
wenn sie mal verreisen,
was man von Zuhause gar nicht kennt,
oder verpennt.

Hören neue Lieder,
fragen immer wieder,
wie man dies und das woanders nennt.

Europa – Kinderland,
wir geben uns die Hand.
Wozu sind Grenzen da
für Jill und Jack, für Jan und Julia?

Kleine Europäer
rücken immer näher,
immer näher aufeinander zu.
Wie ich und du.

Collage
(aus unterschiedlichem Bildmaterial und mit verschiedenen Motiven, z. B.: „Fahne", „Hymne", „Landkarte", „Hauptstädte", „Menschen" usw.):

Kopiervorlage 1: Melodie und Eigenproduktion

Wir sind Kinder dieser Erde

Text: Jutta Richter/Musik: Ludger Edelkötter

1. Studiert dieses Friedenslied ein und führt es auf, im Chor, im Wechselgesang, mit Instrumentalbegleitung, als Tanz oder Spiel!

2. Ihr könnt auch eine weitere Strophe dazu dichten. Denkt dabei an das Versmaß, die Kreuzreime und an neue Themen!

Meine Strophe:

____

____

____

____

Name: ____________________________

Kopiervorlage 2: Melodie und Eigenproduktion

Kleine Europäer

© 1989 by MUSIK FÜR DICH Musikverlag oHG, Hamburg
Musik und Text: Rolf Zuckowski

1. Studiert dieses Europalied ein und führt es auf, im Chor, im Wechselgesang, mit Instrumentalbegleitung, als Tanz oder Spiel!
2. Ihr könnt auch eine weitere Strophe dazu dichten. Denkt dabei an das Versmaß, an die Paarreime und an neue Themen!

Meine Strophe:

____

____

____

____

Name: ____________________

8. Raps

Mellowbag und Freundeskreis: „Tabula rasa“
Robert Gernhardt: „Du“

1. Zur Sachanalyse

Der Rap ist entstanden Ende der 1970er-Jahre in New York aus fetzig gesprochenen Sätzen eines Discjockeys, wobei er durch In- und Herbewegen einer Schallplatte die Musik verzerrte. Sie spielt heute als rhythmischer Sprechgesang in der Popmusik eine nicht unbedeutende Rolle.[1]

Heinrich Kaulen[2], ein herausragender Kenner der Rap-Szene, liefert uns eine überzeugende Definition: Der „Rap lebt, anders als z. B. der Techno, wesentlich vom Zusammenspiel von frechen Songtexten (engl. ‚lyrics‘), Musik und Performance. Die Songs nehmen kein Blatt vor den Mund…“[3] Eine verhältnismäßig enge Verwandtschaft der Raptexte zur postmodernen Gegenwartslyrik ist offensichtlich[4]:

- Verwendung von End- und Binnenreim, Metrum und Refrain, von Strophe und Liedform,
- Lust an Ironie, Satire, am Absurden und Grotesken,
- Einsatz von Sprachspielen, Kalauern, Zitaten (mit Hilfe einer Art „Text-Collage-Technik“).[5]

Sprechgesang (Musik) und Performance weisen breite Spannweiten auf:

- metrisches, rhythmisches bis freirhythmisches Sprechen bzw. Singen,
- fließendes bis holpriges Tempo,
- weicher, friedlicher bis harter, aggressiver Ton,
- heiter-fröhliche bis besinnlich-traurige Stimmung,
- ruhige bis unruhige „fetzige“ Stimmung, die auch von „cool“ bis „crazy“ schwanken kann,
- Sprechgesang mit Rapmusik (Playback),
- Sprechgesang mit Körperinstrumenten,
- Sprechgesang mit Musikinstrumenten,
- Sprechgesang mit Mimik, Gestik, Dynamik, Tanz zu Breakdance (mit Rap-, Rock-, Popmusik).

Die Absichten der Rapper bestehen darin, durch diese engagierte Unterhaltungsmusik die Hörerinnen und Hörer

- zu unterhalten, zu erfreuen,
- zum Mitrappen (Tanzen, Sprechen, Singen) anzuregen,
- aufzuzeigen, wie die Verhältnisse sind,
- diese zu hinterfragen, zu kritisieren,
- Gefühle (Emotionen) und Gedanken (Kognitionen) zu wecken,
- zu beeindrucken, zu mahnen, wachzurütteln, die Augen und Ohren zu öffnen,
- aufzuzeigen, wie die Verhältnisse sein könnten und sein sollten.

Unsere zwei Beispiele haben wir dem erfolgreichen Sammelband „EXPLICIT LYRICS“[6] entnommen, dessen Songtexte und Gedichte von Insidern der aktuellen Rap-Szene ausgewählt und von Ralf Schweikart lektoriert wurden.

In **„Tabula rasa“**[7] geben **Mellowbag** und **Freundeskreis** aufschlussreiche Einblicke in die Rap- und Hip-Hop-Szene: Rapszenario, Business der Popcenturios (der „Hauptleute“, Manager), Hip-Hop-Studios, Konkurrenzkampf, Plattenfirmen, Produktionstechnik, Erfolg und Misserfolg der Gruppe FK (Freundeskreis), auf Tournee.

Ein gewisses Hintergrundwissen wird vorausgesetzt: Supermario (Fußballer Mario Basler), Julio Iglesias (Schlagersänger), Paul Schockemöhle (Springreiter), Öde-Pussis (Wortspiel mit Ödipus, „Muttersöhnchen“, König von Theben), Mullahs Ruschdie (iranischer Schriftsteller), Guevara (Freiheitskämpfer in Mittelamerika), Kabila in Kinshasa (kongolesischer Rebell), Mobuto (kongolesischer Diktator).

Der Rhythmus ist geprägt vom $^3/_4$-Takt, der nur gelegentlich vom $^2/_4$-Takt unterbrochen wird, aber – gegen die normale Betonung – auch „gerapt“ werden kann, wie z. B. im Vers 7:

„Ihr nehmt Rap wie Öde-Pussis“

— ∪ — ∪ —∪ —∪
— ∪ ∪ — ∪∪ —∪

Der Sprechfluss ist deswegen und wegen der verschiedenen Verslängen etwas holprig, wird jedoch flüssig und „fetzig“, wenn alle Vers-Anfänge als Hebungen und alle

1 Zu den großen Rappern dieser Musikszene gehören z. B.: Westernhagen („Taximann“), Helge Schneider („Katzenklo“, „Kocks Rhythmus“), Cora E. („Schlüsselkind“), die Prinzen („Alles nur geklaut“), Herbert Grönemeyer („Flugzeuge im Bauch“), Toni L. („Dankbar“), Ingo Insterburg („Ich liebte ein Mädchen“), Total Chaos („Oft wunder ich mich“) oder die Fantastischen Vier („Krieger“, „Populär“).

2 Heinrich Kaulen: Lyrik zwischen Rap und Postmoderne. In: Praxis Deutsch Heft 159/2000, S. 6 f.

3 Zu den bevorzugten Themen der Szene zählen daher u. a.: Beziehungskrise, Kindheit, Drogen, Gewalt, Fremdenhass, zerrüttete Familie, Frauenfeindlichkeit, Seuchen, Krieg, Stress, Politikverdrossenheit, aber auch Liebe, Solidarität, Sehnsucht und Hoffnung.

4 Kaulen, a. a. O., vgl. S. 6.

5 bekannt als Texter oder „Hip-Hop-Poeten“ sind z. B.: Robert Gernhardt („Du“), Ror Wolf („ruhe“), Ulla Hahn („Spielregeln“), Moses Pelham („Schnaps für alle“), Kerstin Hensel („Waschanlage“), Dirk von Petersdorff („Bert…“) oder Matthias Politycki („Verschiedene Formen von Liebe solls geben“). Bemüht als „Textlieferanten“ werden aber auch bekannte Autoren wie Reiner Kunze („Die Liebe“), Peter Rühmkorf („Lass leuchten“) oder Kurt Tucholsky („Tucholsky in Rock“ von L. Boden/B. Klinzmann/Ensemble der Schiller-Theater-Werkstatt, Berlin. LC 0835).

6 Explicit Lyrics. Songtexte und Gedichte. Ausgewählt von Cappuccino, Cora E., Moses Pelham, Schiffmeister, Smudo, Ralf Schweikart. Reinbek 1999 (rotfuchs 20971).

7 Explicit Lyrics, a. a. O., S. 56 (ohne den engl. Text auf S. 54 f.).

Vers-Enden als weiche Reimpaare gesprochen werden. Diese acht Paarreime sind es vor allem, die neben der (vorwiegend) trochäischen Metrik den Raptext zum Klingen bringen.[8]

Im Text **„Du“**[9] verwendet **Robert Gernhardt (geb. 1937** in Estland, wohnhaft in Frankfurt a. M.) die traditionellen Formelemente der Lyrik, und zwar den Jambus (◡—) als regelmäßiges Metrum, die vierhebige Verslänge (ab Strophe 5 jeweils Vers 2: fünfhebig) und den Paarreim, der achtmal durchgehend sogar als Doppelendreim („glatt an – satt Mann“) auftritt. In seinem Wortschatz gebraucht er Anleihen der Umgangs- und „Jugendsprache“: „Gesülze“, „so'nen Scheiß“, „Machosau“, „platt machen“.

Auf diese Weise gestaltet der Texter alters- und szenenadäquat im fließenden Rhythmus einen Beziehungskonflikt, der in einem Dialog, der zu einem Streitgespräch ausartet, ausgetragen wird.

Er wirbt um „Sie“, indem er besonders eindringlich redet und schmeichelt, verursacht durch sieben Wiederholungen des Satzmusters (Stilmittel der Wiederholung!), ihre Haut „lobpreist“, erst beim siebten Mal – wohl wegen seines Misserfolges – als „rau“ kritisiert. Eine plumpe Anmache?

Sie lässt sich nicht einlullen, nicht verführen, sondern sie reagiert selbstbewusst und emanzipiert als junge Frau, ja aggressiv mit Gegenreden, Beschimpfungen („Machosau“) und mit Drohungen („mach ich dich platt“).

Letztlich bleibt der Ausgang dieses Streitgespräches offen. Es bleibt der Fantasie oder dem Wunschdenken der Leserin und des Lesers überlassen, welche Reden und Gegenreden noch folgen könnten und ob eine Versöhnung in diesem Beziehungskonflikt noch eintritt.

2. Zur didaktischen Analyse

Songs und Raps gehören heute zu den Rezeptionsgewohnheiten vieler Jugendlicher, die diese – und das sollte durch eine Befragung des aktuellen Freizeitverhaltens ermittelt werden – vermutlich häufiger und intensiver als die herkömmlichen Schlager konsumieren.

Die Jugendlichen entdecken in dieser Musikart ihre spezifischen Lebensgefühle, Vorstellungen, Ansichten, Träume und Wünsche wieder, sie finden sich angenommen, bestätigt und bestärkt.

Eine jugend- und soziologisch orientierte Literaturdidaktik nimmt deshalb diese Textsorte, ohne sich anbiedern zu wollen, in ihr Programm mit auf, wobei sie Selbstständigkeit und Freiheit, Neigung und Fähigkeit der Schülerinnen und Schüler bei der Wahl des Stoffes (der Texte), der Arbeitsgruppe (der Freiarbeit) und der Umgangsart (der Produktionsweise) voll berücksichtigt. Nach der Auffassung von Moses Pelham[10], der einer der bekanntesten Rapper ist („Mein Glück“, „Denk an mich“), erzielt der aufgeschriebene Text allein kaum Wirkung, kaum Emotionen. Es bedarf des Dreiecks „Vortrag, Musik und Text“, um die Einheit eines Raps voll zu realisieren.

Aus diesem Grunde steht im Mittelpunkt unseres Projektes, das sich in Stundeneinheiten kaum organisieren lässt, die Inszenierung eines Raps, in welcher alle drei Wesensmerkmale, der (freche) Text, der rhythmische Sprechgesang (mit Musikbegleitung) und die Performance (die Darstellung und Aufführung), vereinigt werden. Die Analyse von Text, Rhythmus und Begleitmusik steht – ohne Selbstzweck – im Dienste der handlungsorientierten Eigenproduktionen. Ein besonderes Gewicht wird dabei auf den Rhythmus, das „gemeinsame Element der Musik *und* der Poesie“[11], gelegt, das es sowohl zu erfassen als auch darzustellen, zum Leben zu erwecken gilt. Die „Interpretation durch Vitalisierung“[12] wäre damit verwirklicht.

Lernziele: Die Schülerinnen und Schüler sollen

1. ihre Lieblingssongs in der Schule vorstellen,
2. eigene Vorlieben (und Abneigungen) entwickeln,
3. an (zwei oder mehreren) Beispielen die (drei) Wesensmerkmale des Raps entdecken,
4. Text und Rhythmus in Einklang bringen und in einem sinn- und klanggestaltenden Vortrag darstellen können, und evtl.
5. einen Rap eigenproduzieren können, um ihr persönliches Lebensgefühl auszudrücken.

3. Zur Verlaufsplanung

3.1 Zur Initialphase

Die Schülerinnen und Schüler bringen ihre Lieblingssongs (Kassetten, Schallplatten, CDs, Videos oder Alben) in die Schule mit und stellen sie der Klasse vor.

Die Klasse wählt aus, bestimmt in einem offene Planungsgespräch mit, welche Texte und Songs näher betrachtet, welche Arbeitsgruppen gebildet und welche Ziele und Wege des Textumgangs in der Freiarbeit angesteuert und beschritten werden sollen.

Medien: Lieblingssongs, aktuelle Hits, Sammelband „Explicit Lyrics“ (rororo 20971).

3.2 Zur Rezeptionsphase

Einige Beispiele, Lieblingssongs, werden abgespielt (evtl. mit Bild), vielleicht auch von dem einen oder anderen Jugendlichen im Sprechgesang (mit Bewegung und Playback) vorgeführt.

---

8 Wie sich der Rapsong „Tabula rasa“ tatsächlich im Original anhört, könnte die Schülergruppe, die ihn produzieren will, beim BMG UFA Musikverlag/Seegang Publishing erfahren: 81677 München, Steinhauser Str. 1–3. TABULA RASA. Musik und Text: Martin Welzer/Sekeou Neblett/Philippe Alexander Kayser/Thomas Wittinger/Max Herre/Tyron Ricketts/Oliver Scheffer/Robert Philippe/Tilmann Otto. © 1998 by Arabella Musikverlag GmbH/Edition Fourplay/Edition Premium Blend (BMG Music Publishing Germany), München (55,55%) alle Rechte für die Welt Schacht Musikverlage/C-Wort Music Publishing GmbH.

9 Explicit Lyrics, a. a. O., S. 23. © by Haffmanns Verlag, Zürich 1994. Hubenstr. 19, CH-8062 Zürich. Biografie im Internet: http://www.sedan.uni-osnabrueck.de/~totti/Biografie.html

10 Moses Pelham: Songtext-Auswahl. In. Explicit Lyrics, a. a. O., vgl. S. 211 f.

11 Franz-Josef Payrhuber: Gedichte im Unterricht – einmal anders. München [4]1999, S. 76.

12 Payrhuber, a. a. O., S. 80.

Die übrigen Mitschülerinnen und Mitschüler hören zu, klopfen den Takt mit, bewegen sich im Rhythmus mit und stimmen vielleicht in den Sprechgesang mit ein.
Aus der Diskussion über diese Vorführungen entwickelt sich das konkrete Planungsgespräch mit verbindlichen Vereinbarungen über Textauswahl, Arbeitsgruppe, Produktionsweise.

3.3 Zur Reflexionsphase

1. Teilziel: Textanalyse in Gruppenarbeit
Die einzelnen Gruppen ermitteln in ihrem frei ausgewählten Song- bzw. Raptext
- die wichtigsten Inhalte, Ereignisse, „Events" („Worum geht es?"),
- die Reimbildung („Welche Reime markierst du?"),
- das Metrum („Welches Versmaß kommt vor?"),
- den Rhythmus („Welchen Takt kannst du schlagen?"),
- die Stimmung („Welche Gefühle bewegen dich?").

2. Teilziel: Zusammenfassung
Anhand der Gruppenbereiche werden an unseren Beispielen im gelenkten Unterrichtsgespräch die Ergebnisse zusammengefasst und festgehalten:

Tafelanschrift 1:

„Tabula rasa" (Mellowbag und Freundeskreis)

Inhalt: Monolog über Rapszene, Hip-Hop-Szene, Popmusik-Medien-Welt
Reimbildung: Paarreim (öfter unrein: „-ios -ias")
Versmaß: am häufigsten: Daktylus (—◡◡)
Rhythmus: meistens $^{3}/_{4}$-Takt, „fetzig", „furios"
Stimmung: hektisch, leicht aggressiv

Wirkung auf mich: ______________________

Meine Meinung: ______________________

____

Tafelanschrift 2:

„Du" (Robert Gernhardt)

Inhalt: Liebesszene, Streitgespräch, Duett
Reimbildung: Paarreim, Doppel-Endreim („glatt an – satt Mann")
Versmaß: regelmäßig: Jambus (◡—)
Rhythmus: durchgehend: $^{2}/_{4}$-Takt, fließend
Stimmung: aggressiv, streitsüchtig, bedrohlich

Wirkung auf mich: ______________________

Meine Meinung: ______________________

____

3.4 Zur Produktionsphase

Die einzelnen Arbeitsgruppen befassen sich – betreut von der Lehrkraft – reproduzierend bzw. eigenproduzierend mit den ausgewählten bzw. selbst verfassten Texten, indem sie
- die Reimbildung (Binnen- und/oder Endreime) markieren bzw. herstellen und anwenden,
- das Versmaß, die Abfolge von unbetonten und betonten Silben, feststellen bzw. festlegen,
- den Rhythmus, ob $^{2}/_{4}$- oder $^{3}/_{4}$-Takt oder deren Wechsel, erfassen bzw. bestimmen und ausprobieren,
- die Stimmung (und deren Schwankungen) erspüren bzw. ausdrücken,
- die Begleitmusik (Körperinstrumente, Musikinstrumente, Playback) auswählen,
- den Sprechgesang nach Lautstärke, Tonhöhe (evtl. nach einer Melodie oder eigenen Vertonung), Sprechtempo und im Wechsel (Solist, Duo, Chor) proben,
- die Performance (Mimik, Gestik, Dynamik, „Actions" und Tanzschritte nach Regieweisungen) einstudieren.

Die ersten Produktionsergebnisse werden in der Klasse präsentiert und wohlwollend gewürdigt. In einem Planungsgespräch wird über eine Aufführung im Rahmen eines Klassen- oder Schulfestes diskutiert.

4. Zur Weiterführung

- Verfeinern der Darstellungen der Raps „Tabula rasa" (als Monolog bzw. Chorgesang) und „Du" (als Rollenspiel, Duett),
- Verfeinern der Eigenproduktionen (bis hin zur „Aufführungsreife"),
- Kunsterziehung: Visualisierung der Raptexte (Illustrationen, Entwerfen von Covers und Plakaten für eine Aufführung),
- Schulwerkstatt: Album mit Lieblingssongs (Hits), Kassetten- und Videoaufnahme[13],
- Autorenkunde: Robert Gernhardt[14].

13 Siehe z. B.: Hannes Loh/Sascha Verlan: HipHop. Sprechgesang Raplyriker und Reimkrieger. Mühlheim a. d. Ruhr 2004.
14 Kurzbiografie: geb. am 13. 12. 1937 in Reval, Estland; gestorben am 30. Juni 2006 in Frankfurt am Main, deutscher Schriftsteller, Lyriker, Essayist, Zeichner und Maler. Zu Beginn seiner Laufbahn verwendete Gernhardt gelegentlich die Pseudonyme Lützel Jeman (mittelhochdeutsch für: kaum jemand), Alfred Karch, Arthur Klett und Paul H. Burg. Im Satiremagazin Titanic schrieb Gernhardt häufig unter dem Sammel-Pseudonym Hans Mentz. Werke u.a.: „Blusen des Böhmen" (1977), „Ich Ich Ich" (1982), „Glück Glanz Ruhm" (1983), „Die Toscana-Therapie" (1989).

Mellowbag und Freundeskreis

Tabula rasa

Auf dem Kilimandscharo des Rapszenarios
spieln wir das Business wie Supermario
ob Popcenturios in HipHop-Studios
FK ist furios wie Julio Iglesias
ich ritt den trojanischen Gaul im Blendwerk der Hölle
sah die Fäulnis des Business, blieb im Sattel wie Paul Schockemöhle
ihr nehmt Rap wie Öde-Pussis
ich mahn Plattenmultis wie Mullahs Ruschdie
im Jahr 20 nach Guevara brach es aus uns raus wie Lava
wir nahm'n uns Land wie der Sand in der Sahara
mach Tabula rasa wie Kabila in Kinshasa
Mobuto MCs fliegt zum Mars wie die Nasa
euer erster Gehversuch war 'ne Bruchlandung
jetzt holt ihr euch ein Reimebuch aus der Buchhandlung
doch Freundeskreis reist und bringt den Virus wie Fernfahrer
immer wenn es regnet zähln wir Sterntaler

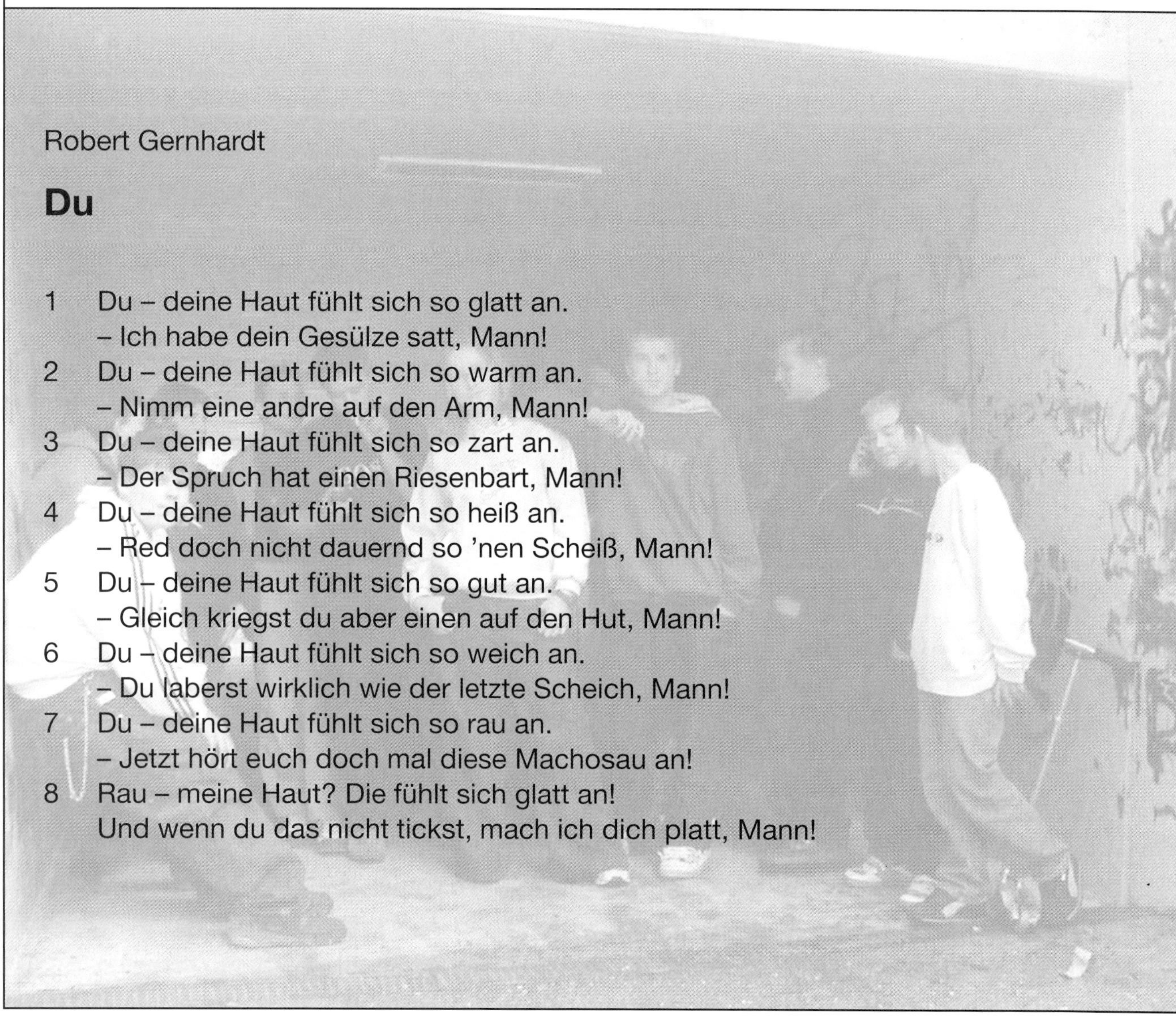

Robert Gernhardt

Du

1 Du – deine Haut fühlt sich so glatt an.
– Ich habe dein Gesülze satt, Mann!
2 Du – deine Haut fühlt sich so warm an.
– Nimm eine andre auf den Arm, Mann!
3 Du – deine Haut fühlt sich so zart an.
– Der Spruch hat einen Riesenbart, Mann!
4 Du – deine Haut fühlt sich so heiß an.
– Red doch nicht dauernd so 'nen Scheiß, Mann!
5 Du – deine Haut fühlt sich so gut an.
– Gleich kriegst du aber einen auf den Hut, Mann!
6 Du – deine Haut fühlt sich so weich an.
– Du laberst wirklich wie der letzte Scheich, Mann!
7 Du – deine Haut fühlt sich so rau an.
– Jetzt hört euch doch mal diese Machosau an!
8 Rau – meine Haut? Die fühlt sich glatt an!
Und wenn du das nicht tickst, mach ich dich platt, Mann!

Kopiervorlage: Produktion eines Raptextes

„Du“ (von Robert Gernhardt)

1. *Fülle den Lückentext aus!*

Der Song ist ein __________________ Schlager, der Rap ein rhythmischer __________________. Die Interpretin eines Songs wird __________________, eines Raps __________________ genannt, der Interpret eines Songs __________________, eines Raps __________________.

2. *Hast du Lieblinge in dieser Musikszene?*

Meine Lieblingsrapperin heißt __________________,

mein Lieblingsrapper __________________.

Meine Lieblingslieder sind:

____

____

____

____

____

Foto meines „Lieblings“:

3. *Suche zum Raptext „Du“ den passenden Rhythmus und eine stimmige Hintergrund- oder Begleitmusik!*

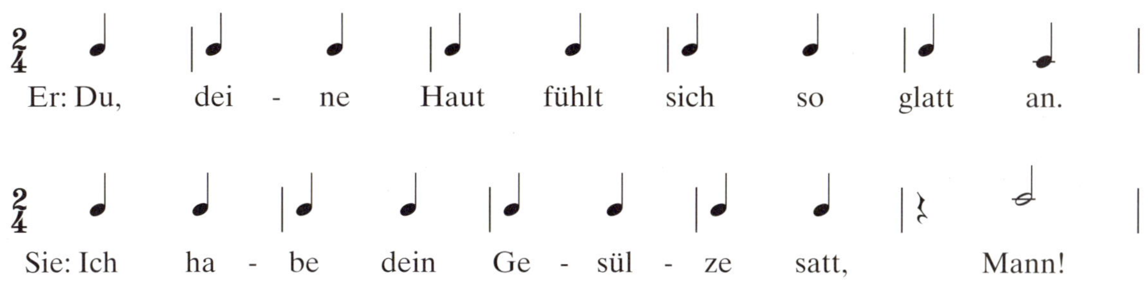

4. *Du kannst diesen Rap verändern!*
   Ersetze „Haut“ z. B. durch „Hand“, „Haar“, „Mund“ ...!
   Ersetze die negativen Reaktionen durch positive!
   Nimm einen Rollentausch vor! „Sie“ wirbt, „Er“ reagiert!

5. *Entwirf einen Gegentext, in welchem die beiden Partner sich näherkommen, sich vielleicht versöhnen!*

6. *Würde es euch Spaß machen, diesen oder einen anderen Song oder Rap aufzuführen? Während eines Klassen- oder Schulfestes?*

9. Zeit- und gesellschaftskritische Gedichte

Hans Bender: „Jahrmarkt“ / Rudolf Krämer: „Kirmesrummel“

1. Zur Sachanalyse

Beide Autoren thematisieren den Besuch auf einem Rummelplatz, ganz gleich, aus welchem Grund er veranstaltet wurde, das reichhaltige Angebot für Spiel und Spaß, für die Erfüllung der Träume für Kinder, Jugendliche und jung gebliebene Erwachsene.

Hans Bender[1] stellt freirhythmisch und reimlos in fünf Strophen fünf Stationen des Jahrmarkttrubels vor: Buden mit Leckereien, Kettenkarussell, Pferdereitbahn, Schießbude und Schaukel.

In Strophe 1, mit fünf Versen die längste, zählt er altgewohnte Leckereien auf, wobei er über den „zerbröckelnden“ Zuckerguss des Lebkuchenherzens gelinden Zweifel am „Ewig dein“ aufkommen lässt. In Strophe 2 und 3 schildert er mit den ausdrucksstarken Verben „fliegen“ und „drehen“ eine heitere, frohe, ja ausgelassene Bewegung, die er in der Strophe 4 und 5 wieder zurücknimmt, schließlich sogar in Trauer umwandelt. Dieses mitschwingende Gefühl wird ausgedrückt durch die Chiffren „zerschossener Rose Goldstaub“ und „Bremsblock“, die zugleich ein Ende des Jahrmarktes andeuten. Verstärkt wird es auch formal, indem der Autor zur bloßen Aufzählung von Namen (wie in Strophe 1) zurückkehrt und gleichzeitig die Zahl der Verse auf zwei in Strophe 4 und auf nur einen in Strophe 5 verkürzt.[2]

Somit liefert der Autor durch die Stilmittel der Aufzählung, der Dynamisierung, der Verkürzung und durch die Chiffren „zerbröckelt“, „zerschossen“ und „Bremsblock“ eine treffende Beschreibung der Szene „Jahrmarkt“ und der Stimmungslage der Besucher.

Rudolf Krämer[3] bedient sich nur des Stilmittels der Reihung und nur der Grundstimmung des Spaßes und der Heiterkeit, die er bis zur ersten Hälfte des letzten Verses durchhält. Zum Schluss lässt er („wie es scheint“) im Sinne der romantischen Ironie Zweifel an der Echtheit des Jubels anklingen.

Zum 1. Teil eines freirhythmischen, jedoch gereimten Stimmungsgedichtes trifft er einleitend die Feststellung, dass beim Kirmesrummel Jubel, Trubel und Heiterkeit herrschen. Im 2. Teil, bestehend aus sechs Reimpaaren, zählt er durch die Aneinanderreihung der spezifischen Namen fast alles auf, was den Trubel ausmacht. Im 3. Teil fasst er im letzten Reimpaar zunächst zusammen, dass Jung und Alt „wunschlos glücklich“ im Spaß vereint sind, und fügt dann die kritische Hinterfragung hinzu, ob all das massenhafte Vergnügen nur Ablenkung oder Flucht vor der Realität des Alltags, nur seichtes Vergnügen oder echte Lebensfreude sei.

Beide Autoren bedienen sich vor allem des Stilmittels der Reihung und der heiteren Grundstimmung. Sie unterscheiden sich jedoch in Nuancen im Stimmungsbild, das bei Hans Bender in Trauer über das Ende und bei Rudolf Krämer in einem grundsätzlichen Zweifel an der Echtheit der Freude ausklingt. Formal liegt im ersten Falle ein fünfstrophiges, freirhythmisches und reimloses, im zweiten Falle ein dreistrophiges, paarweise gereimtes Stimmungsgedicht mit dreihebigen Trochäen (und je einer starken Endung) vor.

2. Zur didaktischen Analyse

Für die Freude der Schülerinnen und Schüler der Sekundarstufe an Lyrik erscheint es eminent wichtig, dass ihnen auch leichtere lyrische Kostproben angeboten werden, in denen zusätzlich ihre eigenen Erlebnisse thematisiert werden. Welcher Jugendliche besucht nicht gerne z. B. das Münchner Oktoberfest, das Schützenfest in Hannover, den Stoppelmarkt in Vechta, die Kieler Woche, die Eichstätter Duld, den Wasen in Bad Cannstadt, die Leipziger Kleinmesse oder den heimatlichen Jahrmarkt- oder Kirchweihrummelplatz?

Diese schülerbezogene Erfahrungswelt und die formale und inhaltliche Anspruchslosigkeit der beiden Gedichte wecken sicherlich die Bereitschaft der 14- und 15-Jährigen, sich mit ihnen zu befassen, wenn nicht sogar Spaß an diesem lyrischen Humor zu haben. Vielleicht erwacht in ihnen auch die Motivation, eigene Erlebnisse und Gedanken zum Thema „Jahrmarkt- oder Kirchweihspaß“ in Gedichtform aufzuschreiben.

Lernziele: Die Schülerinnen und Schüler sollen

1. Spaß und Freude an diesen beiden Stimmungsgedichten haben,
2. Gemeinsamkeiten feststellen,
3. Unterschiede in Form und Inhalt herausarbeiten,
4. zu den Intentionen beider Autoren und zum Grundthema „Lebensfreude auf Rummelplätzen“ Stellung nehmen,
5. die Gedichte sinn- und klanggestaltend sprechen können,
6. selbst ein Stimmungsgedicht (freirhythmisch und reimlos oder auch rhythmisiert und gereimt) verfassen.

---

1 Bender, Hans: Lyrische Biografie. Wuppertal: Werkkunstschule 1957.
Zur Biografie: Hans Bender, geb. 1919 in Mühlhausen/Kraichgau, Lyriker, Erzähler; Werke u. a. „Wölfe und Tauben“ (1957), „Die halbe Sonne“ (1968), „Worte, Bilder“ (1969), „Ritus“ (2006).

2 Jahn, Günter: Moderne Lyrik im 5. bis 10. Schuljahr. Begleitheft. Dortmund, 2. Aufl. 1975, vgl. S. 25.

3 Krämer, Rudolf: Kirmesrummel, aus: Weite Welt, Heft 9/1980. Nettetal 1980. © Rudolf Krämer (geb. 1931).
Zur Biografie: Rudolf Krämer, geb. 1931 in Schwerte/Ruhr, V.-Rektor, gest. 1989 in Wiesbaden, Schriftsteller, Veröffentlichungen in Kinder- und Jugendzeitschriften, in Unterrichtsmaterialien und auf Schallplatten (Kinderlieder).

3. Zur Verlaufsplanung

3.1 Initialphase

Bildimpuls und freie Aussprache (über Zeichnung und eigene Erlebnisse), Brainstorming: „Jahrmarkt" ...

3.2 Rezeptionsphase

Stilles Lesen (Textblatt), lautes Vorlesen durch Freiwillige.

3.3 Reflexionsphase

1. Freie Aussprache und Vorlesen relevanter Textstellen.
2. Partnerarbeit: Gemeinsamkeiten und Unterschiede der beiden Gedichte in Form und Inhalt, Berichte und Diskussionen im Plenum.

Tafelanschrift 1

„Jahrmarkt" (Hans Bender)

1. Anzeichen des Jahrmarktes:
Strophe 1: Buden mit Leckereien
Strophe 2: Kettenkarussell
Strophe 3: Pferdereitbahn
Strophe 4: Schießbude
Strophe 5: Schaukel-Ende

2. Grundstimmung:
Spaß, Fröhlichkeit, Heiterkeit, Ende: Trauer

3. Form:
5 Strophen, die immer kürzer werden
ohne Reime
ohne Versfuß, freirhythmisch
Nominalstil (Nomina überwiegen)

4. Gedichtart:
modernes Stimmungsgedicht im Prosastil

Tafelanschrift 2

„Kirmesrummel" (Rudolf Krämer)

1. Anzeichen des Jahrmarktes:
Strophe 1: Kirmesrummel
Strophe 2: Angebote der Schausteller und Händler
Strophe 3: „Jung und Alt im Spaß vereint"

2. Grundstimmung:
Jubel, Trubel, Heiterkeit, Spaß, Glück
Zweifel: „Wie es scheint!"

3. Form:
3 Strophen: 1 Reimpaar, 6 Reimpaare,
1 Reimpaar, Paarreime, Stilmittel der Reihung, Aufzählung, reiner Nominalstil (Strophe 2)

4. Gedichtart:
Stimmungsgedicht mit Paarreim und beschwingtem Versmaß (Trochäus)

3. Gelenktes Unterrichtsgespräch über Autorenintentionen und Grundthema „Lebensfreude auf Rummelplätzen".

3.4 Produktionsphase

1. Schülerversuche zur Sinn- und Klanggestaltung (mit Hintergrundgeräuschen).
2. Vorbereitungsgespräche über Nach- und Eigenproduktionen (Erlebnisfelder „Jahrmarkt", „Kirchweih", „Schulhof", „Bahnhofshalle", „Disco", „Kino",...).
3. Produktionsversuche anhand der „Übersicht über Eigenproduktionen von Kurzgedichten ..." (S. 11).

4. Zur Weiterführung

- Ausfeilen der Eigenproduktionen,
- Gedichtvergleich anhand der Kopiervorlage „Gedichtvergleich" (S. 16),
- Freiarbeit anhand der Übersicht „Hinweise zur Freiarbeit ..." (mit Änderung: 1. Beobachter-Gruppe: „Rummelplatz", S. 9).

Hans Bender

Jahrmarkt

Türkischer Honig,
Maroni und Magenbrot.
Torfbraunes Lebkuchenherz,
Zuckerguss zerbröckelt:
„Ewig dein …“

An Ketten fliegt,
Aluminium-silberner Schwan,
das letzte Kind im Flügel
am Herbstmond vorbei.

Spiegel und Perlen
und Zelter[1],
Ölbild: Libelle und Fee
drehen die Walzer.

Zerschossener Rose
Goldstaub.

Schelle und Bremsblock.

Rudolf Krämer

Kirmesrummel

Jubel, Trubel, Heiterkeit,
Kirmesrummel weit und breit:

Budenzauber, Luftballons,
Karussells, Lakritzbonbons,
Losverkäufer, Hähnchengrill,
Hau-den-Lukas, Westernspiel,
Tanzbär, Äffchen, Ponybahn,
Bruderherz mit Steilem Zahn,
Auto-Scooter, Enterprise,
Schaukeln und Vanilleeis,
Kasper, Clown, Wahrsagerin,
Billiger Jakob, Tänzerin,
Rollmops, Mett[2], Lebkuchenherz,
Bierrausch, Kater, Weltenschmerz.

Jung und Alt im Spaß vereint,
wunschlos glücklich – wie es scheint!

1 Zelter: (auf Passgang) abgerichtetes Damenreitpferd

2 Mett: gehacktes Schweinefleisch

Erich Kästner: „Im Auto über Land“

1. Zur Sachanalyse

In diesem zeitgemäßen Erzählgedicht[1] erweist sich **Erich Kästner**[2] einmal mehr als Moralist, Satiriker und auch Kabarettist. Er nimmt kritisch-ironisch den Massentourismus in der engeren und weiteren Heimat aufs Korn. Vor lauter Raserei und oberflächlichem Geplauder begegnen die Menschen im rasenden Auto nicht der Natur, die sie eigentlich suchen. Schließlich ist auch die Bier- und Kaffeepause wichtiger als sinnvolle Unterhaltung oder erholsame Spaziergänge.

Kästners Gedicht, in dem er das moderne Motiv „Autoausflug“ aufgreift, richtet sich gegen das Fehlverhalten des Menschen unserer Tage, der Autoraserei zu frönen anstatt sich in der Natur zu erholen. Er kritisiert bereits die Luftverschmutzung durch erhöhten Benzinverbrauch. Die Staus und die Massenunfälle mit zahlreichen Toten und Verletzten, die Opfer an den Wochenenden, sind für ihn im Jahre 1936 jedoch noch kein Thema.

Wegen der strengen Form, die Kästner gebraucht, ist **„Im Auto über Land“** sehr leicht als Spottlied im Kabarett singbar. Die sechs Strophen sind einheitlich aus sechs Versen aufgebaut, die aus einem ersten Paarreim und einem Klammerreim, der den zweiten Paarreim umschließt, bestehen. Reimschema: aa-b-cc-b.

Jeder Vers ist ein vierhebiger Trochäus, wobei jeweils beim Klammerreim die letzte Senkung wegfällt.

Das Motiv „Autoausflug“ wird also in sechs Strophen abgehandelt:

Strophe 1:
Schönes Wetter, Vergleich des Himmels mit blauem Porzellan und der Wolken mit getuschten Zeichen (Stilmittel des Vergleichs, heitere Stimmung),

Strophe 2:
Reisestimmung, Renommiersucht (glückliche Grundstimmung),

Strophe 3:
Autofahrt über Land, Zwiespalt zwischen Übelkeit und Begeisterung (Grundstimmung der Begeisterung),

Strophe 4:
Autofahrt in benzingeschwängerte Luft, Besichtigung der Landschaft (heiter-ironische Grundstimmung),

Strophe 5:
Gesang, Menschenmenge, Autoraserei (gereizte Grundstimmung),

Strophe 6:
Pause in einem Ausflugslokal, Geplauder, Heimweg (ironische Grundstimmung).

Erich Kästner richtet also indirekt moralische Appelle an die Menschen, an deren Erziehbarkeit er glaubt, ihr Freizeitverhalten kritisch zu überdenken und eventuell positiv zu verändern.

2. Zur didaktischen Analyse

Die Jugendlichen werden unschwer erkennen, dass Erich Kästner eine dem Zeitgenossen lieb gewordene Gewohnheit, die sich bereits zu einer Unsitte ausartet, aufs Korn nimmt. Der motorisierte Wochenendausflug, der gerade unter den jugendlichen Moped- und Motorradfahrern viele Opfer fordert, wird also ein interessantes Thema sein, das allerdings Widerspruch bei den begeisterten „Benzin-Fans“ hervorrufen wird. Eine nähere Betrachtung einerseits der Aussage des Gedichtes und andererseits der Unfallstatistik wird diese eines Besseren belehren.

In diesem Zusammenhang wäre eine Aktualisierung des Erzählgedichtes wünschenswert, welche die Schülerinnen und Schüler selbst vornehmen, indem sie im Sinne der Kritik und zugleich der Abschreckung das Motiv „Autoausflug“ ergänzen durch die Motive „Verkehrsstau“ und „Verkehrsunfall“.

Außer dieser literarischen Produktion, der eine Analyse des Reimschemas und des Versmaßes vorausgehen sollte, können – textadäquat – noch folgende handlungs- und produktionsorientierte Gruppenarbeiten (siehe S. 9) zum Tragen kommen: Die Beobachter-Gruppe spürt mit allen Sinnen im Text auf, was sie „alles sehen, hören, riechen und fühlen kann“. Die Spiel-Gruppe inszeniert das Geschehen des Erzählgedichtes als Pantomime, Lesespiel oder Sketch. Die Musik-Gruppe beschäftigt sich mit der Klangqualität und unterlegt entweder den Gedichtvortrag mit einer Geräusch- und Musikkulisse oder erfindet im Stile eines Kabarett-Songs eine Melodie. Eine weitere Gruppe widmet sich der Bildqualität und produziert eine „Text-Bild-Collage als Form der indirekten Interpretation“[3].

---

1 Quelle: Erich Kästner: Doktor Erich Kästners lyrische Hausapotheke. © Atrium Verlag, Zürich und Thomas Kästner.

2 Erich Kästners Kurzbiografie: geb. 1899 in Dresden, gest. 1974 in München, Promotion in Literaturgeschichte (1925), freier Schriftsteller, 1934 und 1937 Inhaftierungen im NS-Staat, teilweise Schreibverbot, Lyriker, Satiriker, Kabarettist, Kinderbuchautor. Werke u. a.: „Pinguin“ (1. Jugendzeitschrift nach dem 2. Weltkrieg), „Fabian“ (Roman für Erwachsene 1931), „Herz auf Taille“ (Gedichtband 1928), Kinderbücher u. a.: „Emil und die Detektive“ (1928), „Pünktchen und Anton“ (1931), „Das fliegende Klassenzimmer“ (1933), „Till Eulenspiegel“ (Nacherzählung 1938), „Der kleine Grenzverkehr“ (1949), „Die Konferenz der Tiere“ (Bilderbuch 1949), „Das doppelte Lottchen“ (1949), „Des Freiherrn von Münchhausens wunderbare Reisen …“ (Nacherzählung 1951), „Die Schildbürger“ (Nacherzählung 1956), „Als ich ein kleiner Junge war“ (1957), „Gullivers Reisen“ (Nacherzählung 1961), „Der kleine Mann“ (1963), „Der kleine Mann und die Miss“ (1967). Auszeichnungen (u. a.): Literaturpreis der Stadt München (1956), Georg-Büchner-Preis (1957), Hans-Christian-Andersen-Medaille (1960).

3 Gerhard Haas: Handlungs- und produktionsorientierter Literaturunterricht. Seelze-Velber 1997, S. 130.

Lernziele: Die Schülerinnen und Schüler sollen

1. das Motiv „Autoausflug" des modernen Erzählgedichtes erkennen,
2. die verschiedenen Grundstimmungen erfassen,
3. den strengen Aufbau des Gedichtes als Liedform feststellen,
4. sich mit Inhaltsproblematik und Autorenintention kritisch auseinandersetzen,
5. das Erzählgedicht verändern, um eine oder mehrere Strophen erweitern oder neu schreiben,
6. es szenisch, musikalisch und bildlich interpretieren und darstellen.

3. Zur Verlaufsplanung

3.1 Initialphase

1. Möglichkeit: Fernsehnachrichten: Stau auf der Autobahn (Videoaufnahme), freie Aussprache.

2. Möglichkeit: Zeitungsbericht/-kommentar: Ferienbeginn – Massenunfälle; freie Aussprache.

3. Möglichkeit: Verkehrslärm, -geräusche (Tonbandaufnahme), freie Aussprache.

3.2 Rezeptionsphase

1. Teilziel: Lehrer- bzw. Schülerdarbietung (als vorbereiteter Gedichtvortrag).

2. Teilziel: stilles Nachlesen (Textblatt) mit Markierungen für die freie Aussprache.

3. Teilziel: lautes Vorlesen durch zwei oder drei Schülerinnen oder Schüler.

3.3 Reflexionsphase

1. Teilziel: Freie Aussprache (mit Vorlesen der Belegstellen), Meinungsäußerungen.

2. Teilziel: Gelenktes Unterrichtsgespräch über Verlauf, Grundstimmungen, Inhaltsproblematik, Autorenintention, evtl. folgende Tafelanschrift:

Im Auto über Land
(Erich Kästner, 1936)

Aufbau	Geschehen	Grundstimmung
Strophe 1:	schöner Himmel	heiter
Strophe 2:	Reisestimmung	glücklich
Strophe 3:	Autofahrt (über Hügel, durch Täler)	begeistert
Strophe 4:	Besichtigung (der Landschaft)	heiter-ironisch
Strophe 5:	hektische Fahrt Menschenmasse	gereizt
Strophe 6:	Biergarten Heimfahrt	ironisch-satirisch
Form:	vierhebiger Trochäus Paar- und Klammerreime Reimbildung aa b cc b Erzählgedicht, Spottlied	
Absicht:	Der Autor macht sich lustig, er will zum Nachdenken anregen …	

3. Teilziel: Planungsgespräch über produktionsorientierte Textumgangsarten, über Gruppenbildungen.

3.4 Produktionsphase

Die Phase mit anschließender Präsentation der ersten Ergebnisse verläuft nach dem Plan der Freiarbeit im Stundenbild „Schulbusfahrt" (unter 2.1 in Band 2 „Gedichte für die 9. und 10. Klasse").

4. Zur Weiterführung

- Eintrag der Tafelanschrift und der Autorenkunde,
- Kassettenaufnahme des Gedicht- bzw. Liedvortrages (evtl. mit Instrumentenbegleitung),
- Videoaufnahme der pantomimischen bzw. szenischen Darstellung des Sketsches (mit Hintergrundgeräuschen),
- Verfeinern der literarischen Eigenproduktionen mit deren Schreib-, Druck- oder Spielgestaltungen,
- Leseempfehlung: weitere ironisch-kritische Zeitgedichte von Erich Kästner,
- Anschluss: Vergleich mit „Urlaubsfahrt".

Erich Kästner

Im Auto über Land

An besonders schönen Tagen
ist der Himmel sozusagen
wie aus blauem Porzellan.
Und die Federwolken gleichen
weißen, zart getuschten Zeichen,
wie wir sie auf Schalen sahn.

Alle Welt fühlt sich gehoben,
blinzelt glücklich schräg nach oben
und bewundert die Natur.
Vater ruft, direkt verwegen:
„'n Wetter, glatt zum Eierlegen!“
(Na, er renommiert wohl nur.)

Und er steuert ohne Fehler
über Hügel und durch Täler.
Tante Paula wird es schlecht.
Doch die übrige Verwandtschaft
blickt begeistert in die Landschaft.
Und der Landschaft ist es recht.

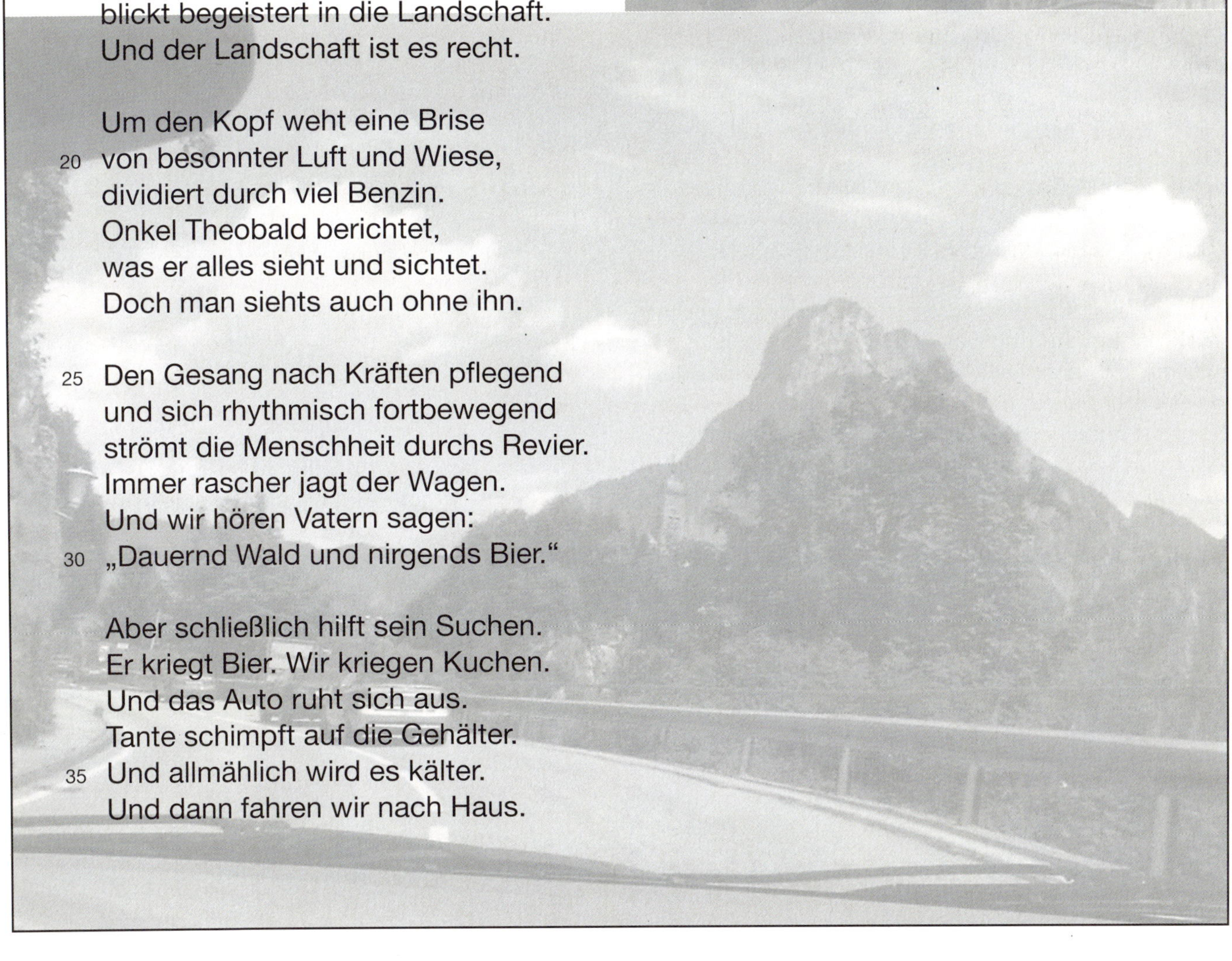

Um den Kopf weht eine Brise
von besonnter Luft und Wiese,
dividiert durch viel Benzin.
Onkel Theobald berichtet,
was er alles sieht und sichtet.
Doch man siehts auch ohne ihn.

Den Gesang nach Kräften pflegend
und sich rhythmisch fortbewegend
strömt die Menschheit durchs Revier.
Immer rascher jagt der Wagen.
Und wir hören Vatern sagen:
„Dauernd Wald und nirgends Bier.“

Aber schließlich hilft sein Suchen.
Er kriegt Bier. Wir kriegen Kuchen.
Und das Auto ruht sich aus.
Tante schimpft auf die Gehälter.
Und allmählich wird es kälter.
Und dann fahren wir nach Haus.

Hans Adolf Halbey: „Urlaubsfahrt“

1. Zur Sachanalyse

Noch stärker als Erich Kästner („Im Auto über Land“) nimmt **Hans Adolf Halbey**[1] in seiner ironisch-kritischen Art und Weise zu Ausflugs- und Urlaubsfahrten um 1975 Stellung, die auch unsere Zeit noch treffend charakterisiert. Sein vierstrophiges Gedicht[2], einer Konstellation der konkreten Poesie sehr ähnlich, ist regelmäßig paarweise gereimt (aa bb), mit gelegentlichen Binnen- und Stabreimen, streng trochäisch im Metrum, wobei der Rhythmus durch den Wechsel von schwachen (Senkungen) und starken (Hebungen) Endungen noch zusätzlich belebt wird.

Das wesentliche Merkmal ist der Telegrammstil, in welchem der Autor unter Verzicht auf Grammatik, Syntax (bis auf Vers 16), Großschreibung und Interpunktion seine Beobachtungen einfach aufzählt, aneinanderreiht. Durch diese Form und diesen Stil erzeugt er eine totale Unruhe und Hektik, die das Chaos des „wirklichen Lebens“ widerspiegelt. Diese Grundstimmung wird sich sofort auf die Hörerinnen und Hörer übertragen.

2. Zur didaktischen Analyse

Der Text **„Urlaubsfahrt“** (im Anschluss an „Im Auto über Land“), der die Jugendlichen an selbst erlebte Gefühle der Unruhe, des Ärgers, der Hetze, der Erschöpfung und der Schnelllebigkeit im Massentourismus erinnert, regt diese insbesondere zur Eigenproduktion an, denn unüberhörbar ist sein Klang (bei der Sprechgestaltung) und unübersehbar seine Form. Beides weicht von der traditionellen Lyrik gänzlich ab und ist deshalb leichter nachahmbar. So wird die „Dichter“-Gruppe gekonnt wirksame Parallelgedichte mit gleicher oder ähnlicher Erfahrung und Grundstimmung oder auch Gegengedichte mit gegensätzlicher Erfahrung und Grundstimmung über andere Erlebnisfelder (z. B. „Unterricht“, „Einkauf im Supermarkt“, „Jahrmarkt“, „Geburtstagsparty“, „Ausflugsfahrt“, „Schulbusfahrt“) verfassen können.

Hinweise zur Eigenproduktion und Gruppenarbeit siehe Kopiervorlage!

1 **Zur Biografie:** Hans Adolf Halbey, geb. 19. 7. 1922 in St. Wendel/Saar, gest. am 8. 5. 2003 in Mainz, Autor und Kritiker von Bilderbüchern, Lyriker, Honorarprofessor an der Universität Frankfurt, Museumsdirektor i. R.
Werke u. a.: „Pampelmusensalat“ (Gedichte 1965), „Vatterchen Rotkopf“ (1967), Mhrsg. „Die Stadt der Kinder“ (1969), „Das Bilderbuch“ (1973), „Das Viktorianische im Bilderbuch der Gegenwart“ (1984), „Schmurgelstein“ (1994).

2 **Quelle:** Hans Adolf Halbey: Urlaubsfahrt. Aus: Menschengeschichten, hrsg. von H. J. Gelberg, 1975 Beltz Verlag, Weinheim und Basel, Programm Beltz & Gelberg, Weinheim.

Lernziele: Die Schülerinnen und Schüler sollen

1. das Motiv „Urlaubsfahrt“ des modernen Erzählgedichtes erkennen,
2. die chaotische Grundstimmung erfassen,
3. Aufbau und (additiven) Stil feststellen,
4. sich mit Inhaltsproblematik und Autorenintention kritisch auseinandersetzen,
5. ein Parallel- bzw. Gegengedicht verfassen,
6. es szenisch, musikalisch und bildlich interpretieren und darstellen können.

3. Zur Verlaufsplanung

Alle Unterrichtsphasen, angefangen von der Initial- bis zur Präsentationsphase, können analog zum Stundenbild „Im Auto über Land“ (oder „Schulbusfahrt“[3]) geplant werden.

Folgende Tafelanschrift, die auch als Lösung für eine spätere Lernzielkontrolle dienen könnte, sollte vor allem als Hilfe für die Eigenproduktion erarbeitet werden:

Urlaubsfahrt
(Hans Adolf Halbey, 1975)

Aufbau	Geschehen	Grundstimmung
Strophe 1:	Utensilien	Eile
	Personen	Unruhe
Strophe 2:	Aufbruch	Hetze
	Autobahn	Bangigkeit
Strophe 3:	Stau	Ärger
	Unfallmeldungen	Angst
Strophe 4:	Stress	Ärger
	Ankunft	Müdigkeit

Form:	vierhebiger Trochäus (—∪—∪—∪—∪) Paarreime, Reimbildung aa bb Aneinanderreihung von Wörtern
Absicht:	Der Autor beschreibt im Telegrammstil die totale Hektik, den totalen Stress …

4. Zur Weiterführung

– Eintrag der Tafelanschrift und der Autorenkunde,
– Kassettenaufnahme des Gedichtvortrags bzw. des Sprechgesangs (evtl. mit Instrumentenbegleitung),
– Bearbeiten der Kopiervorlage (S. 154).

3 Stundenbild „Schulbusfahrt“ in: Oswald Watzke/Klaus C. Haase/Harald Watzke: Gedichte für die 9. und 10 Klasse. Donauwörth 2004.

Hans Adolf Halbey

Urlaubsfahrt

koffer koffer kindertragen
flaschen taschen puppenwagen
papa mama koffer kinder
autokarte notlichtblinker

früh geweckt gefrühstückt raus
winke winke schlüssel haus
autobahnen autoschlange
kinderplappern mama bange

schlange kriechen sonne heiß
stinken staub benzin und schweiß
stockung hunger mama brote
papa skatspiel radio: tote

schlafen schimpfen hupen schwitzen
weiterfahren weitersitzen
müde mitternacht hotel pension
dreißigtausend warten schon

Meine Illustration bzw. Fotomontage:

Urlaubsfahrt

(Hans Adolf Halbey, 1922–2003)

koffer koffer kindertragen
flaschen taschen puppenwagen
papa mama koffer kinder
autokarte notlichtblinker

früh geweckt gefrühstückt raus
winke winke schlüssel haus
autobahnen autoschlange
kinderplappern mama bange

schlange kriechen sonne heiß
stinken staub benzin und schweiß
stockung hunger mama brote
papa skatspiel radio: tote

schlafen schimpfen hupen schwitzen
weiterfahren weitersitzen
müde mitternacht hotel pension
dreißigtausend warten schon

Schulbusfahrt

(Andrea, 14 Jahre)

schulbus schulbus warten kinder
fahrer lehrer masse rinder
drängen schreien schimpfen schlagen
nach den hausaufgaben fragen

berg und tal und krumme straßen
übel übel nicht zum spaßen
hausaufgaben nicht gemacht
sechse sieben viertel acht

blöde witze böse streiche
kurve wiese weiher eiche
blöde schule schlimme tage
busfahrt öde keine frage

heimwärts karren wieder sitzen
streiten toben raufen schwitzen
endlich endlich schulfahrt aus
endlich bin ich froh zu haus

1. *Lest die beiden Gedichte noch einmal durch und diskutiert über sie, über Inhalt, Form und eure Meinung!*
2. *Füllt dann diese Lücken aus:*

   Zur Form:
   Eine Strophe hat zwei ______________________. Ein Versfuß hat eine Hebung (–) und eine ______________________ (◡).

   Ein Vers hat vier Versfüße: ______________________.

   Zum Inhalt:
   Der Telegrammstil beschreibt die totale ______________________ und den totalen Stress.
3. *Schreibt ein eigenes Gedicht, und zwar entweder als* ***Parallelgedicht*** *mit gleicher (oder ähnlicher) Erfahrung und Grundstimmung oder als* ***Gegengedicht*** *mit gegensätzlicher Erfahrung und* ***Grundstimmung****!*

   Mein Gedicht *(mit zwei Strophen bzw. mit vier Strophen auf Beiblatt):*

   ____

   ____

   ____

   ____

   ____

   ____

   ____

   ____
4. *In welcher Gruppe möchtest du außerdem mitarbeiten?*

   ☐ Gedichtvortrag ☐ Spiel ☐ Liedvortrag (Sprechgesang als Rap)

   ☐ Schrift- bzw. Druckgestaltung ☐ Texte-Foto-Collage ☐ ______________________

Ingeborg Bachmann: „Reklame"/Wolfgang (14 Jahre) u. a.: „Reklame"

1. Zur Sachanalyse

Dieses kritische Zeit- und Problemgedicht[1] der Österreicherin **Ingeborg Bachmann**[2], das inzwischen ein sogenanntes klassisches Lesebuchgedicht geworden ist, weist drei unterschiedliche Ebenen auf. Nach Hans Kügler[3] sind dies:

1. die phonologische Ebene: Die erste Stimme des Menschen, der vier Fragen mit drängender Intonation stellt, und die zweite Stimme der Reklame, die monoton Scheinantworten gibt,
2. die syntaktische Ebene: Syntaktisch vollkommene Fragesätze der Menschenstimme, syntaktisch verkürzte Antwortsätze und Befehlssätze („sei ohne Sorge") mit appellativem Charakter der Reklamestimme,
3. die semantische Ebene: Echte, existenziell bedeutsame Sinn- und Lebensfragen des Menschen, verharmlosende und manipulierende Scheinantworten der Werbeindustrie.

Formal betrachtet besteht das Gedicht, am Ende der 1950er-Jahre entstanden, aus zwei Teilen, die sichtbar voneinander getrennt werden durch den Normal- und Kursivdruck. Vier Grundfragen werden gestellt, die jeweils mit klischeehaften Ausdrücken aus der Werbung beantwortet werden:

1. „*Wohin* aber gehen wir … wenn es dunkel und wenn es kalt wird …?"	„ohne Sorge … sei ohne Sorge …"
2. „aber … *was* sollen wir tun … und denken … angesichts eines Endes …?"	„mit Musik … heiter und mit Musik … heiter … mit Musik"
3. „und *wohin* tragen wir … unsere Fragen und den Schauer aller Jahre …?"	„am besten … in die Traumwäscherei ohne Sorge sei ohne Sorge"
4. „*was* aber geschieht … wenn Totenstille … eintritt?"	„am besten" (Schweigen)

Die Diskrepanz zwischen Realität und Illusion, zwischen ernsten Lebensfragen und leichtfertigen Scheinantworten, wird in dieser Montagetechnik deutlich, die auf die übliche Interpunktion, teilweise auf Großschreibung und auf Satzbildung im montierten Beiwerk verzichtet. Mithilfe dieser Montagetechnik, die einen starken Verfremdungseffekt erzielt, gelingt es der Dichterin, den Widerspruch zwischen Leben und Reklame, zwischen Sein und Schein, aufzudecken und heftige Kritik an der Manipulation des Menschen durch Werbung zu üben, und zwar nicht nur an der Werbung auf wirtschaftlichem Gebiet (Reklame), sondern auch auf gesellschaftlich-politischem Gebiet (Propaganda).

2. Zur didaktischen Analyse

Die Jugendlichen sind eine bedeutende Zielgruppe der Werbung für Zeitschriften (z. B. Comics, Musikzeitschriften), für Genussmittel (z. B. Schokoladenriegel, Zigaretten, Alkohol), für Textilien (z. B. Jeans), für Hygienemittel (z. B. Zahnpasta), für Verkehrsmittel (z. B. Mopeds) usw., Bedürfnisse und Interessen werden geweckt, deren Befriedigung wird versprochen, ein schöneres Leben wird verheißen.

Die Erziehung zur kritisch-mündigen Bürgerin und zum Bürger im Allgemeinen und im Besonderen gegenüber der Werbung, die heutzutage multimedial unser Leben beeinflusst, erweist sich als eine existenziell notwendige Aufgabe der Schule.

Der Deutschunterricht kann hierzu einen wichtigen Beitrag leisten, in unserem Falle durch eine adäquate Inhalts- und Formanalyse und parallel dazu durch einen handlungs- und produktionsorientierten Textumgang. So können die Schülerinnen und Schüler nach Franz-Josef Payrhuber[4] zum einen die von Ingeborg Bachmann gestellten Lebensfragen durch eigene, z. B. nach Schullaufbahn, Berufswahl, Lehrstelle, Partnerschaft, ersetzen und zum anderen die aufgeführten Werbesprüche durch neue aus der aktuellen Werbung ausgewählte austauschen, um dann anschließend ein eigenes Reklame- bzw. Anti-Reklame-Gedicht zu verfassen.

Als vorbildliches und zugleich motivierendes Beispiel könnte das von Hans Gatti[5] publizierte Schülergedicht (siehe Kopiervorlage S. 157) dienen.

Wer dieses Stundenbild zu einem Projekt ausgestalten möchte, sei auf folgende Hilfen bzw. Materialien verwiesen:

Deutscher Werberat. Internet www.zaw.de

Hans-Jürgen van der Gieht: Leben und Alltag in den Fünfzigerjahren. Buch-Verlag-Kempen bei Prögel.

---

1 Quelle: Ingeborg Bachmann, Werke Bd. 1. © Piper Verlag GmbH, München 1978.

2 Ingeborg Bachmann, geb. am 25. 6. 1926 in Klagenfurt, gest. am 17. 10. 1973 in Rom unter tragischen Umständen (als Brandopfer), Lehrerstochter, studierte Philosophie, Germanistik und Psychologie in Innsbruck, Graz, Wien. Dr. phil. 1950. Veröffentlichte ab 1946 Prosa und Gedichte. 1953 Preis der „Gruppe 47", 1953 bis 1957 freie Schriftstellerin in Italien, 1959/60 erste Inhaberin eines Lehrstuhls für Poetik der Universität Frankfurt/M., 1963 bis 1965 in Berlin, dann in Rom. Befreundet u. a. mit Robert Musil und Max Frisch. 1964 Georg-Büchner-Preis. 1968 Großer Österreichischer Staatspreis. Überragende Lyrikerin, die thematisch wie formal zur „gemäßigten Moderne" gezählt wird, sie stellt sich betont gegen den kulinarischen Begriff von Dichtung, sieht sich in der Nachbarschaft von Günter Eich, Nelly Sachs, Paul Celan, ihre Liebeslyrik, ihre Lyrik um Abschied und Tod ist geboren aus Leiderfahrung, aus einer tiefen Verstörung.
Werke u. a.: 1953 „Die gestundete Zeit. Gedichte", 1956 „Anrufung des großen Bären" (G.), 1958 „Der gute Gott von Manhattan. Hörspiel", 1961 „Das dreißigste Jahr. Erzählungen", 1971 „Malina" (Roman), 1972 „Simultan", 1982 „Gesammelte Werke" (4 Bde.).

3 Hans Kügler: Zusatzkurs: Sprache des zeitgenössischen Gedichts. In: Lernziele, Kurse, Analysen zu schwarz auf weiß. Sekundarstufe 8, hrsg. von Johann Bauer. Hannover 1975, S. 193–210, hier vgl. S. 196.

4 Franz-Josef Payrhuber: Gedichte im Unterricht – einmal anders. München ^{4}1999, vgl. S. 55 f.

5 Hans Gatti: Schüler machen Gedichte. Freiburg im Breisgau 1979, S. 105.

Lernziele: Die Schülerinnen und Schüler sollen

1. die Inhaltsproblematik, den Kontrast zwischen Realität und Illusion erkennen,
2. die Besonderheiten der Form (Montagetechnik, fehlende Interpunktion, teilweise Großschreibung) feststellen,
3. die Bedeutung der Leerzeile („Vers 20") entdecken und verstehen,
4. die Autorenintention (Kritik an der Reklame, Zeitkritik, ihre Botschaft: Warnung vor Oberflächlichkeit und Verführbarkeit) verstehen und würdigen,
5. über Lebensfragen und mögliche echte Antworten nachdenken,
6. die Montagetechnik in der Eigenproduktion eines Parallel- oder Gegengedichtes anwenden können,
7. das Kompositionsprinzip der Autorin als Mittel für die Intensität ihrer Aussage, die einer Botschaft gleichkommt, literarisch werten.

3. Zur Verlaufsplanung (zwei Einheiten)

3.1 Initialphase

1. Möglichkeit: Bildbetrachtung (Reklamefoto/Werbeplakat) und freie Aussprache,

2. Möglichkeit: Filmbetrachtung (Fernsehwerbespot auf Video) und freue Aussprache,

3. Möglichkeit: Anhören der Rundfunkwerbung (Tonbandaufnahme) und freie Aussprache,

4. Möglichkeit: Kleine Dichterkunde bekannt geben bzw. im Literaturlexikon erarbeiten lassen,

5. Möglichkeit: Antizipation: Die Schülerinnen und Schüler erhalten folgendes Material: Papierstreifen mit je einem Vers des Gedichtes beschrieben (Beiwerk bunt bzw. Normal- und Kursivdruck, 1 leerer Streifen [Vers 20] für die Pause zwischen „Totenstille" und „Eintritt"), Auftrag: „Ordne sinnvoll die Streifen (Verse)!" Allein-, Partner- oder Gruppenarbeit.
Oder einfacher: zwei Textblöcke (im Computer oder auf der Kopiervorlage 1 (S. 159).

3.2 Rezeptionsphase

1. Teilziel: Vorlesen der Schüler-Montagen,

2. Teilziel: Lehrervortrag des Gedichtes von Ingeborg Bachmann,

3. Teilziel: Stilles Nachlesen (Arbeitsblatt) mit Vorbereitung auf die freie Aussprache.

3.3 Reflexionsphase

1. Teilziel: Freie Aussprache (Inhalt, Form, Wirkung ...),

2. Teilziel: Vergleich der antizipierten Texte mit dem Original (Aufschreiben der eigenen Lösungen, Vergleichen mit dem Bachmann-Gedicht, Feststellen der Unterschiede und Wirkungen ...),

3. Teilziel: Erkennen der Montagetechnik
Legen der Papierstreifen in zwei Blöcke laut Übersicht in der Sachanalyse, sinn- und klanggestaltendes Lesen von je zwei Schülern, gelenktes Unterrichtsgespräch über Montagetechnik ...

Tafelanschrift:

Montagetechnik, verschiedenes Druckbild (normal, kursiv), heterogene Textelemente, echte Fragen – Seifenblasen,
fehlende Satzzeichen, keine Reime, uneinheitliche Großschreibung ...

4. Teilziel: Diskussion der Inhaltsproblematik, freies und gelenktes Unterrichtsgespräch über die (vier) Grundfragen des Lebens, mögliche Antworten, über Reklame (Manipulation des Menschen?), über die Botschaft der Autorin ...

Tafelanschrift

Machart:	Zu realen Lebensfragen werden illusionäre Werbeantworten montiert.
Botschaft:	Werbung als „Traumwäscherei" liefert nur banale Scheinantworten auf echte Lebensfragen.

3.4 Produktionsphase

Mindestens drei Produktionsweisen sollten realisiert werden, um der Intention der Autorin gerecht zu werden.

1. Vortragsgruppe
Sie bereitet ein textadäquates Sprechen des Bachmann-Gedichtes und auch der eigenproduzierten Texte vor, wobei auf unterschiedliche Sprechweisen der zwei Welten (Realwelt versus Scheinwelt) besonders zu achten wäre. So könnte z. B. die Stimme des Einzelsprechers bei den echten Lebensfragen ängstlich, hilflos, sorgenvoll, stockend, verhalten-langsam, Rat suchend, verzweifelt klingen, der Chor sollte die Werbesprache scheinheilig, verführerisch, heuchlerisch, lieblich bis aggressiv sprechen oder im Sprechgesang vortragen. Besonders wirkungsvoll wäre es, wenn dieses dualistische und chorische Sprechen durch eine themenadäquate Hintergrundmusik untermalt wird.

2. Die Foto-Text-Montagegruppe
Sie gestaltet eine themenadäquate Text-Foto-Collage, indem sie Werbefotos aus Jugend-, Programm- und Reklamezeitschriften ausschneidet und passend zu den vorgegebenen und selbst gefundenen Teilelementen, die auch persönliche Fragen, Probleme, Hoffnungen und Wünsche beinhalten könnten, arrangiert. Auf diese Weise könnte ein Werbe- bzw. Anti-Werbe-Plakat entstehen, das die Botschaft Ingeborg Bachmanns eindrucksvoll wiedergibt und vertieft.

3. Die „Dichter"-Gruppe

Die Schülerinnen und Schüler könnten zunächst ein neues Beiwerk einmontieren, dann auch neue Fragen stellen und mit den alten bzw. auch mit neuen Scheinantworten (aus der Werbesprache oder aus eigenem Wortschatz) versehen. Siehe Kopiervorlagen 2 (rechte Spalte).

Die Jugendlichen könnten aber auch Fragen nach dem Sinn ihres eigenen Daseins (z. B. Berufswahl, Jugendarbeitslosigkeit, Gewalt an Schulen, Ausländerhass, Deutschland – Europa, Drogensucht) oder nach der Zukunft der Erde (z. B. Umweltschutz, Baumsterben, Weltraumkrieg) stellen und mit Scheinantworten der Reklame und Propaganda aus den Massenmedien beantworten.

4. Zur Weiterführung

- Vorlage und Diskussion der Schülerprodukte,
- Betrachtung der Werbesprache (im Grammatikunterricht),
- Betrachtung der Fünfzigerjahre (Zeitgeschichte: das deutsche Wirtschaftswunder),
- Verfeinern der Schülerprodukte (mit evtl. Austausch der Gruppenthemen),
- Entwerfen eines eigenen „Reklame-Gedichtes" entweder als Parallel- oder als Gegengedicht, in welchem auf die echten Lebensfragen auch echte Antworten gegeben werden.

Reklame
(von Wolfgang, Martin, Markus, Thomas)

Entsteht durch das Rauchen
Frohen Herzens genießen
nicht Krebs
Der Duft der großen weiten Welt

Löst Alkohol
Black and White Whiskyzeit
eigentlich unsere Probleme
Das Bier das im Felsen reift

Vergiften die Waschmittel
Fakt löst den Grauschleier
nicht Flüsse und Seen
Weißer geht's nicht

Macht das Auto
Er hat die Straße fest im Griff
den Menschen wirklich freier
Täglich wie neu geboren

Bringen Reisen
Einfach die Sonne buchen
immer echte Erholung
Für die kostbarsten Wochen des Jahres

Sind Medikamente
Aspirin rettet den Kopf
wirklich so harmlos
Doppel-Spalt nimmt jeden Schmerz

1. ***Zur Handlung:***
   Entflicht dieses Schülergedicht! Schreibe in die linke Spalte die echten Lebensfragen, in die rechte Spalte die Scheinantworten!
2. ***Zur Diskussion:***
   Welche Lebensfragen stellen Martin, Markus und Thomas?
   Welche Antworten geben sie mithilfe der Werbung? Deine Meinung?
3. ***Zur Produktion:***
   Verflicht die für dich wichtigen Fragen der Realwelt des Lebens mit den Antworten der Scheinwelt der Werbung aus beiden Gedichten miteinander!
   Verwende dafür ein Beiblatt (zum Aufkleben) oder den Computer (für einen Ausdruck)!
4. ***Zur Text-Eigenproduktion:***
   Stelle Lebensfragen zu anderen gesellschaftlichen Themen, z. B. Gewalt, Fremdenfeindlichkeit, Umweltschutz, Frieden, Zukunft der Erde, und suche passende Scheinantworten der Reklame und Propaganda dazu!
   Verwende dazu ein Beiblatt (Plakat) oder den Computer!
5. ***Zur Bild-Eigenproduktion:***
   Du kannst auch aus Werbefotos und -texten eine Collage in Plakatgröße zusammenstellen, um die Botschaft Ingeborg Bachmanns darzustellen.

Ingeborg Bachmann

Reklame

Wohin aber gehen wir
ohne sorge sei ohne sorge
wenn es dunkel und wenn es kalt wird
sei ohne sorge
aber
mit musik
was sollen wir tun
heiter und mit musik
und denken
heiter
angesichts eines Endes
mit musik
und wohin tragen wir
am besten
unsre Fragen und den Schauer aller Jahre
in die Traumwäscherei ohne sorge sei ohne sorge
was aber geschieht
am besten
wenn Totenstille

eintritt

Raum für eine Foto-Collage zum Thema „Werbung“:

Reklame (von Ingeborg Bachmann, 1926–1973)

1. Verflicht die realen Lebensfragen (linke Spalte) mit den illusionären Werbeantworten (rechte Spalte)!

Wohin aber gehen wir	
wenn es dunkel und wenn es kalt wird	***ohne sorge sei ohne sorge***
aber	***sei ohne sorge***
was sollen wir tun	***mit musik***
und denken	***heiter und mit musik***
angesichts eines Endes	***heiter***
und wohin tragen wir	***mit musik***
unsre Fragen und den Schauer aller Jahre	***am besten***
was aber geschieht	***in die Traumwäscherei ohne sorge sei ohne sorge***
wenn Totenstille	***am besten***
eintritt	

2. Vergleiche deine Textmontage mit der deiner Mitschülerinnen und Mitschüler und schließlich mit dem Original von Ingeborg Bachmann!

3. Diskutiert über die verschiedenen Fassungen und notiert, um welche Machart es sich handelt und welche Botschaft jeweils mitgeteilt wird!

Machart: ____________________

____

____

Botschaft: ____________________

____

____

4. Stelle deine eigenen persönlichen Lebensfragen und beantworte diese mit Texten aus der Werbung! Mein Reklame-Gedicht lautet:

____

____

____

____

____

____

____

Hans Kasper: „Nachricht“

1. Zur Sachanalyse

Nur zweiundfünfzig Wörter benötigt **Hans Kasper**[1] in seinem 1957 erschienenen Gedicht **„Nachricht“**[2], um das Problem der Gefährdung und Zerstörung unserer Umwelt durch Rücksichtslosigkeit, Augenwischerei und Verdrängungsmechanismen der Zeitgenossen am Beispiel einer knappen Zeitungsnotiz oder Rundfunk- bzw. Fernsehmeldungen eindringlich darzustellen. Kaspers Gedicht verzichtet auf alle konventionellen lyrischen Gestaltungsmittel: In neunzehn freirhythmischen, reimlosen Ein-, Zwei-, Drei-, Vier-, Fünf- und Sechswortversen komponiert der Autor einen Text, der ausschließlich inhaltlich in vier Teile untergliedert ist: Die erschreckende Nachricht (Verse 1–3) erstens, den beruhigenden Verweis auf günstige, entschärfende Begleitumstände (Verse 4–13), drittens den eng mit Teil zwei verbundenen verharmlosenden Hinweis darauf, dass „unsere verletzlichen Sinne“ nicht tangiert werden (Verse 14 bis 17), und viertens schließlich die Zusammenfassung von Geschehen und Argumentationen, dass „alles auf das Beste geordnet“ sein (Verse 18–19).
Der Standpunkt des Autors steht im grundsätzlichen Widerspruch zur Aussage der veröffentlichten Nachricht. Dessen zwei Schlussverse, die ironisch, zynisch und deshalb provokativ gemeint und auch so zu verstehen sind, entlarven diese offizielle Nachricht als manipulierte Desinformation, ja als glatte Lüge.

2. Zur didaktischen Analyse

Die unterrichtliche Behandlung des Textes wird folgende Aspekte zu beachten haben:

1. Zum einen wird das gestaltete Problem der Umweltgefährdung, für das die Schülerinnen und Schüler im Verlaufe der letzten Jahre durch eigene Erfahrungen und die öffentliche Diskussion sensibilisiert worden sind, zu diskutieren sein. Dem Anliegen des Autors entsprechend sollte die unterrichtliche Argumentation vor allem der Art der geschilderten Berichterstattung und Schlussfolgerung nachgehen.
2. Die Stellungnahme des Autors gegenüber den von ihm gestalteten Verhaltensweisen von Berichtenden bzw. Betroffenen, der indirekt appellative Charakter des Textes wird zu einer sicher nicht selten kontroversen Diskussion der Kompositionsmethode führen. Wenn den Jugendlichen schon andere Gedichte, die auf strophische Einteilung, Gliederung durch ein bestimmtes Versmaß, auf Reime verzichten, bekannt sind, wird das Verständnis gegenüber dem Vorgehen unseres Autors größer sein.
3. Auf jeden Fall aber sollte die Möglichkeit nicht übersehen werden, durch die sprecherische Gestaltung des Textes hörbar, verstandes- und gefühlsmäßig erfassbar zu machen, welche Eindringlichkeit der Autor sowohl durch die radikale Kürze seiner Verse als auch durch die Verschiedenheit ihrer Länge, durch die textimplizite Aufforderung an den Sprecher erreicht, die Hauptsinnträger des Textes selbst zu finden und durch Variation der Stärke der Betonung (dynamischer Akzent) und des Sprechtempos (temporaler Akzent) das aktive Mitgehen des Hörers oder Lesers des Gedichtes zu bewirken.[3] Die Aufforderung des Autors, die Intention der ironischen Aussage über „unsere verletzlichen Sinne“ (V. 16) zu überdenken, die ebenfalls auch für Schülerinnen und Schüler als ironisch gemeint erkennbare Quintessenz. „Alles ist auf das Beste geordnet“ (V. 19) als Gipfel der Verschleierungstaktik unverantwortlich Handelnder zu entlarven, wird den Heranwachsenden so anhand mehrerer kommunikativer „Kanäle“ vermittelt.
4. Bei derartig intensiver Arbeit am und mit dem einzelnen Wort ist es in unserem Falle durchaus möglich, im Rahmen der Lyrik-Behandlung ein Problem der Groß- und Kleinschreibung aufzugreifen. Die Kleinschreibung von „auf das beste“: Trotz des Artikels „das“ vor dem Superlativ handelt es sich nicht um eine Substantivierung desselben, sondern um eine Adverbialkonstruktion im Sinne von „bestens“ oder „vorzüglich“ „geordnet“ (V. 19). – Die französische Schreibweise des Wortes Kai = Quai (V. 13) wird in diesem Zusammenhang mitbesprochen.
5. In einer zweiten Einheit, die zeitlich auch mit der ersten getauscht werden könnte, werden die Schülerinnen und Schüler motiviert, ihr kritisches Umweltbewusstsein in einer modernen Form zeitgenössischer Lyrik auszudrücken. Für ihre selbstständige Freiarbeit können sie ein kurzes Erzählgedicht, das sie entweder als Parallel- oder Gegengedicht entwerfen, ein Wortgitter, eine Konstellation, ein Haiku, ein Tanka oder ein Elfchen auswählen, wie es auf S. 11–13 beschrieben wird. Heranwachsende mit we-

1 Anmerkung zum Autor Hans Kasper: geb. am 24. 5. 1916 in Berlin (als Dietrich Huber) gest. am 3. 9. 1990 in Frankfurt a. M., Studium, Krieg, Widerstand während der NS-Zeit, nach 1945 freier Publizist, Chefredakteur in Frankfurt/M., mehrere Aphorismen- und Gedichtbände, Hörspielpreis 1962, Förderpreis des Gerhart-Hauptmann-Preises 1963.
(Klappentext zu: Revolutionäre sind Reaktionäre, Sätze zur Situation von Hans Kasper, Econ: Düsseldorf/Wien 1969.)

2 Quelle: Weyrauch: Expeditionen. München o. J.
Anm.: Hans Kasper = Pseudonym für Dietrich Huber.
Erstpublikation des Gedichtes in: H. Kasper, Nachrichten und Notizen. Stuttgart 1957.

3 Klaus C. Haase: Die deutsche Hochsprache im Unterricht. Stimme und Sprache von Lehrer und Schüler. Kiel 3. Aufl. 1982, S. 63–67 (Der sprecherische Akzent).

niger literarischer Begabung und Neigung könnten Interpretation und Produktion des fremden und eigenen lyrischen Ichs vornehmen mittels Schreibgestaltungen, Text-Bild-Collagen, zeichnerischen und fotografischen Illustrationen oder mittels pantomimischer, sprecherischer oder musikalischer Inszenierungen.[4]

Lernziele: Die Schülerinnen und Schüler sollen

1. ein zeitgenössisches Problemgedicht – im Prosatext verfremdet – kennenlernen,
2. seinen Aufbau, seine Form und Merkmale feststellen,
3. die Intention des lyrischen Ichs erfassen und würdigen,
4. für den Gedanken des Umweltschutzes sensibilisiert werden,
5. ihr persönliches Umweltbewusstsein in einer Form der zeitgenössischen Lyrik und in einer freien Umgangsart zum Ausdruck bringen.

3. Zur Verlaufsplanung

Erste Einheit: Textanalyse

3.1 Phase der Vorbereitung

Die Texterarbeitung bedarf keiner thematischen Vorbereitung. Die Lehrkraft gibt lediglich mit der Zielangabe den Namen des Autors und sein Geburtsjahr an, evtl. wird das Wort „Quai" zu erklären sein. TA: Nachricht (von Hans Kasper, 1916–1990).

3.2 Phase der Textbegegnung

Die Schülerinnen und Schüler erhalten ein Arbeitsblatt (siehe Kopiervorlage), sie lesen sich den Text still durch. Spontanäußerungen werden aufgenommen, evtl. Fragen zum Inhalt und besonders zur Form des Gedichtes werden an der Tafel stichwortartig festgehalten.

3.3 Phase der Texterarbeitung

Unter Beachtung der oben genannten Lernziele, deren Erreichung natürlich nicht in der vorgegebenen Reihenfolge und nicht immer voneinander getrennt angestrebt wird (Gefahr der Starrheit, des einschläfernden Schematismus!), wird der Text im fragendentwickelnden Unterrichtsgepräch hinsichtlich seiner Aussage und seiner Form erarbeitet, dazu gehören Gestaltungsversuche. Das Unterrichtsgespräch wird wohl in den meisten Fällen von einer zweifach ins Auge fallenden Besonderheit des Textes ausgehen, vom ersten Vers, einer Ein-Wort-Ellipse, die in Großbuchstaben den Namen der Stadt *Frankfurt* angibt und so dem Rezipienten des Gedichtanfanges den Eindruck eines – den Schülerinnen und Schülern vornehmlich aus Tageszeitungen bekannten – nüchternen Tatsachenberichtes vermittelt. Den Wechsel von objektiver Sachlichkeit zu subjektiver Stellungnahme gilt es dann aufzuspüren.

3.4 Phase der Zusammenfassung der Unterrichtsergebnisse

Die Heranwachsenden stellen die Intention der beiden Schlussverse heraus und charakterisieren von diesen auf das Gedicht. Sodann wird das Gedicht von zwei Schülern gestaltend gesprochen. Bei Zeitnot (45-Minuten-Einheit) wird ein Teil oder werden beide Teile der Zusammenfassung als Hausaufgabe geleistet. Ansonsten wird folgende Tafelanschrift angestrebt:

Nachricht (Hans Kasper, 1916–1990)

Aufbau	Inhalt
1. Teil: (Verse 1–3)	Orte der Katastrophe: Frankfurt (a. M.) Art der Katastrophe: Fischsterben
2. Teil: (Verse 4–13)	Zweck der Nachricht: Beruhigung – „kein Grund …" – „rasch vorbei"
3. Teil: (Verse 14–17)	Begründung: Verharmlosung – „Wind verweht …" – „ehe verletzlich …"
4. Teil: (Verse 18–19)	Wertung: Desinformation – „alles" Manipulation – „geordnet" Lüge

Form	Absicht des Autors
strophenlos	Ironie
reimlos	Zynismus
freirhythmisch	Botschaft: Umweltbewusstsein
kritisch	Appell: Umweltschutz
Erzählgedicht (Prosa)	Menschenschutz

3.5 Hausaufgabe

Wird die Zusammenfassung der Gedichtanalyse noch in der Stunde erreicht, empfiehlt sich als häusliche Arbeit die Anwendung der Methode des analogen Gestaltens: Verfasse nach eigener Vorstellung ein Parallelgedicht zum Motiv „Gefährdung unserer Umwelt"!

Zweite Einheit: Eigenproduktionen

4.1 Initialphase

Aktuelle Nachrichten aus Presse, Funk und Fernsehen über z. B. „Öltanker – Ölpest", „Ozonloch", „Klimaveränderungen", „Atommeiler-GAU", „Waldsterben" oder „Fischsterben"; freie Aussprache und Diskussion über die möglichen Gefährdungen. Zielangabe (TA): „Nachricht" (von Hans Kasper).

4.2 Rezeptionsphase

Eindrucksvoller Lehrervortrag von „Nachricht" (mit stillem Nachlesen durch die Schülerinnen und Schüler),

---

4 Siehe hierzu z. B.:
Gerhard Haas: Handlungs- und produktionsorientierter Literaturunterricht. Seelze 1997, S. 53–140.
Franz-Josef Payrhuber: Gedichte im Unterricht – einmal anders. München 1993.

bzw. Vorlesen der als Hausaufgabe eigenproduzierten Parallelgedichte.

4.3 Reflexionsphase

Wiederholung der Tafelanschrift zu „Nachricht“ bzw. freie Aussprache über die vorläufigen Eigenproduktionen (Ort und Art der Umweltkatastrophe, Ausmaß und Verschleierungstaktik der „Meldung“, Intention des lyrischen Ichs ...), Planungsgespräche über weitere Formen der Eigenproduktion.

4.4 Produktionsphase

1. Teilziel: Clusterbildung
Anhand der Abbildung können geografisch vorkommende und inhaltlich bestimmte Problemfelder der Umweltkatastrophen und des dringend erforderlichen und für die Existenz der Menschen notwendigen Umweltschutzes erschlossen werden.

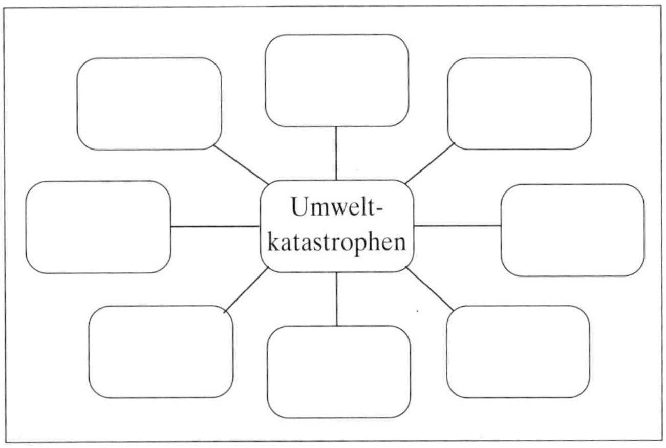

2. Teilziel: Auswahl der literarischen Form
Analog zur Übersicht (siehe S. 11 ff.) wählen die Schülerinnen und Schüler, nachdem sie die umweltrelevante Thematik festgelegt haben, die literarische Form aus und gestalten diese in Allein-, Partner- oder Gruppenarbeit.
Im Folgenden einige Beispiele[6]:

1. Das Parallelgedicht
Das Parallelgedicht entsteht durch die Übernahme von Form und Intention des Problemgedichtes „Nachricht“, wobei der Inhalt variiert wird.

Nachricht
Golf von Biskaya.
Zehntausend Vögel erstickten
im öligen Meer.
Kein
Grund für die Bürger von Biarritz
zu erschrecken.
Die Strömung ist günstig,
sie treibt
die Masse der klebrigen Leichen
rasch hinaus
in den Atlantischen Ozean.
Der Wind
verweht den Geruch,
ehe er unsere feinen Sinne
verletzt.
Alles hat sich bestens erledigt.

2. Das Gegengedicht
Beim Gegengedicht wird die inhaltliche Aussage des Ausgangstextes ins Gegenteil verkehrt, um durch diese Kontrastbildung die aufgegriffene Problematik umso deutlicher aufzuzeigen.

Nachricht
Frankfurt am Main
Zehntausend Fische erstickten
im öligen Main.
Ein
Grund für die Bürger der Stadt
zu erschrecken!
Die Strömung ist ungünstig,
sie treibt
das
Heer der silbernen Leichen,
der fliegengeschmückten,
langsam, aber stetig
in den Hafen der Stadt.
Der Wind
trägt den Gestank
in unsere verletzliche Nase.
Nichts ist in Ordnung!

3. Die Konstellation
Ein Wortgitter, das aus einzelnen Wörtern gebildet wird, die zwar in einem Sinnzusammenhang stehen, jedoch nicht syntaktisch verbunden sind, ergibt eine Konstellation. Das folgende Beispiel wurde „konstruiert“ nach der Konstellation „baum“ von Eugen Gomringer.

Nachricht
Fisch
Fisch Main
Main
Main Gift

Gift
Gift Tod
Tod
Tod Fisch
Fisch Main Gift Tod

4. Das Elfchen
Elf Wörter, je Vers angeordnet nach dem Schema 1-2-3-4-1, bilden das Kleinstgedicht „Elfchen“.

Gift
im Main,
die Fische sterben.
Ich fordere mit Macht:
Gewässerschutz!

6 Alle Beispiele sind Originalbeiträge (Oswald Watzke).

4.5 Präsentationsphase

Die Eigenproduktionen werden einzeln oder gruppenweise vorgestellt, erläutert, diskutiert und wohlwollend gewürdigt.

5. Zur Weiterführung

- Eintrag der Tafelanschrift,
- Bearbeiten der Kopiervorlage,
- Verfeinern der Eigenproduktionen,
- Schreibgestalten, Drucken und/oder Collagieren des Problemgedichtes und der eigenproduzierten Formen.

Schlussbemerkung: In einer sich der Präsentationsphase (Rundgespräch mit Bewertung der Schülerleistungen durch die Klasse) anschließenden Stunde, die entweder dem Ziel der Schulung des freisprachlichen Ausdrucks (freie Rede, Gesprächsführung) der Schülerinnen und Schüler oder auch der Aufsatzerziehung gewidmet ist, kann das Problem „Ich und meine Umwelt" erweitert behandelt werden. Dabei erscheint es angebracht, nicht bei der Darstellung von Gefährdungen z. B. des Waldes, der Luft, des Wassers, des Meeres, des Klimas stehen zu bleiben, sondern auf die Möglichkeiten des umweltbewussten Sicheinsetzens einzelner Menschen oder von Organisationen (z. B. Waldjugend, Greenpeace) hinzuweisen, um auf diese Weise die Jugendlichen zu eigenem verantwortungsbewusstem Denken und Handeln auf ihre Zukunft zu ermuntern.

Meine Bildmontage
(oder meine Zeichnung)

Hans Kasper

Nachricht

Frankfurt.
Zehntausend Fische erstickten
im öligen Main.
Kein
Grund für die Bürger der Stadt
zu erschrecken.
Die Strömung ist günstig,
sie treibt
das
Heer der silbernen Leichen,
der fliegengeschmückten,
rasch
an den Quais vorbei.
Der Wind
verweht den Geruch,
ehe er unsere verletzlichen Sinne
erreicht.
Alles
ist auf das Beste geordnet

Gedicht bitte auf DIN-A4-Format vergrößern!

Problemgedichte und Umweltschutz

1. Fülle den Lückentext aus!

Moderne Gedichte thematisieren ______________________ der Gegenwart

und ______________________ .

Sie weisen oft vier Merkmale auf: Sie sind ______________________ ,

______________________ , ______________________ und ______________________ .

2. Diskutiere diese beiden Formen und gestalte selbst ein zeitgenössisches Problemgedicht!

Konstellation	***Meine Konstellation***
Fisch	______________________
Fisch Main	______________________
Main	______________________
Main Gift	______________________
Gift	______________________
Gift Tod	______________________
Tod	______________________
Tod Fisch	______________________
Fisch Main Gift Tod	______________________

Elfchen	***Mein Elfchen***
Gift	______________________
im Main,	______________________
die Fische sterben.	______________________
Ich fordere mit Macht:	______________________
Gewässerschutz!	______________________

3. Hinweise für die Freiarbeit:

☐ Parallelgedicht ☐ Gegengedicht ☐ Collage ☐ Haiku ☐ Abc-Gedicht

☐ Tanka ☐ Schreibgestaltung ☐ Piktogramm „Fischsterben“, „Öltanker“

☐ Rondel ☐ Rondelet ☐ ______________________

☐ Akrostichon (zu „Nachricht“, „Gewässerschutz“ …)

Bertolt Brecht: „Fragen eines lesenden Arbeiters“ Guntram Vesper: „Ein Geschichtsbuch“

1. Zur Sachanalyse

Das gedankenlyrische Gedicht **„Fragen eines lesenden Arbeiters“** von **Bertolt Brecht**[1], im Fragestil und ebenfalls reimlos und ohne regelmäßige Versfüllung (zwischen 1938 und 1940) geschrieben, berichtet von historischen Fakten, die das Leben der einfachen Menschen vergangener Generationen zwar prägten, die für die traditionelle Geschichtsschreibung jedoch keinen Gegenstand abgaben, weil sie nicht erwähnenswürdig schienen.
Kamen denn, so fragt der Autor äußerst kritisch, die Bauherren in Theben, Babylon, Rom, Lima, an der chinesischen Mauer, kamen denn die Heerführer Alexander, Cäsar, Philipp von Spanien und Friedrich der Zweite ohne die einfachen Menschen aus?
Beide Autoren – Brecht viel stärker – üben scharfe Kritik an der traditionellen Geschichtsschreibung, die nur von den sogenannten Großen berichtet. Sie fordern die angemessene Berücksichtigung des Alltäglichen (Guntram Vesper), des sogenannten kleinen Mannes (Bertolt Brecht), der allezeit – gemeinsam mit den Frauen – die größte Last getragen hat.

2. Zur didaktischen Analyse

Schwierig, erweist sich das Erschließen von Inhalt, Gehalt, Sprache, Struktur und Aussageabsicht beim Brecht-Text. Hier wird das historische Wissen über die genannten Städte, Ereignisse und Namen erst aufbereitet werden müssen.
Zur Frage der Form zeitgenössischer Lyrik könnte noch ein Brecht-Zitat eingebracht werden, das auch in Verbindung mit dem Vesper-Text diskutiert werden kann. „Der Reim schien mir nicht angebracht, da er dem Gedicht leicht etwas In-sich-Geschlossenes, am Ohr Vorübergehendes verleiht. Regelmäßige Rhythmen mit ihrem gleichmäßigen Fall haken sich ebenfalls nicht genügend ein …“[2]

Lernziele: Die Schülerinnen und Schüler sollen

1. zwei zeit- und wissenschaftskritische Gedichte zweier moderner Autoren kennenlernen,
2. Inhalt und Form der beiden Prosagedichte sich erschließen,
3. deren Aussageabsicht, Geschichte müsse auch „aus der Sicht des kleinen Mannes in seinem Alltag“ geschrieben werden, erkennen und würdigen,
4. selbst ein Prosagedicht über eigenen Lebenslauf oder eigene Familiengeschichte verfassen.

1 Bertolt Brecht: *Kurzbiografie* s. S. 22! Quelle: Gesammelte Werke in 20 Bänden (werkausgabe edition suhrkamp), Band 9, Gedichte 2. Frankfurt am Main 1967, S. 656 f. (in alter RS).

2 Bertolt Brecht: Über reimlose Lyrik mit unregelmäßigen Rhythmen (1939), dazu Nachtrag (1939), in: Bertolt Brecht, Über Lyrik (edition suhrkamp 70) Frankfurt am Main 1964, S. 87. Siehe Band „Gedichte für die 9./10. Klasse“, Kap. 4.2!

3. Zur Verlaufsplanung

Erste Einheit: „Ein Geschichtsbuch“

Hinführung: Ausgangspunkt: das politische Geschehen im Spiegel der Tagespresse, evtl. des Tagesfernsehens.

Textbegegnung: Stilles Erlesen des Gedichtes (Kopiervorlage)[3].

Texterarbeitung:
1. Teilziel: freie Aussprache

2. Teilziel: Gruppenarbeit
1. Gruppe: Markiere die Textstellen, in denen die Bibel eine Rolle spielt!
2. Gruppe: Markiere die acht Sinnabschnitte und fasse jeden mit einem Schlüsselwort zusammen!
3. Gruppe: Schlage im Geschichtslexikon nach: Revolutionsjahr 1848, 1864 Krieg gegen Dänemark, 1870/71 Krieg gegen Frankreich!

3. Teilziel: Gruppenberichte und gelenktes Unterrichtsgespräch über Form und Aussageabsicht (mit möglicher TA):

„Ein Geschichtsbuch“
(Guntram Vesper, geb. 1941)

1. **Die Bibel als Orientierungshilfe:**
Verse 1, 4, 5/6/7, 8, 12, 14/15, 40

2. **Die Sinnabschnitte des Gedichtes:**

Verse 1–3:	eine alte Bibel
Verse 4–7:	ich trenne mich nicht
Verse 8–11:	Seiten voller Notizen
Verse 12–16:	Tage- und Haushaltsbuch
Verse 17–21:	elf Kinder müssen satt werden
Verse 22–30:	Not- und Kriegszeiten: 1847, 1848, 1864, 1870
Verse 31–39:	Preissteigerungen, Feuersbrunst, Missernte, Steuererhöhung, Krieg und Frieden
Verse 40–44:	Geschichte 1842–1876, Alltägliches

3. **Zur Form:**
Prosastil (ohne Reime und Versmaß)

4. **Aussageabsicht:**
Die Geschichtsschreibung muss auch aus der Sicht einfacher Menschen dargestellt werden. Sie muss auch von ihren Sorgen und Nöten, von ihrem Alltag erzählen.

3 Guntram Vesper lebt als freier Schriftsteller und Privatgelehrter (Mitglied des PEN-Zentrums Bundesrepublik Deutschland), dessen Arbeitsgebiete der Roman, die Erzählung, Feature, Essay und Kritik, vor allem aber das Hörspiel und das Gedicht sind – 1941 im sächsischen Frohburg südlich von Leipzig geboren, 1957 in die Bundesrepublik verzogen, zunächst als Land-, Bauhilfs- und Industriehilfsarbeiter tätig, nach dem Abitur Germanistik-, dann Medizinstudent – seit 1968 in Göttingen.
Quelle: Tagtäglich Gedichte, hrsg. von Joachim Fuhrmann. Reinbek bei Hamburg 1978.

Zweite Einheit: „Fragen eines lesenden Arbeiters“

Hinführung: Einbringen der Hausaufgabe (Lexikonarbeit/Gedichtvorlage): Stichpunkte zu den im Gedicht genannten historischen Städten Theben, Babylon usw., zu den historischen Personen Cäsar, Alexander usw.

Textbegegnung: Lautes Vorlesen des Gedichtes (Kopiervorlage) von einigen Schülerinnen und Schülern.

Texterarbeitung:
1. Teilziel: freie Aussprache
2. Teilziel: Gruppenarbeit
1. Gruppe: „Markiere die 13 Sinnabschnitte und notiere das Schlüsselwort!“
2. Gruppe: Entflicht das Prosagedicht so, dass nur eine Sinneinheit einen Vers (eine Zeile) bildet!“ („Welche Zeilensprünge fallen dann weg?“)
3. Gruppe: „Schreib in der linken Spalte die Fragen Brechts heraus und gib in der rechten Spalte deine Antworten!“

3. Teilziel: Gruppenberichte und gelenktes Unterrichtsgespräch über Form und Aussageabsicht (mit möglicher TA in der rechten Spalte).

„Fragen eines lesenden Arbeiters“
(Bertolt Brecht, 1898–1956)

1. Die Sinnabschnitte:

Verse 1–3:	Theben
Verse 4–5:	Babylon
Verse 5–6:	Lima
Verse 7–8:	chinesische Mauer
Verse 8–10:	Rom, Cäsaren
Verse 10–11:	Byzanz
Verse 11–13:	Atlantis
Verse 14–15:	Alexander der Große
Verse 16–17:	Cäsar, Sieg über die Gallier
Verse 18–19:	Philipp von Spanien
Verse 20–21:	Friedrich der Zweite
Verse 22–25:	Wer (außer den Großen)?
Verse 26–27:	viele Berichte – viele Fragen

2. Brechts Fragen – meine Antworten
Wer baute Theben? ____________
Haben die Könige …? ____________
Wer baute Babylon wieder auf? ____________
Wo in Lima wohnten die Bauleute? ____________
Wohin gingen die Maurer beim Bau der chinesischen Mauer? ____________
Wer errichtete Rom? ____________
Hatte Byzanz nur Paläste? ____________
Eroberte Alexander Indien allein? ____________
Hatte Cäsar einen Koch? ____________
Weinte außer Philipp niemand? ____________
Wer siegte außer Friedrich? ____________
Wer kochte den Siegesschmaus? ____________
Wer bezahlte die Spesen? ____________

3. Zur Form:
Prosastil (ohne Reime und Versmaß)

4. Aussageabsicht:
Die Geschichtsschreibung muss gerechterweise auch aus der Sicht des „kleinen Mannes“ erfolgen, der die Taten der „Großen“ zu ertragen und zu vollbringen hat.

Dritte Einheit: Eigenproduktion

1. Bereitstellen des Sprachmaterials

Jede Schülerin und jeder Schüler sammelt für sich Daten aus ihrem und seinem Leben, evtl. auch aus der Familiengeschichte, um Wichtiges und scheinbar Unwichtiges aus den persönlichen Erlebnissen, Erfahrungen und gesellschaftlich-politischen Ereignissen im Prosastil, entweder stärker an Vesper oder enger an Brecht angelehnt, zu erzählen.

2. Produktion und Präsentation

In freier Arbeit – unter angebotener Betreuung durch die Lehrkraft – verfassen nun die Jugendlichen ihr eigenes Prosagedicht („Mein Tagebuch“, „Mein Geschichtsbuch“, „Mein Lebenslauf“, „Zur Geschichte meiner Familie“). Auf freiwilliger Basis lesen sie es der Klasse, einer Gruppe oder einer Partnerin oder einem Partner – im Austausch – vor.

4. Zur Weiterführung

- Zur Nachbearbeitung und Vertiefung (Abschnitte, Form, Aussageabsicht): Kopiervorlage,
- Vortragsgestaltung (evtl. mit Hintergrundmusik),
- Verfeinern der Eigenproduktionen.

Guntram Vesper

Ein Geschichtsbuch

Meine Bildmontage (oder meine Zeichnung):

In meinem Regal steht eine alte zerlesene Bibel,
der Buchrücken ist schon abgefallen
und das Papier vergilbt immer mehr.
Ich bin kein großer Bibelleser und trenne mich trotzdem
nicht von diesem Buch,
auf allen Umzügen ist es mit umgezogen
und wenn ich längere Zeit verreise, lege ich es in den Koffer.
Warum? Was nützt mir die Bibel?
Die Seiten sind voller Notizen,
überall wo freier Platz war, ist was mit spitzem Federhalter
und schwarzer Tinte hingeschrieben.
Das Buch stammt aus der Schmiede in Frohburg,
und die Schmiede, mein Urur- und mein Urgroßvater,
haben die Bibel als Tage- und Haushaltsbuch benutzt,
weil Papier knapp und die Bibel, die in der Tischschublade lag,
immer gleich zur Hand war.
Ich lese heute, was damals ein Hering gekostet hat
und was ein Brot wert war:
Der Hering hat viel gekostet, das Brot war sehr wertvoll.
Wie viele Kinder, elf, satt gemacht werden mussten,
wie teuer, wie mühsam das war.
1847: Bis in den Oktober hinein
mussten unsere Kinder barfuß gehen.
Unter dem 16. Juni 1848 ist eingetragen:
Ich kann nicht mehr,
wie gerne würde ich Schluss machen,
aber die Frau, aber die Kinder!
Im Sommer 1864: Heute musste Friedrich ausrücken,
Gott behüte ihn im Felde.
Das Gleiche noch einmal 1870.
Dann lese ich mich durch die Zahlenkolonnen
mit den Einnahmen und Ausgaben:
die Preise für Brot, für Schuhe und Kerzen
verändern sich von Jahr zu Jahr,
gehen mal runter, selten,
mal rauf, meist, dann war da
ein Krieg, eine Feuersbrunst, dann war Frieden,
aber eine Missernte, eine plötzliche Steuererhöhung,
ein Börsenkrach, ein neuer Zolltarif;
so erfahre ich Geschichte 1842 bis 1876
durch kleine Notizen und unwichtige Zahlen
zweier ganz einfacher Männer,
die nach Feierabend tagein tagaus aufgeschrieben haben,
was den Geschichtsbüchern zu alltäglich ist.

Bertolt Brecht

Fragen eines lesenden Arbeiters

Meine Bildmontage (oder meine Zeichnung):

Wer baute das siebentorige Theben?
In den Büchern stehen die Namen von Königen.
Haben die Könige die Felsbrocken herbeigeschleppt?
Und das mehrmals zerstörte Babylon –

Wer baute es so viele Male auf? In welchen Häusern
Des goldstrahlenden Lima wohnten die Bauleute?
Wohin gingen an dem Abend, wo die Chinesische Mauer fertig war,
Die Maurer? Das große Rom
Ist voll von Triumphbögen. Wer errichtete sie? Über wen
Triumphierten die Cäsaren? Hatte das vielbesungene Byzanz
Nur Paläste für seine Bewohner? Selbst in dem sagenhaften Atlantis
Brüllten in der Nacht, wo das Meer es verschlang,
Die Ersaufenden nach ihren Sklaven.

Der junge Alexander eroberte Indien.
Er allein?
Cäsar schlug die Gallier.
Hatte er nicht wenigstens einen Koch bei sich?
Philipp von Spanien weinte, als seine Flotte
Untergegangen war. Weinte sonst niemand?
Friedrich der Zweite siegte im Siebenjährigen Krieg. Wer
Siegte außer ihm?

Jede Seite ein Sieg.
Wer kochte den Siegesschmaus?
Alle zehn Jahre ein großer Mann.
Wer bezahlte die Spesen?

So viele Berichte.
So viele Fragen.

Prosagedichte zur Geschichtsschreibung

1. Sinnabschnitte in „Ein Geschichtsbuch“ (Guntram Vesper)

Verse 1–3: ______________________

Verse 4–7: ______________________

Verse 8–11: ______________________

Verse 12–16: ______________________

Verse 17–21: ______________________

Verse 22–30: ______________________

Verse 31–39: ______________________

Verse 40–44: ______________________

2. Sinnabschnitte in „Fragen eines lesenden Arbeiters“ (Bertolt Brecht)

Verse 1–3: ______________________

Verse 4–5: ______________________

Verse 5–6: ______________________

Verse 7–8: ______________________

Verse 10–11: ______________________

Verse 11–13: ______________________

Verse 14–15: ______________________

Verse 16–17: ______________________

Verse 18–19: ______________________

Verse 20–21: ______________________

Verse 22–25: ______________________

Verse 26–27: ______________________

3. Zur Form:

____

____

4. Aussageabsichten:

____

____

____

____

____

10. Friedensgedichte

Friedrich von Logau: „Des Krieges Buchstaben“ Josef Reding: „Friede“

1. Zur Sachanalyse

Friedrich von Logau (1604–1655)[1] erhebt in seinem Sechszeiler Anklage gegen den Dreißigjährigen Krieg, gegen den Krieg an sich, indem er das Lexem „Krieg“ in seine Elemente auflöst und als Ausgangspunkt für eine neue Assoziationskette nimmt. Optisch durch Fettdruck hervorgehoben und senkrecht angeordnet, erscheinen somit die „Buchstaben des Krieges“. Der sechste Vers, gleichsam die Zusammenfassung der Begleiterscheinungen und Wirkungen des Krieges (Kummer, Raub, Jammer, Elend, Grausamkeit) wird noch einmal stark betont durch seinen Endreim, der das sechste Mal wiederholt wird. Diese gewollte Monotonie des Endreimes, das vierhebige trochäische Metrum, das streng durchgehalten wird, bewirkt eine besondere Eindringlichkeit.
In diesem Sinngedicht, das der Intention nach auch als Anti-Kriegsgedicht und der Form nach als Akrostichon bezeichnet werden könnte, fällt das Spiel mit der Sprache auf, das sich hier als frühe Elementarisierung eines Signalwortes (Krieg) und veränderte Anordnung (senkrechte statt waagerechte) offenbart.
Josef Reding (geb. 1929)[2] gehört zu den bekannten Kinder und Jugendbuchautoren, Erzählern, Übersetzern und Hörspielverfassern unserer Zeit. Seit seinem freiwilligen Aufenthalt (1955/56) im Grenzdurchgangslager Friedland und mehreren Einsätzen in Hungergebieten der Dritten Welt engagiert er sich für den Frieden in der Welt, für die „Liebe zum geringsten Bruder“, gegen Rassendiskriminierung, Unrecht und Krieg.
Das Gedicht **„Friede“**, als Prosatext entsprechend der Sinnschritte in 25 Verse geteilt, freirhythmisch und reimlos gestaltet, besteht aus zwei Teilen, einem abstrakten und einem konkreten. Im 1. Teil definiert er kindgemäß und anschaulich das Wesen des Friedens („kein Zank“, „kein Streit“) und übersetzt das Wort Frieden in fünf Sprachen, deren Staaten eine besondere Verantwortung für Krieg und Frieden hatten und haben. Im 2. Teil, abgesetzt durch die Achse „oder“, konkretisiert er appellativ („komm!“) das friedfertige und friedliche Miteinander: „zusammen spielen, sprechen, singen, essen, trinken, leben.“ Das Stilmittel der Wiederholung (sechsmal verwendet er „zusammen“) lässt das Gemeinsame, das Nicht-Gegeneinander, als Voraussetzung für den Frieden eindringlich erkennbar werden, macht dessen existenzielle Bedeutung für den Frieden deutlich: „Zusammen leben, damit wir leben“ und nicht im Krieg sterben müssen!

2. Zur didaktischen Analyse

Der Zugang zu Inhalt und Form beider Gedichte ist sicherlich unterschiedlich schwierig. Zur Inhaltsproblematik „Krieg“ werden die jugendlichen Leserinnen und Leser sicherlich sehr schnell eine Beziehung herstellen können, denn diese ist ihnen aus dem Geschichtsunterricht, einschließlich Zeitgeschichte, und aus den täglichen Nachrichten über militärische Auseinandersetzungen an vielen Orten auf der Erde bekannt. Der Zugang zur Form des Sinngedichtes, das in der lyrischen Tradition erscheint, dürfte keine Schwierigkeiten bereiten, der Zugang zum modernen Prosagedicht vermutlich schon. Sobald jedoch die Schülerinnen und Schüler in stiller Betrachtung dieser ungewöhlichen Formen der Buchstaben erkennen, dass

a) die Zahl und Art der Buchstaben des Wortes „Krieg“ Form und Inhalt des Sinngedichtes bestimmen,
b) internationale Bezeichnungen für „Frieden“ und konkrete Aufforderungen zu einem friedlichen Miteinander Gestalt und Gehalt des Friedensgedichtes prägen,

werden sie das Anordnungsmuster, den Bauplan, und die Symbolhaftigkeit verstehen. Schließlich wird ein gelenktes Unterrichtsgespräch über die semantische Erschließung der Überschriften die Autorenabsicht aufhellen, den Krieg zu verneinen und den Frieden zu bejahen. Diese Bejahung des Friedensgedankens, der Friedensfähigkeit und -bereitschaft sollen im jungen Menschen verstärkt werden. Als geeignete Methode hierfür wird

1 **Zur Biografie:** Friedrich von Logau, geb 1604 in Dürr Brockuth (Niederschlesien), gest. 1655 in Liegnitz, Freiherr, Regierungsrat, Dichter, bedeutsamer Sammler von zeitsatirischen Epigrammen des Barocks.
Werke u. a.: „Zwei hundert teutscher reimensprüche“ (1638), „Deutsche Sinngedichte drei Tausend“ (1654).
Textquelle: Friedrich von Logau: Sämtliche Sinngedichte, hrsg. vom literarischen Verein Stuttgart. Hildesheim: Olms 1974.

2 **Zur Biografie:** Josef Reding, geb. am 20. 3. 1929 in Castrop-Rauxel, als 16-Jähriger Kriegsteilnehmer in Bayern, Studium der Germanistik, Anglistik und Psychologie, Aufenthalte in der Dritten Welt, Studienaufenthalte in den USA, dort Engagement in der Bürgerrechtsbewegung, leitend in der katholischen Jugendbewegung tätig, lebt heute in Dortmund, Auszeichnungen: 1957 Kogge-Literaturpreis Minden, 1958 Förderungspreis des Landes Nordrhein-Westfalen, 1961 Stipendiat der Villa Massimo in Rom, 1969 Annette von Droste-Hülshoff-Preis.
Werke u. a.: „Trommlerbub Ricardo“ (1954), „Friedland – Chronik einer Heimkehr“ (1956), „Nennt mich nicht Nigger“ (1959), „Weltmacht Hunger“ (1966), „Zwischen den Schranken“ (1967), „Menschen im Ruhrgebiet – Berichte – Reden – Reflexionen“ (1974), „Warnsignal“ (1976), „Ach- und Krach-Texte“ (1976), „Polizeieinsatz in Alaska“ (1977), „Gold, Raureif und Möhren“ (1984), „Friedensstifter – Friedensboten“ (1990), „Gutentagtexte“ (Gedichte für Kinder, 1992), „Josef-Reding-Lesebuch“ (1994).
Textquelle: Josef Reding. Gutentagtexte. Balve/Sauerland: Engelbert 1974.

nicht nur die Analysearbeit angesehen, sondern vielmehr der kreative Umgang mit diesen beiden Antikriegsgedichten. Nach dem Feststellen der Anordnungsmuster und nach dem Verstehen der Inhaltsaussagen kann zum erfolgreichen analogen, konträren oder freien Gestalten angeregt werden. Auf diesem Weg erfolgt, wie Schulversuche bestätigen, eine intensivere Auseinandersetzung mit Inhalt und Form als beim „bloßen Darüberreden". Gleichzeitig können sprachliche Sensibilität und literarische Kreativität, Kritikfähigkeit und eigenständiges Urteil der Heranwachsenden gefördert werden.

Lernziele: Die Schülerinnen und Schüler sollen

1. die „Machart" dieser beiden lyrischen Texte erkennen,
2. sich mit der Inhaltsproblematik dieser beiden Antikriegsgedichte befassen,
3. die Autorenabsichten diskutieren und würdigen,
4. in ihrer kognitiven, literarischen und sozialen Kreativität (durch Textanalyse, Eigenproduktion und gewaltfreies, friedfertiges Sozialverhalten) gefördert werden.

3. Verlaufsplanung

3.1 Zur Initialphase

Eine oder zwei der folgenden Möglichkeiten:
- aktuelle Nachrichten aus Presse, Funk und Fernsehen zum Thema „Krieg und Frieden in der Welt",
- aktuelle Ereignisse zum Thema „Gewalt an unserer Schule" mit evtl. Clusterbildung (siehe Kopiervorlage S. 14, in die das Thema noch einzutragen wäre),
- Verbindung zur Geschichte: Zeittafel (z. B.): Dreißigjähriger Krieg (1618–1648), Siebenjähriger Krieg (1756–1763), Erster Weltkrieg (1914–1918), Zweiter Weltkrieg (1939–1945) ...,
- Bildmeditation (mit passender Musikuntermalung): Plakat „Frieden" (1983) auf Kopiervorlage 2,
- Hörmeditation (Kassetten- bzw. Videoaufnahme einiger Streitfälle auf dem Schulhof): „Gewalt an unserer Schule."

3.2 Zur Rezeptionsphase

Nach der freien Aussprache über die eine oder andere Einstiegsmöglichkeit erfolgt das stille Lesen der beiden Gedichte auf dem Textblatt, wobei sich die Jugendlichen erste Gedanken zur Interpretation und zur Bild- bzw. Fotomontage (evtl. auch über eine eigene Illustrierung) machen sollten.

3.3 Zur Reflexionsphase

1. Teilziel: freie Aussprache
Nach dem lauten Vorlesen beider Gedichte durch Schülerinnen und Schüler sprechen diese sich über Inhalt und Form, über Wirkung und eigene Meinung frei aus, wobei sie ihre ersten Gedanken einbringen.

2. Teilziel: gezielte Textanalyse
Die Jugendlichen wählen ein Gedicht aus und versuchen (evtl. in Partnerarbeit) folgende Leitfragen zu beantworten:
1. Welche Absicht verfolgt der Autor?
2. Welche sprachlichen Mittel verwendet er?
3. Wie kann der Friede
   a) nach Friedrich von Logau,
   b) nach Josef Reding
   verwirklicht werden?
4. Wie baut der Autor sein Friedensgedicht auf?
5. Welche Meinung vertrittst du zu Text, Autor und Thema?

3. Teilziel: Bericht und Tafelanschrift
Die Schülerinnen und Schüler tragen ihre Ergebnisse (mit Zitaten/Beleglesen) vor, diskutieren diese, wobei im gelenkten Unterrichtsgespräch folgende Tafelanschriften (als Ergebnissicherung) entstehen könnten:

Tafelanschrift 1:

Friedrich von Logau (1604–1655)
sechs Verse sechs (gleiche) Reime Metrik (— ∪— ∪— ∪— ∪) Buchstabenspiel (Akrostichon): K – Kummer R – Raub I – Jammer E – Elend G – Grausamkeit
Sinngedicht: „Des Krieges Buchstaben"
Meine Meinung:

Tafelanschrift 2:

Josef Reding (geb. 1929)

abstrakt → **Brücke** → **konkret**

Begriff Übersetzungen (Verse 1/2, 3–13) | „oder" (Vers 14) | Beispiele des Zusammenlebens (Verse 15–25)

↓

PEACE
PAIX
MIR
SHALOM

↓

Appell: „Komm" → FRIEDE → Wirkung: „Leben auf der Erde"
Warnung: „kein Streit" → Krieg → Wirkung: „Tod ..."
Friedensgedicht: „Friede" (reimlos, freirhythmisch)
Meine Meinung:

3.4 Produktionsphase

1. Motivation: „Was meint ihr selbst zu Inhalt und Form dieser beiden Gedichte? Seid ihr damit einverstanden? Welches gefällt euch besser? Könntet ihr nicht auch ein „Friedensgedicht" verfassen?

2. Bereitstellung von Material: sprachliche Elemente (Bezeichnung für „Frieden" in den Sprachen der Herkunftsländer der Jugendlichen), Anordnungsmuster und Ideen für konträres, analoges Gestalten, Sinnfelder: „Gewalt"/„Friede", „Ausländer" … an unserer Schule.

3. Ausführen der Eigenproduktionen in Allein-, Partner- oder Gruppenarbeit bei freier Wahl der „Vorlage", des Sprachmaterials und der Aussageinhalte. Siehe hierzu auch die Kopiervorlage „Eigenproduktion von Kurzgedichten" (S. 18)!

4. Zur Weiterführung

- Präsentation der ersten Eigenproduktionen,
- deren Verfeinerung und evtl. Ausstellung[3],
- Fortführung der Thematik „Antikriegsgedichte":
  Andreas Gryphius: „Schluss des 1648. Jahres",
  Matthias Claudius: „Kriegslied",
  Elisabeth Langgässer: „Frühling 1946",
  Franz von Assisi: „O Herr, mache mich zum Werkzeug deines Friedens"[4].

Krieg

Katastrophe
Rechtlosigkeit
Ist Un - Frieden
Ermordungen
Greueltaten

Tamara

Krieg

Kasernen
Reservisten
Internationales Chaos
Ein Waffen - Experiment
Globales Un - Recht

Kim

Schein-Frieden

Falsche Begründungen
Ratlose Hektik
Ist Gewalt – Politik
Entrechtung
Diplomatie
Ein Pulverfass
Nur Lateralschäden

Thomas

Friede

Freude und Feste
Recht, Rast und Ruh
Ist das Schönste
Einigkeit und Freiheit
Dauerwunsch
Ein Traum

Öslem

---

3 Originalbeiträge (siehe rechte Spalte) aus Schulversuchen, die Harald Büttner und Harald Watzke durchführten.
4 Oswald Watzke/Klaus C. Haase/Harald Watzke: Gedichte für die 9. und 10. Klasse. Donauwörth 2004.

Friedrich von Logau

Deß Krieges Buchstaben (1654)

Kummer / der das Marck verzehret /
Raub / der Hab und Gut verheret /
Jammer / der den Sinn verkehret /
Elend / das den Leib beschweret
Grausamkeit / die unrecht kehret /
Sind die Frucht die *Krieg* gewehret.

Des Krieges Buchstaben (1872)

Kummer, der das Mark verzehret,
Raub, der Hab und Gut verheeret,
Jammer, der den Sinn verkehret,
Elend, das den Leib beschweret,
Grausamkeit, die Unrecht lehret,
sind die Frucht, die Krieg gewähret.

Meine Bildmontage (oder meine Zeichnung):

Josef Reding

Friede

„Bloß keinen Zank
und keinen Streit:
Das heißt auf englisch
ganz einfach
PEACE
und auf französisch
PAIX
und auf russisch
MIR
und auf hebräisch
SHALOM
und auf deutsch
FRIEDE."

Oder:

„Du, komm,
lass uns
zusammen spielen,
zusammen sprechen,
zusammen singen,
zusammen essen,
zusammen trinken
und zusammen
leben,
damit wir
leben."

Volksbund deutscher Kriegsgräberfürsorge. Plakat „Frieden“ (1983)

1. *Diskutiert über dieses Plakat!*
2. *Bildet einen Cluster zum Thema „Krieg und Frieden“!*
3. *Verfasst ein Kurzgedicht über dieses Thema!*

Mein Antikriegs- bzw. Friedensgedicht:

Name: ______________________________

11. Ideengedichte

Joseph von Eichendorff: „Meeresstille"
Johann Wolfgang Goethe: „Meeresstille"/„Glückliche Fahrt"

1. Zur Sachanalyse

Im Gedicht **„Meeresstille"**, als Urfassung ein schwermütiges, dreistrophiges Lied ohne Überschrift in der 1841 in Berlin geschriebenen Novelle „Eine Meerfahrt" (Joh. Klein)[1], vereinigt **Eichendorff (1788–1857)** eine Vielzahl der Motive, die romantische Dichtung, nicht nur die Lyrik, charakterisiert: Fernensehnsucht, Zusammenschau unterschiedlichster Landschaften der realen Welt und der Welt des Traumes, Bildhaftigkeit und Musikalität von starker sinnlicher Eindringlichkeit. Das lyrische Ich schaut von der Schiffsreling nicht etwa in die unbegrenzte Ferne des offenen Meeres oder auf die einen Binnensee begrenzenden Hügel oder Gebirge, sondern nach unten, in das ob seiner Unbewegtheit – Titel! – spiegelglatte, bis in tiefste Tiefen durchschaubare Wasser: Er entdeckt die ferne Welt des auf einem Korallenriff sitzenden Seekönigs. Die abendliche Ruhe (Meeresstille, dämmert, Dämmrung) ermöglicht eine gegenseitige Kontaktaufnahme der beiden Welten: Der Schiffsreisende wird vom Seekönig, der auf seiner Warte, dem Korallenriff, sitzt, gegrüßt, dieser Kontakt aber wird – ganz romantisch – aus der realen Ebene in die Nähe der Welt des Traumes gerückt: Der Seekönig „Grüßt ... (die Schiffe) wie im Traum" (Vers 16) und „Sitzt in der Dämmrung tief, Als ob er mit langem Barte Über seiner Harfe schlief" (Verse 10–12). In der „prächtigen Nacht" (Vers 8) und ihren traumhaften Bildern, die sich das lyrische Ich „oft im Tram ... gedacht" (Vers 6) hat, ist etwas von dem Lockenden, auch Verführenden, ja Dämonischen der Natur zu spüren, das Eichendorff in seinen Liedern „Frische Fahrt" und „Lockung", die ebenfalls in glücklicher Form Volkstümlichkeit und Kunst verbinden[2], weit deutlicher ausgedrückt.
Eichendorff hat sein Gedicht „Meeresstille" den Romanzen zugeordnet, wenngleich es formal den „Wanderliedern" ähnelt, deren erstes, „Frische Fahrt", gleichfalls aus zwei achtzeiligen Strophen besteht, die aber im Grunde jeweils wieder je zwei Volksliedstrophen zu je vier Versen mit Kreuzreim, mit wechselnd klingender (weiblicher) und stumpfer (männlicher) Kadenz und regelmäßiger vierhebig trochäischer Versfüllung bilden. In „Meeresstille" liegen zwar auch wieder Kreuzreim und Wechsel zwischen klingender und stumpfer Kadenz vor, der Rhythmus des Gedichtes ist aber verändert gegenüber dem eines Volksliedes: Die Singbarkeit wird erschwert durch eine unterschiedliche Füllung der einzelnen Verse. Einheitlich sind nur die Dreihebigkeit und die Falltonigkeit der Verse. In allen Versen finden sich ausschließlich Trochäen und Daktylen, aber: Die Verse 1, 3, 4, 5, 6, 7, 8, 11, 12, 13, 14, 15 sind dreihebig trochäisch/daktylisch *mit* Auftakt, die Verse 2, 9, 10, 16 dagegen dreihebig trochäisch/daktylisch *ohne* Auftakt, dazu wird in den Versen 1, 2, 3, 4, 7, 10, 11, 14, 15, 16 ein Trochäus, in den Versen 5, 8, 9, 13 werden *zwei* Trochäen daktylisch aufgelöst, Vers 12 bleibt ohne Daktylus, hat aber dafür einen zweisilbigen Auftakt wie evtl. auch Vers 6, wenn erst das Wort „oft" die 1. Hebung erhält und dann auch hier nur ein Trochäus zum Daktylus wird.
In Schillers „Musenalmanach für 1796" erscheinen **Goethes** Gedichte **„Meeresstille"** und **„Glückliche Fahrt"** erstmalig im Druck, entstanden sind sie 1795, vielleicht auch früher. Beide Gedichte werden im „Musenalmanach" wie in allen späteren Ausgaben auf derselben Textseite abgedruckt „als eng verbundene Gegenstücke im Inhalt, Rhythmus und in der Klangsymbolik"[3]. Der Text blieb nahezu unverändert: Bei Goethe findet sich „Meeres-Stille" statt des heute gebräuchlichen Kompositums, dazu in Vers 7 „ungeheuern" statt „ungeheuren"[4].
Die doppelte Negation „Keine Luft von keiner Seite" (Vers 5), die das Meer hat erstarren und verstummen lassen, beeindruckt einen von der totalen Flaute betroffenen Schiffer zutiefst: Die Weite der Wasserfläche erscheint „ungeheuer" (Vers 7), die tiefe Stille als „Todesstille fürchterlich!" (Vers 6). Die an keiner Stelle durchbrochene Gleichförmigkeit der vierhebig trochäischen, also falltonigen Versfüllung verleiht dem sprachlichen Rhythmus des einstrophigen Kurzgedichtes eine beklemmende Monotonie, die dem Inhalt der acht Verse (negative Lebenslage/stagnierende „Lebensfahrt") adäquat ist.
Fast tänzerische Lebendigkeit im Rhythmus bestimmt die zehn Verse des Kontrastgedichts „Glückliche Fahrt". Ein in der deutschen Literatur selten verwendeten Versmaß – der Amphibrachys (griech. „beiderseits"), ein dreisilbiger Versfuß, in welchem eine betonte Silbe von

1 Joh. Klein: Geschichte der deutschen Novelle von Goethe bis zur Gegenwart. Wiesbaden [3]1965, vgl. S. 586.
2 H. A. Korff: Geist der Goethezeit, IV. Teil Hochromantik. Leipzig 1963, vgl. S. 231–236.
3 Erich Trunz, in: Goethes Werke. Hamburger Ausgabe, Hrsg: Erich Trunz, Band 1. München 13. Aufl. 1982, S. 642.
4 Trunz, a. a. O., vgl. S. 642.

zwei unbetonten (im Griechischen und Lateinischen eine Länge von zwei Kürzen) eingefasst ist –, in Verbindung mit fast durchgehend klingenden Kadenzen eines variationsreichen Reimschemas, knappem praktischem Satzbau (nur ein Versenjambement, Ausrufe geben den zehn Kurzversen einen lebendigen, vorwärts drängenden Rhythmus, der seinerseits wieder der inhaltlichen Aussage des Textes entspricht. Wind lässt den Nebel zerreißen, „die Winde" (Vers 5) sind nun nicht länger im Sack des Äolus, des nach Homers „Odyssee" von Zeus bestellten Verwalters der Winde, gebändigt: Der Schiffer erkennt den zweifachen Appell, schnell in den Wind zu gehen. Vor dem Bug des nun wieder Fahrt gewinnenden Schiffes entsteht der Eindruck der sich teilenden Welle, der herannahenden Ferne, die Fahrt wird glücklich enden: Der Schiffer – in Vers 10 nun in der Personalform des lyrischen Ichs bzw. des Autors – sieht das Ziel seiner Fahrt, seiner Strebungen, evtl. seiner Lebensfahrt vor sich.[5]

2. Zur didaktischen Analyse

1. Lernziel: Die Schülerinnen und Schüler erkennen die in der Sachanalyse herausgearbeiteten unterschiedlichen Einstellungen der Texte bzw. ihrer Autoren zur Natur und besonders zum Phänomen Meeresstille (tiefe Stille einmal als Möglichkeit der Verbindung zu lockenden [gefährlichen!] romantischen Traumwelten – Stille als reale tödliche Bedrohung, Bewegtheit („Fahrt") und zu einem glücklichen und hoffnungsvollen Leben).

2. Lernziel: Durch genaue Arbeit an den Texten wird den Schülerinnen und Schülern die in den Gedichten feststellbare Übereinstimmung von Inhalt und Form klar (Wirkung von Versmaß, Reimschema, Wahl der Kadenz, Syntax, Wortwahl auf Rhythmus und Aussage der Texte).

3. Lernziel: Während des Sichbemühens um die sprecherische Gestaltung der drei Texte wird den Schülerinnen und Schülern am stärksten durch den rhythmischen Kontrast zwischen den Goethe-Gedichten „Meeresstille" und „Glückliche Fahrt" deutlich, auf welche im Grunde einfache und gerade dadurch eindringliche Weise der Dichter die Gegensätze „Tod und Leben" einander gegenüberstellt.

4. Lernziel: Bei gegebener Aufnahmefähigkeit der Klasse kann an den Versen 8 und 9 von „Glückliche Fahrt" auf die Wirkung der Verwendung des unpersönlichen Subjekts „Es" in den asyndetischen Parallelkonstruktionen, das im Gegensatz zu Vers 5 und 6 hier eigentlich nicht dem realen Geschehen entspricht, aber in der rhythmischen Gleichheit das Bild vom neuen Lebenswillen verstärkt, verwiesen, am Vers 4 die Erscheinung der Übertragung des menschlichen Angstgefühls (die Angst entsteht durch das Einfangen der Winde) auf den die Angst verursachenden Gegenstand (das die Befreiung der Winde verhindernde Band) erarbeitet werden.

5. Lernziel: Die Schülerinnen und Schüler sollen ihre eigene Befindlichkeit im Hinblick auf „Stille", „Bewegtheit (Dynamik)", „Stagnation und Fortschritt", „Traum und Wirklichkeit", „Hoffnung und Verzweiflung", „Tod und Leben" in einer frei gewählten literarischen Form zum Ausdruck bringen.

3. Zur Verlaufsplanung

Es wird eine Unterrichtseinheit von drei Stunden geplant, Thema der 1. Stunde ist das Eichendorff-Gedicht, Thema der 2. Stunde der Vergleich desselben mit den beiden Goethe-Gedichten, Thema der 3. Stunde das eigenen „kreative Schreiben".

Erste Stunde: „Meeresstille" (Eichendorff)

1.1 Phase der Textbegegnung

Nach Zielangabe und Tafelnotiz (Name des Autors[6], Geburts- und Sterbejahr, Überschrift des Gedichtes) erhalten die Schülerinnen und Schüler Arbeitsblätter mit dem abgedruckten Text, sie lesen sich den Text zweimal still durch, beim zweiten Durchlesen markieren sie ihnen als Schlüsselbegriffe wichtige erscheinende Textstellen.

1.2 Phase der Textverarbeitung

Die Schülerinnen und Schüler nennen die sie interessierenden Begriffe, die Lehrkraft lenkt nach erster allgemeiner Klärung aller Fragen und nach einem ersten Durchgang durch Inhalt und Form des Gedichtes das Gespräch im Sinne des Lernziels 2. Es entsteht dabei eine freie Tafelanschrift, in der die Diskussionsergeb-

---

5 Quellen: Joseph Freiherrn von Eichendorffs Werke. In vier Bänden. Hrsg.: Rudolf von Gottschall. Leipzig o. J., Bd. 1, S. 324. Goethes Werke. Hamburger Ausgabe in 14 Bänden. Hrsg.: Erich Trunz, Band 1. München, 13. Aufl. 1982, S. 242.

6 Joseph von Eichendorff, geb. am 10. 3. 1788 auf Schloss Lubowitz/Schlesien, gest. am 30. 11. 1857 in Neiße. Sohn eines preußischen Offiziers und Landedelmanns. Studium der Rechtswissenschaft und Philosophie in Halle, Heidelberg und Wien. 1813/15 Leutnant im Lützow'schen Freikorps. Ab 1816 bis 1844 im Staatsdienst in Breslau, Danzig, Marienwerder, Königsberg, Berlin. – Bedeutendster Lyriker der deutschen Spätromantik, auch Erzähler, Dramatiker und Übersetzer. Ausgeprägter Sinn für Melodik und Rhythmik, starke poetische Bildkraft, heitere Weltoffenheit, Naturliebe und uneingeschränkte Gottesverehrung prägen besonders seine später häufig vertonte Lyrik, die auf Theodor Storm und Hermann Hesse einwirkte.
Werke u. a.: 1819 „Das Marmorbild" (N.), 1815 „Ahnung und Gegenwart" (R.), 1826 „Aus dem Leben eines Taugenichts" (N.), 1837 „Gedichte".

nisse schrittweise festgehalten werden. Sie könnte wie folgt aussehen:

„Meeresstille“ von Joseph von Eichendorff (1788–1857)	
reale Welt	Traum-Welt
Blick in die Meerestiefe: Gebirge Lande Ruinen falber Schein Dämmerung Nacht	wie im Traum: Seekönig: sitzt schläft Harfe Schiffe bemerkt sie kaum Korallenriff
Vers 16: „Grüßt er sie wie im Traum.“	
gegenseitige Kontaktaufnahme Verschmelzung beider Welten	
Das lyrische Ich (als Romantiker) sieht, „wie Wirklichkeit und Traum eins werden, fühlt etwas Verlockendes und zugleich Dämonisches im Meer, in der Natur“.	

1.3 Phase der Sicherung und Vortragsgestaltung

Erkenntnisse zu Inhalt und Form des Textes werden von zwei Schülerinnen oder Schülern anhand der Tafelnotizen zusammengefasst. Danach folgen einige Versuche einer angemessenen Vortragsgestaltung.

1.4 Hausaufgabe

Sie baut methodisch auf der skizzierten Stunde auf: Versuch einer Analyse, der beiden den Schülerinnen und Schülern bislang unbekannten Goethe-Gedichte[7], in Verbindung mit einem Vergleich von Aussage und Form der beiden Texte (Grundlage: Arbeitsblatt mit beiden Goethe-Texten). Die häuslichen Notizen bzw. Markierungen auf dem Arbeitsblatt dienen als Gedächtnisstütze für die mündliche Analyse in der folgenden Unterrichtsstunde.

Zweite Stunde: „Meeresstille“/„Glückliche Fahrt“ (Goethe)

2.1 Phase der Vorbereitung und Textbegegnung

Laut gelesen werden von je einer Schülerin / einem Schüler alle drei Texte.

2.2 Phase der Erarbeitung

1. Teilziel: Darstellung der Ergebnisse der Hausaufgabe

1. Die Schülerinnen und Schüler analysieren die Goethe-Texte, stellen sich möglichst vor allem der Kritik ihrer Mitschüler (Förderung der Schüler-Schüler-Interaktion!) und notieren etwa folgende Tafelanschrift (2):

„Meeresstille“ von Johann Wolfgang Goethe (1749–1832)	
Schifffahrt	Lebenslage
tiefe Stille ohne Regung glatte Fläche keine Luft ungeheure Weite keine Welle	Flaute bekümmert fürchterlich ungeheuerlich
Todesstille	Stagnation
beklemmende Monotonie negative Lebenslage	
tödliche Bedrohung	

2. Die Schülerinnen und Schüler stellen die Ergebnisse ihres Vergleiches der beiden Goethe-Gedichte dar, nachdem sie im gelenkten Unterrichtsgespräch Struktur und Grundstimmung von „Glückliche Fahrt“[8] erfasst und notiert haben. Tafelanschrift (3):

„Glückliche Fahrt“ von Johann Wolfgang Goethe (1749–1832)	
Bootsfahrt	Lebensfahrt
Nebel/Himmel Wind Schiffer Welle Ferne/Land	Natur Kraft Begleiter Widerstand Ziel
heitere Bewegung	frohes Leben
Lebensfreude und Lebensglück	

2. Teilziel: Textvergleich
Unter einer an den Lernzielen 1 bis 4 orientierten Leitung der Lehrkraft vergleichen die Schülerinnen und Schüler das am Vortage analysierte Gedicht mit den beiden Goethe-Gedichten, wegen Zeitersparnis ohne Tafelbild, dafür aber mit sprecherischer Gestaltung fraglicher Textstellen, in denen die Unterschiede in Grundstimmung und Aussageabsicht besonders deutlich werden.

---

7 Biografie Goethes siehe S. 105!

8 Vgl. hierzu das Stundenbild in: Oswald Watzke (Hrsg.): Gedichte in Stundenbildern, 6. Jahrgangsstufe. Donauwörth ³1999, S. 65–67 (Übernahme der Tafelanschrift).

2.3 Phase der Zusammenfassung und Vortragsgestaltung

1. Die Schülerinnen und Schüler tragen die Ergebnisse ihrer Diskussion zusammen, vergleichen die drei Tafelanschriften.
2. Mehrere Schülerinnen und Schüler bemühen sich um die Umsetzung der theoretischen Ergebnisse in die sprecherische Gestaltung zunächst des Eichendorff-Textes, sodann der beiden Goethe-Texte, wobei ein besonders gut gelungener Vortrag die Stunde abschließt.

2.4 Hausaufgabe

Die Schülerinnen und Schüler lernen die beiden Goethe-Texte zur folgenden Deutschstunde auswendig, wobei ihnen aber beim Abhören am folgenden Tag die Verwendung des Textblattes bei der Gestaltung noch erlaubt wird. Wichtig ist, dass die Lehrkraft auch in den folgenden Stunden weitere Gestaltungsergebnisse abhört. Schließlich wird auf die Stütze durch den Text verzichtet, um sowohl Gedächtnis als auch Gestaltungsfähigkeit zu fördern.

Dritte Stunde: kreatives Schreiben

Da nicht nur den Jugendlichen, die im Bereich von Ostsee und Nordsee, des Bodensees oder anderer Binnenseen leben, der Gegenstand „Wasserfläche in Ruhe oder in Bewegung" aus eigener Erfahrung bekannt sein dürfte, bietet sich im Anschluss an die unterrichtliche Erarbeitung der Kurzgedichte von Eichendorff, Goethe und Schiller die Lösung der Aufgabe an, eigene Gedichte zum genannten Motiv zu verfertigen (Eigengestaltungen als individuelle Leistungen oder als Leistungen von Kleingruppen, Förderung von Kreativität).

4. Zur Weiterführung

- Verfeinerung der Gedichtvorträge,
- Clusterbildung (siehe Kopiervorlage S. 14),
- Gedichtvergleich (siehe Kopiervorlage S. 16),
- Verfeinerung der literarischen Eigenproduktionen (mit Schrift- und Illustrationsgestaltung).

Joseph von Eichendorff

Meeresstille

Ich seh von des Schiffes Rande
Tief in die Flut hinein,
Gebirge und grüne Lande
Und Trümmer im falben Schein
Und zackige Türme im Grunde,
Wie ichs oft im Traum mir gedacht,
Das dämmert alles da unten
Als wie eine prächtige Nacht.

Seekönig auf seiner Warte
Sitzt in der Dämmrung tief,
Als ob er mit langem Barte
Über seiner Harfe schlief,
Da kommen und gehen die Schiffe
Darüber, er merkt es kaum,
Von seinem Korallenriffe
Grüßt er sie wie im Traum.

Raum für eine Collage (Motiv „Meer“):

Johann Wolfgang Goethe

Meeresstille

Tiefe Stille herrscht im Wasser,
Ohne Regung ruht das Meer,
Und bekümmert sieht der Schiffer
Glatte Fläche rings umher.
Keine Luft von keiner Seite!
Todesstille fürchterlich!
In der ungeheuren Weite
Reget keine Welle sich.

Johann Wolfgang Goethe

Glückliche Fahrt

Die Nebel zerreißen,
Der Himmel ist helle,
Und Äolus löset
Das ängstliche Band.
Es säuseln die Winde,
Es rührt sich der Schiffer.
Geschwinde! Geschwinde!
Es teilt sich die Welle,
Es naht sich die Ferne;
Schon seh ich das Land!

Friedrich Schiller: „Hoffnung“

1. Zur Sachanalyse

Ständiger Begleiter auf einer „glücklichen Lebensfahrt“ ist für **Friedrich Schiller** die **„Hoffnung“**[1]. Besonders in seiner Gedankenlyrik kann Friedrich Schiller sowohl die dichterische als auch die philosophische Richtung seines geistigen Strebens verbinden. Im letzten Jahrzehnt des 18. Jahrhunderts, unter dem Eindruck der Wirkungen der Französischen Revolution, deren Ideale Freiheit, Gleichheit, Brüderlichkeit er ebenso leidenschaftlich begrüßt, wie er die Praktiken der Jakobinerdiktatur entsetzt ablehnt, schreibt Schiller Ideengedichte wie „Die Ideale“ (1795), „Das Ideal und das Leben“ (1795), „Die Worte des Glaubens“ (1797), in denen er Ideen weniger in logischen Begriffen als in anschaulichen Sinnbildern darstellt. So besingt er 1797 in „Die Worte des Glaubens“ drei Werte, die dem Menschen seinen inneren Wert geben: Freiheit, Tugend, Gott. Fast gleichzeitig, 1797, entsteht das philosophisch fundierte dreistrophige Gedicht „Hoffnung“ – 150 Jahre früher als Ernst Blochs fünfteiliges Hauptwerk „Das Prinzip Hoffnung“ (entstanden zwischen 1938 und 1947, überarbeitet 1953 und 1959; Bloch starb 1977 in Tübingen).

Jede der drei Strophen des Gedichtes „Hoffnung“ – sie bestehen aus regelmäßig wechselnd vier- und dreifüßig trochäisch-daktylischen jeweils zweimal kreuzweise und einmal paarweise gereimten Versen (außer Vers 4 mit ein- oder zweisilbigem Auftakt, dreimal zwei Verse mit Paarreim weisen jeweils vier Hebungen auf) – variiert mit ebenso plastischen wie eindringlichen Bildern das Thema des unsterblichen Traums des Menschen „von besseren künftigen Tagen“ (Vers 2).

In der ersten Strophe blickt der Historiker Schiller auf den Verlauf der Weltgeschichte: „Die Welt wird alt und wird wieder jung, / Doch der Mensch hofft immer Verbesserung“ (Vers 5 und 6). Die zweite Strophe betrachtet den Lebenslauf des einzelnen Menschen vom Knaben bis zum Greis: „Noch am Grabe pflanzt er – die Hoffnung auf“ (Vers 12). Die dritte Strophe spricht die Zuversicht Schillers aus, dass ein Herzenswunsch des Menschen kein törichter Wahn sein kann. So ist der Aufruf „Zu was Besserm sind wir geboren“ (Vers 16) Ausdruck des Grundvertrauens des Idealisten Schiller in das Gute im Menschen. Folgerichtig endet das Gedicht mit dem Verspaar: „Und was die innere Stimme spricht, / Das täuscht die hoffende Seele nicht“ (Verse 17 und 18).[2]

2. Zur didaktischen Analyse

1. Lernziel: Die Schülerinnen und Schüler entdecken im gedankenlyrischen Gedicht, dass Friedrich Schiller die Hoffnung preist, die die Menschheit von Anbeginn an, jeden Einzelnen in seinem Lebenslauf begleitet, und dass er auf das Gute im Menschen vertraut.

2. Lernziel: Durch die Betrachtung der Form stellen sie fest, dass Reim, Rhythmus und Klang eine frohbeschwingte Grundstimmung erzeugen, die mit dem Thema nicht nur übereinstimmt, sondern es auch wirkungsvoll unterstützt.

3. Lernziel: Diese Übereinstimmung von Inhalt und Form wird in der sprecherischen Gestaltung des Gedichtes sinngemäß zum Klingen gebracht.

4. Lernziel: Die Jugendlichen können und sollen ihre eigenen Hoffnungen und Wünsche, Träume und Sehnsüchte erforschen, indem sie dazu einen Cluster bilden und literarisch in der Form eines Kurzgedichtes zum Ausdruck bringen.

Das Gedicht „Hoffnung“ kann eigenständig oder (besser) im Anschluss an Goethes „Glückliche Fahrt“ behandelt werden.

3. Zur Verlaufsplanung

3.1 Initialphase

Wortimpulse (TA): „Ich hoffe auf ...“, „Ich wünsche mir ...“, „Meine Erwartungen ...“.
Freie Aussprache, Brainstorming, Clusterbildung:
Siehe Textblatt (Kopiervorlage)!

---

1 **Textquelle:** Friedrich Schiller: Sämtliche Werke, hrsg. von G. Fricke/H. G. Göpfert. München ^{3}1962.
Zur Biografie: Friedrich Schiller, geb. am 10. 11. 1759 in Marbach am Neckar, gest. am 9. 5. 1805 in Weimar. Als Lyriker, Balladendichter, Dramatiker ist Friedrich Schiller bis heute uneingeschränkt geschätzt. So kurz sein Leben nur war, so wirkungsvoll bleiben die Werke des ursprünglich zum Arzt ausgebildeten Carlsschulabsolventen (1773 bis 1780) des Herzogs Carl Eugen von Württemberg, nach schweren Jahren 1789 an die Jenaer Universität als Professor der Geschichte berufen, um schließlich schon im Alter von 45 Jahren als Freund und Partner von Johann Wolfgang Goethe in Weimar, völlig überarbeitet, zu sterben.
Schillers Dramen „Die Räuber“ (1781), „Kabale und Liebe“ (1783), „Don Carlos“ (1787), „Wallenstein“ (Trilogie, 1798), „Maria Stuart“ (1800), „Die Jungfrau von Orleans“ (1801) und „Wilhelm Tell“ (1804) setzen sich auf den Bühnen immer wieder durch. Von seinen klassischen Balladen bleiben „Die Kraniche des Ibykus“ (1797), „Der Taucher“ (1797), „Der Handschuh“ (1797), „Die Bürgschaft“ (1798) lebendig. Die lyrischen Ideengedichte wie „Die Teilung der Erde“ (1795) (Humor!), „Pegasus im Joche“ (1795), „Der Spaziergang“ (1795), „Das Lied von der Glocke“ (1799) und nicht zuletzt „Hoffnung“ (1797) und „Die Worte des Glaubens“ (1797) sind zwingend in ihrer Schönheit und Aussage. Viele Titel sind auch heute noch Bestandteil des Lesebuch-Kanons.

2 Als eine fakultative, aber nicht unwichtige Interpretationsaufgabe bietet sich das Gedicht „Die Worte des Glaubens“ (1797) an. Stundenbild hierzu in: Oswald Watzke/Klaus C. Haase/Harald Watzke: Gedichte für die 9./10. Klasse. Donauwörth 2004.

3.2 Textbegegnungsphase

Eindrucksvoller Lehrervortrag, stilles Nachlesen der Schülerinnen und Schüler mit Vergleich der eigenen, oben formulierten Hoffnungen und Wünsche, Notizen für Nachfragen, Stellungnahmen.

3.3 Textbearbeitungsphase

1. Teilziel: freie Aussprache
Die Jugendlichen sprechen sich frei aus, diskutieren miteinander über ihre Notizen, ihre Meinungen.

2. Teilziel: Texterschließung (Stillarbeit)
1. Markiere farbig alle Textstellen, die aussagen, worauf der Dichter hofft!
2. Notiere die Ziele deiner Hoffnung(en)!

3. Teilziel: Berichte und Zusammenfassung
Die Tafelanschrift könnte wie folgt aussehen:

„Hoffnung“ von Friedrich Schiller (1759–1805)	
Menschen	**Ziele der Hoffnung**
Strophe 1: alle Menschen der Weltgeschichte	künftige, glückliche „goldene“ Tage ständige Verbesserung
Strophe 2: der einzelne Mensch in seinem Lebenslauf	fröhliche Kinderzeit zauberhafte Jugendzeit glückliches Alter
Strophe 3: der Dichter, mit Zuversicht, Überzeugung und Vertrauen	Herzensgüte Gewissensstimme keine Enttäuschungen
Vers 16: „Zu was Besserm sind wir geboren.“	

3.4 Ausklangsphase

Die Jugendlichen bemühen sich um eine angemessene Sprechgestaltung der Gedichte „Glückliche Fahrt“ und „Hoffnung“.

3.5 Produktionsphase

In einer folgenden Stunde oder in der Freiarbeit versuchen die Jugendlichen bildliche, schriftgestalterische und literarische Eigenproduktionen.
Auf literarische Gestaltungsversuche bzw. Eigenproduktionen, die im Laufe des Schuljahres durchgeführt wurden, auf die Erfahrungen, die insbesondere in den Stundenbildern über die Jugendgedichte gesammelt wurden, kann hier zurückgegriffen werden, sodass überzeugende Schülerbeispiele von Piktogrammen und Konstellationen, von Haikus und Tankas, von Rondels und Elfchen und anderen Kürzestgedichten erwartet werden dürfen (siehe S. 18).
Als motivierende und vorbildliche Beispiele könnten das Gedicht „Lebensfreude“ der 14-jährigen Bettina Sander und das Gedicht „Lied für einen guten Tag“ des ebenfalls 14-jährigen Heiko dienen.
Siehe hierzu z. B. das Kapitel „Problemgedichte“ auf den Seiten 68 bis 80!

4. Zur Weiterführung

- Sprechgestaltung und Gedichtvortrag, evtl. auch auswendig,
- Eintrag der Tafelanschrift und Dichterkunde,
- Verfeinerung der literarischen Eigenproduktionen (mit Schrift- und Illustrationsgestaltung),
- Herstellung eines Gedichtbüchleins mit im Laufe des Schuljahres verfassten Texten (Freiarbeit in der Schuldruckerei).

Friedrich Schiller

Hoffnung

Es reden und träumen die Menschen viel
Von bessern künftigen Tagen,
Nach einem glücklichen goldenen Ziel
Sieht man sie rennen und jagen;
Die Welt wird alt und wird wieder jung,
Doch der Mensch hofft immer Verbesserung.

Die Hoffnung führt ihn ins Leben ein,
Sie umflattert den fröhlichen Knaben,
Den Jüngling locket ihr Zauberschein,
Sie wird mit dem Greis nicht begraben;
Denn beschließt er im Grabe den müden Lauf,
Noch am Grabe pflanzt er – die Hoffnung auf.

Es ist kein leerer schmeichelnder Wahn,
Erzeugt im Gehirne des Toren,
Im Herzen kündet es laut sich an:
Zu was Besserm sind wir geboren.
Und was die innere Stimme spricht,
Das täuscht die hoffende Seele nicht.

Bilde einen Cluster und verfasse dann dein eigenes Kurzgedicht zum Thema „Hoffnung"!

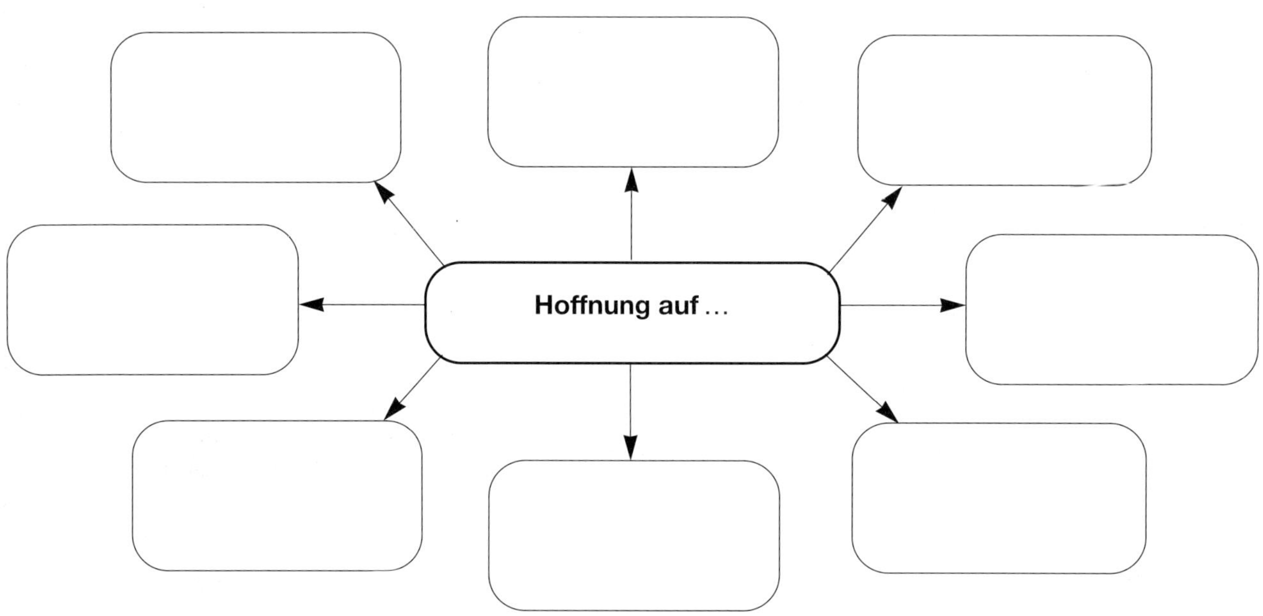

Kopiervorlagen und Materialien für Ihren Unterricht

Für spannenden Leseunterricht!

Oswald Watzke (Hrsg.)

Märchen in Stundenbildern
Unterrichtsvorschläge mit illustrierten Text- und Arbeitsblättern als Kopiervorlagen

5./6. Jahrgangsstufe

Ganzheitlicher Literaturunterricht zum Thema Märchen. Folgende Methoden werden dabei einbezogen: literarisches, szenisches und dramatisches Gestalten sowie musikalisches und bildnerisches Gestalten. Bekannte Geschichten der Brüder Grimm, Märchen von Andersen oder Janosch sind ebenso dabei wie auch zahlreiche schöne Volksmärchen aus aller Welt.

104 S., DIN A4, kart.
▸ Best.-Nr. **3494**

Oswald Watzke (Hrsg.)

Schwänke in Stundenbildern
Unterrichtsvorschläge mit Kopiervorlagen

5./6. Jahrgangsstufe

Komplette Stundenbilder mit Materialien zu beliebten und bekannten Schwänken: Eulenspiegel-, Siebenschwaben-, Schildbürger-, Münchhausen-, Kalender- und moderne Schmunzelgeschichten.
Anhand zahlreicher Beispiele werden die Gattungsmerkmale auf der Grundlage der aktuellen Literaturdidaktik erarbeitet.

104 S., DIN A4, kart.
▸ Best.-Nr. **3552**

Oswald Watzke (Hrsg.)

Fabeln in Stundenbildern
Unterrichtsvorschläge mit Kopiervorlagen

5./6. Jahrgangsstufe

Abwechslungsreiche Unterrichtseinheiten mit komplett gestalteten Arbeitsblättern zum Standardthema Fabeln!
24 altersgerecht ausgewählte Fabeltexte aus verschiedenen Epochen der Literaturgeschichte und der Gegenwart. Nach einer grundlegenden Einleitung werden 20 Stundenbilder vorgestellt. Vier Fabeltexte erscheinen zusätzlich im Anhang.

104 S., DIN A4, kart.
▸ Best.-Nr. **2283**

Auer **BESTELLCOUPON** Auer

Ja, bitte senden Sie mir / uns mit Rechnung:

Oswald Watzke (Hrsg.)

_____ Expl. **Märchen in Stundenbildern** Best.-Nr. **3494**

_____ Expl. **Schwänke in Stundenbildern** Best.-Nr. **3552**

_____ Expl. **Fabeln in Stundenbildern** Best.-Nr. **2283**

Bequem bestellen direkt bei uns!
Telefon: 01 80 / 5 34 36 17
Fax: 09 06 / 7 31 78
E-Mail: info@auer-verlag.de
Internet: www.auer-verlag.de

Bitte kopieren und einsenden/faxen an:

Auer Versandbuchhandlung
Postfach 1152
86601 Donauwörth

Meine Anschrift lautet:

Name/Vorname

Straße

PLZ/Ort

E-Mail

Datum/Unterschrift